改訂版

出口式

はじめての論《ろん》理《り》国語

小3レベル

出口 汪《ひろし》

水王舎

本書が「レベル」という名称を用いている理由について

言語は総じて発達における個人差が大きいので、学年ごとの輪切り形式で学習することに本来適していないのです。そこで本書は基礎からステップを踏んで上達するために、○年生用の本としてではなく、無学年制を採用しています。

もくじ

※青い字は、保護者の方むけのページです。

はじめに

本書は「はじめての論理国語」を全面的に改訂した、まさに「出口式小学国語」の集大成であり、また同時に進化版でもあります。

「本書の特色」

脳を育てる教材

子どもの脳は一般的に十二歳までに完成すると言われています。すると、中学生以上にはすでに完成された脳に対して教育をするということです。それに対して、小学生のそれは脳をデザインする教育といえます。そのような大切な時期に膨大な知識を詰め込もうとすると、自分で考えず、誰かの答えをただ無批判に受け入れるだけの脳になってしまいます。

ＡＩがなかった時代ならば、物知りや計算力のある人が役に立ちましたが、今や記憶しなくても検索すればおしまい、ましてや、計算は既にコンピュータの仕事となってしまいました。お子さんが将来の世の中で活躍する頃には、今とはまるで違う社会になっています。当然、その時代に必要な能力は、今とは大きく異なります。

本書では、ＡＩ時代に活躍できるための武器となる、自分で論理的に考える力を養っていきます。

今こそ論理国語を

高校では「論理国語」という新科目が登場しました。そうした科目名が正式に決まったということは、国語とは論理の教科だということが国の方針として決定されたということです。

あまり知られていないことですが、小学校の国語も論理国語なのです。ただ、小学生には「論理」という言葉がまだなじめないので、単なる「国語」という科目名であるだけなのです。普通に考えれば、小・中学校が文学鑑賞中心の国語で、高校だけが論理国語といった一貫性のない方針を文部科学省が立てるはずもありません。本書は小学一年生レベルから、一貫して国語を論理的な科目として体系だって学習していきます。

新傾向の入試問題対策

大学の共通テストを始め、公立高校の入試問題においても、最近は従来の読解一辺倒のものから大きく様変わりしてきました。一度、入試問題をご覧になったなら、びっくりされると思います。本書もそうした傾向を先取りして、思考力問題、資料問題、ロジカルライティング、クリティカルシンキングなど、新しい問題を豊富に取りそろえています。実は、これらはすべて論理力が前提となっているのです。小学生の頃から、こうした論理力を体系的に学び、身に付けることで、将来、入試問題が解けるだけでなく、小論文や面接においても大いに威力を発揮します。

「森の学校」のキャラクター

学びは楽しくないと意味がありません。なぜなら、生涯にわたって学ぶことが好きな子どもを育てたいからです。そのための仕掛けとして、魔法を教える「森の学校」の生徒たちといっしょに学ぶという設定にしました。

先生は、魔法使いのリンゴ先生です。リンゴが先生だというだけで、子どもたちはわくわくするのです。リンゴ先生が魔法を使って、フクロウ、ミミズク、タヌキ、ウサギ、リスを生徒に変え、授業をします。本書を執筆するときは、いつも子どもたちの喜ぶ顔を想像して、キャラクターたちを動かしています。

●無学年制

本書は無学年制を採用しました。なぜなら、小学校低学年頃まで、言語の習得には個人差が大きいからです。本書は便宜上該当学年を表紙に明示していますが、決して学年にこだわる必要はありません。子どもがわかるところからスタートすればいいのです。たとえ下の学年からスタートしたとしても、その子にとっては簡単なので、速習でどんどん上のレベルまで進むことができます。国語が苦手なお子さんでも、一から学習していくので、必ず得意になるはずです。逆に、得意なお子さんなら、どんどん先の学年まで進んでいってください。好奇心が旺盛なこの時期こそ、新しいことをどんどん吸収していくはずです。

子どもは自分の教育を自分で選択することはできません。子どもの教育を決定するのは親の責任です。しかし、その結果を負うのは子ども自身なのです。

ぜひ、本書によって、子どもたちを新しい方向へと導いてください。

出口　汪

論理とは何か

日本語の論理は次の四つの柱から成り立っています。

- ・イコールの関係
- ・対立関係
- ・因果関係
- ・文の要点（主語・述語・目的語の関係）

日本人は無意識的にこの論理を使って、自分の言いたいことを相手に伝える習性を持っています。この無意識的な習得プロセスを、本書では意識的に習得していきます。

イコールの関係

組み合わせの妙が主張の説得力を増す

まずは、次の文を読んでください。

野球部のエースで四番のゆうた君は、夏の水泳大会で新記録を出し、秋には運動会のリレーで五人抜きの大活躍を見せた。

ゆうた君の活躍ぶりを具体的に淡々とつづった文章ですが、締まらない印象を受けますね。では、次の文章はいかがでしょう。

ゆうた君はスポーツ万能だ。

こちらは短すぎて、どれだけすごいのかが伝わりません。では、二つを組み合わせるとどうなるでしょうか。

野球部のエースで四番のゆうた君は、夏の水泳大会で新記録を出し、秋には運動会のリレーで五人抜きの大活躍を見せた（具体）。つまり、彼はスポーツ万能なのだ（抽象）。

明快に筆者の意図が伝わるようになりました。この文章では「具体」と「抽象」という二つの部分から構成されています。

このように私たちは、無意識のうちに「具体例」と「抽象的な主張」を組み合わせて使うことにより、より相手に対してわかりやすく伝えようとする習慣があるのです。

言い換えると、「具体」と「抽象」を使ってわかりやすく伝えようとする「論理」が日本語には内在しているのです。

この組み合わせの妙が日本語表現の特徴です。そしてこの関係は入れ替えることも可能です。

ゆうた君はスポーツ万能だ（抽象）。
たとえば、野球部ではエースで四番だし、夏の水泳大会では新記録を出した。さらに秋には運動会のリレーで五人抜きの大活躍を見せたのだ（具体）。

こちらの文章も伝わりやすいですね。

この二つの文を図に表すと、次のようになります。

・野球部のエースで四番
・水泳大会で新記録
・運動会のリレーで五人抜きの活躍

＝（つまり）

ゆうた君は**スポーツ万能**だ。

ゆうた君は**スポーツ万能**だ。

＝（たとえば）

・野球部のエースで四番
・水泳大会で新記録
・運動会のリレーで五人抜きの活躍

この「イコールの関係」を理解すると、説明文の読解で筆者の主張を読み取ったり、比喩表現や引用文による言い換えを見抜く力が飛躍的に向上します。

本書では、具体―抽象の操作の第一歩として、なかまの言葉（→18ページ）、まとめる言葉（→22ページ）から学習していきます。

対立関係

鮮烈な対比が主張の印象を増す

次は対立関係です。

私のテストの点は六〇点でした。

この文を読んだだけでは、私の成績が良いのか悪いのか、よくわかりません。ただ、点数だけを記した淡々とした描写ですよね。では、似たような一文を付けてみましょう。

浜田君は一〇〇点満点でした。しかし、私のテストの点は六〇点でした。

たった一文が付加されただけなのに、なんだかすごくみじめな成績をとったように思えてきませんか。

これが対立関係という論理です。二つの文や段落をわざと比べる形で置き、片一方の印象を際立たせるためのテクニックを私たちは無意識的に使っているのです。

では、次の例を見てください。

日本人の平均寿命は八十五歳だ。

と聞いた場合と、

今も内戦が続くアフリカのソマリア人の平均寿命は五十歳だと聞いた。
それに対して、日本人の平均寿命は八十五歳だ。
長年の平和と豊かさが、日本を世界一の長寿大国に押し上げたのだ。

と聞いた場合を比べるとどうでしょう。多くの人は「平和な日本人はなんて長生きなんだろう」と思うのではないでしょうか。

これら二つの対立関係のカギは、「しかし」と「それに対して」。ここでも接続語が目印になるのです。図に表すと次のようになります。

浜田君は一〇〇点満点でした。
↔ しかし
私のテストの点は六〇点でした。

今も内戦が続く、アフリカのソマリア人の平均寿命は五十歳だと聞いた。
↔ それに対して
日本人の平均寿命は八十五歳だ。長年の平和と豊かさが、日本を世界一の長寿大国に押し上げたのだ。

このように、比べることによって「言いたいこと」を強める「対立関係」。本書ではその第一歩として、対立する言葉（↓26ページ）から対立関係を習得していきます。

因果関係
新しい時代の論理の中心

因果関係とは、次の例文のように「原因と結果」を示す関係のことです。

> （原因）昨日から歯が痛い。だから、（結果）今日は歯医者さんへ行った。
>
> （結果）今日、私は歯医者さんへ行った。なぜなら、（原因）昨日から歯が痛かったからだ。

因果関係は一見簡単そうに見えますが、実は間違いやすく、要注意の関係です。

次の例を見てください。

> アイスクリームの売り上げが伸びたときは、熱中症になる人が増えるというデータがある。だから、アイスクリームを食べると熱中症になるのだ。

「データがある」と書いてはいるものの、明らかに論理的におかしい文章ですね。

アイスクリームを食べたから熱中症になるのではなく、暑いからアイスクリームの売り上げが伸び、暑いから熱中症になる人が増えたわけです。つまり、この二つはどちらも「暑い気温」の結果であって、アイスクリームを食べることと熱中症になることは原因・結果の関係にありません。

このような原因・結果の関係を正しく読み取ったり、表現したりする力は、これからの時代に最も必要になってきます。たとえば、入試において年々比重を増す小論文や面接におけるディベート、仕事のプレゼンテーションで自分の主張をしっかり言える能力、また、メディアの報道などに対するクリティカル・シンキング――批判的な視点で自分の頭で考える能力――につながるからです。

この力を鍛えるカギは、子どもに「なぜ?」という問いかけを積極的にすることです。

欧米では、「because ~」から始まる、理由をきちんと言える人が「logical」だと称賛されます。文化背景の異なる人々が住む多民族国家では、しっかりと理由が言えないと相手に意思が通じませんから、子どものころから訓練させられるのです。

日本では対照的に、「理由は言わず、察しろ」という文化です。そして、ここに日本人の論理性の発達を妨げる大きな障害があったのです。

いま、日本の学校教育では、「なぜ」という発問は非常に子どもにとって難易度が高いものであり、タブー視すらされています。しかし、それは単純に訓練不足が理由です。その証拠に、全国の高校で教科書代わりに採用されている『論理エンジン』で大きな成果を上げている学校の先生ほど、「なぜ」の発問を多用します。

「なぜなら~だからです。」と答えるためには、「なんとなく思った」ではなく、しっかりとした理由が必要になります。そして、この力を磨かない限り、いつまでもセンス・感覚で「なんとなく」国語を解き続けることになるでしょう。

本書ではこの力を理由とけっか(↓30ページ)、意見と理由を書こう(↓110ページ)、さらにクリティカル・シンキングの問題(↓122ページ)の項で扱っています。

論理とは何か 4

主語と述語
文の要点をとらえる

日本語の特性として、一文のポイントは必ず主語・述語に来るようにできています。私たちは無意識的にその規則性を踏襲しているのです。特に述語に最も言いたいことが来ます。私は言葉の規則性に着目し、主語・述語を「文法」としてではなく、「文の要点」を見抜くためのツールとして教えています。

例題の要点は次のようになります。

主語	述語
鳩時計が	鳴り出した。

もし、「かわいらしい音色」を強調したいなら、筆者は「ふいに鳴り出した壁の鳩時計はかわいらしい音色だっ

まずは、この問題を解いてみてください。

ふいに壁の鳩時計が、かわいらしい音色で鳴り出した。

【問】この文でいちばん言いたいことは何ですか。

みなさん、答えられましたか。ある中学校で出題したところ「かわいらしい音色」と答えた生徒が半数以上を占めました。多くの生徒が「かわいらしい」という表現に引きずられて、なんとなく解答してしまったのでしょう。

【論理】「文の要点」とは主語・述語であり、特に述語に強調したいポイントが来る。

た」と、述語として表現したはずです。

「文の要旨」を把握させる問題は、入試で非常によく出題されます。一文が集まって段落となり、その段落が集まって文章全体が構成される以上、一文レベルで間違った要点をつかむようでは、全体の要旨の把握までは決してたどり着けないでしょう。

【答え】鳩時計が鳴り出した。

さて、低学年の子どもに文の要点（述語の重要性）を習得させるには、日常生活で、きちんとした一文を意識して話すことが近道になります。

「おやつ」とか「ジュース」などと、単語で欲しいものを伝えたり、「ママ、おしっこ」などの二語文で話したりしたとき、「わたしはおやつが食べたい、だよね」「ぼくはジュースを飲みたい、って言おうね」と、文の要点――主語・述語（・目的語）を、お母さんが話して、意識させるようにしてください。文の要点の把握・認識は、外国語の習得をはじめ、すべての言語能力の基礎となる重要なスキルです。

主語	目的語	述語
わたしは	おやつが	食べたい。
ぼくは	ジュースを	飲みたい。

本書では主語と述語（→34ページ）、文の要約（→40ページ）、言葉のつながり（→56ページ）で徹底的に主語・述語を見抜くトレーニングをしています。

各ステップの学習目的

明確な目標とゴールイメージを持って取り組むことで、学習効果はぐんと上がります！

● 読む力　● 書く力　● 話す力　● 思考力

どのステップでも、上の４つの力をつけることができます。この表には、とくに身につけることを目標にした力を記しています。

ステップ		目標		学習日
1	具体と抽象	具体例からの抽象化と抽象からの具体化をすることができるようになる。また、文中の具体例とまとめる言葉を的確にとらえることができる。	● 読む力 ● 書く力 ● 話す力	月　日～　月　日
2	対立関係	対立関係を正しく理解し、文中で比較または対立している言葉を適切にとらえることができる。	● 読む力 ● 書く力 ● 話す力	月　日～　月　日
3	因果関係	結果に対して何らかの理由があることを知る。また、文章中の原因と理由を読み取ることができる。	● 書く力 ● 話す力 ● 思考力	月　日～　月　日
4	文の要点の理解	主語、述語、目的語の役割を理解して、一文から適切に抜き出すことができる。さらに、それらを使って要点として一文にまとめることができる。	● 読む力 ● 書く力	月　日～　月　日
5	助詞	助詞の役割とその重要性を理解し、文中で適切に使うことができる。	● 読む力 ● 書く力	月　日～　月　日
6	助動詞	助動詞が添えられると新たな意味が付加されることを理解し、その意味に応じた正しい助動詞を選ぶことができる。	● 読む力 ● 書く力	月　日～　月　日
7	修飾語	「どんな」や「どれくらい」など、修飾する言葉を理解し、その言葉がどの言葉を修飾しているのか認識できる。	● 読む力 ● 書く力	月　日～　月　日

8	言葉のつながり	原則として、言葉は別の言葉につながることを理解し、一文における言葉のつながりを矢印と構造図で示すことができる。	●読む力 ●書く力	月　日～　月　日
9	文の書きかえ	文中の言葉の意味や読点の打ち方などを意識して、与えられた指示にしたがって文を書き換えることができる。	●書く力	月　日～　月　日
10	接続語の理解	小2レベルまでの接続語に加えて、「そして」「ところで」などの新しい接続語を適切に使うことができる。また、同じ意味の接続語への言い換えをすることができる。	●読む力 ●書く力 ●話す力	月　日～　月　日
11	指示語の理解	指示語（こそあど言葉）を理解し、適切に使用できるようになるとともに、指示語が示す言葉だけでなく、内容を正しく読み取ることができる。	●読む力 ●書く力 ●話す力	月　日～　月　日
12	5W1H	5W1Hを意識することにより、必要な情報を適切に読み取ると同時に、わかりやすい文章を書けるようになる。	●読む力 ●書く力	月　日～　月　日
13	説明文の読解	文の話題をつかみ、筆者の意見やその理由などを適切に読み取るとともに、指示語や接続語の問題に答えることができる。	●読む力 ●思考力	月　日～　月　日
14	物語文の読解	ある程度の長さの文章を読んで、動作やセリフ、状況から登場人物の心情を読み取ることができる。また、登場人物の行動などの理由を考えることができる。	●読む力 ●思考力	月　日～　月　日
15	作文の基本	意見に対して、「なぜなら～から」という文言を使った一定の型で文章を書くことができる。さらに、異なる二つの立場から理由を考えることができるようになる。	●書く力 ●話す力 ●思考力	月　日～　月　日
16	資料問題	示された資料の内容や数値の変化などを読み取り、その原因や理由を考えることができる。	●思考力	月　日～　月　日
17	クリティカル・シンキングの問題※	設定された状況をきちんと把握し、因果関係を正しく読み取ることができる。	●思考力	月　日～　月　日

※ 誰かの言葉を鵜呑みにせず、自らの頭で物事を深く分析して多角的に捉え、最適の解決策を導きだす生きた思考力のこと。

なかまの言葉《ことば》

世界《せかい》は言葉《ことば》で整理《せいり》することができます。たとえば、左の図は食べ物《もの》を整理《せいり》してみたものです。

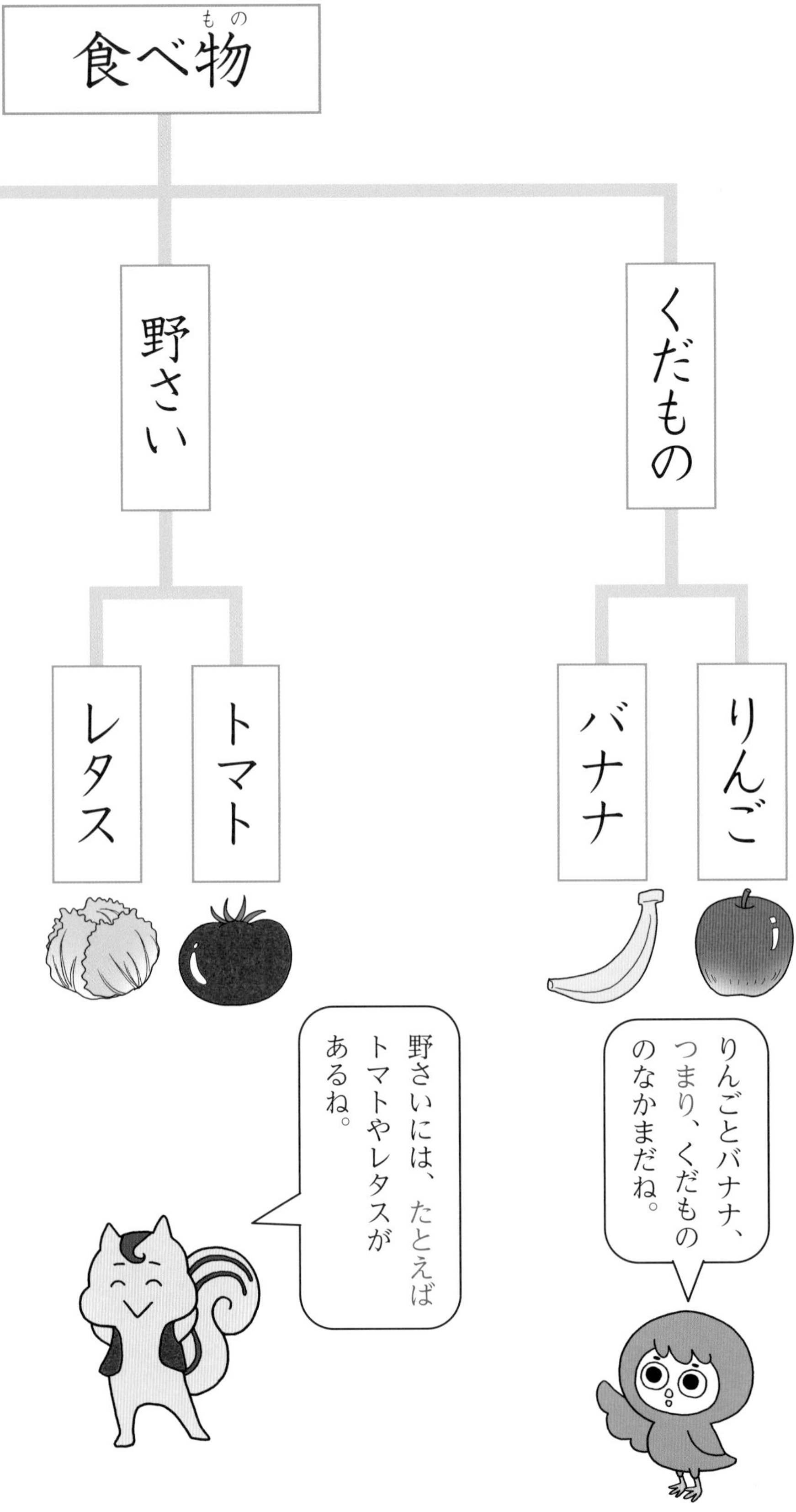
食べ物《もの》
野さい
くだもの
トマト
レタス
りんご
バナナ
りんごとバナナ、つまり、くだもののなかまだね。
野さいには、たとえばトマトやレタスがあるね。

言葉《ことば》には、まとめる言葉《ことば》や、くわしく表《あらわ》す言葉《ことば》があります。くわしくする言葉《ことば》のことを、「具体《ぐたい》れい」といいます。

まとめる言葉《ことば》	具体《ぐたい》れい
くだもの	りんご バナナ
野さい	トマト レタス
肉	牛肉 とり肉
食べ物《もの》	くだもの 野さい 肉

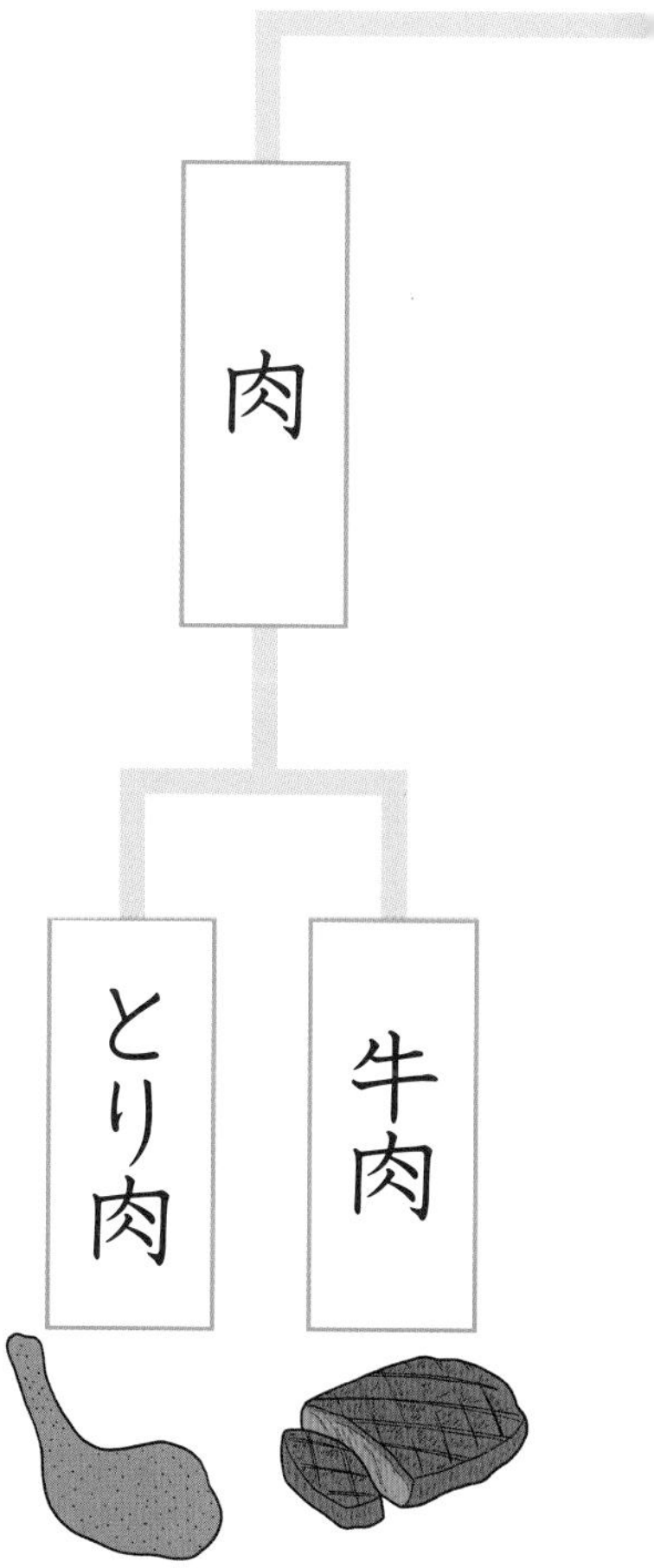

牛肉やとり肉をまとめる言葉《ことば》は肉で、肉の具体《ぐたい》れいが牛肉やとり肉ね。

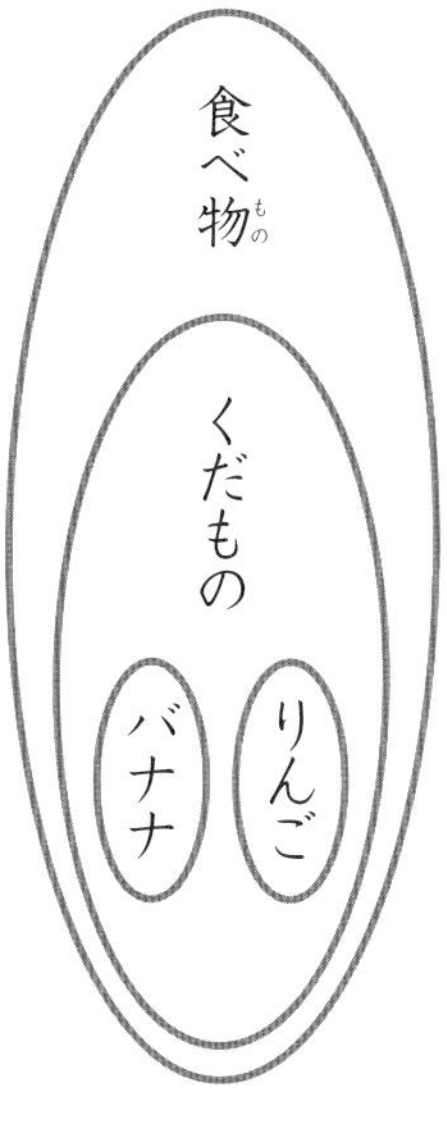

りんごやバナナは、くだものの具体《ぐたい》れい、そして、くだものは食べ物《もの》の具体《ぐたい》れいのひとつです。具体《ぐたい》れいがあると、まとめる言葉《ことば》をイメージしやすくなります。

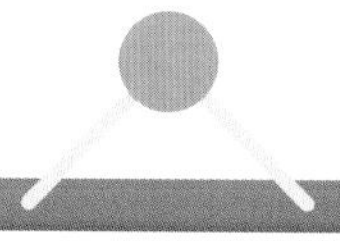

なかまの言葉《ことば》

練習《れんしゅう》

1

道具《どうぐ》の具体《ぐたい》れい
は、工具《こうぐ》のほか
に何かな。

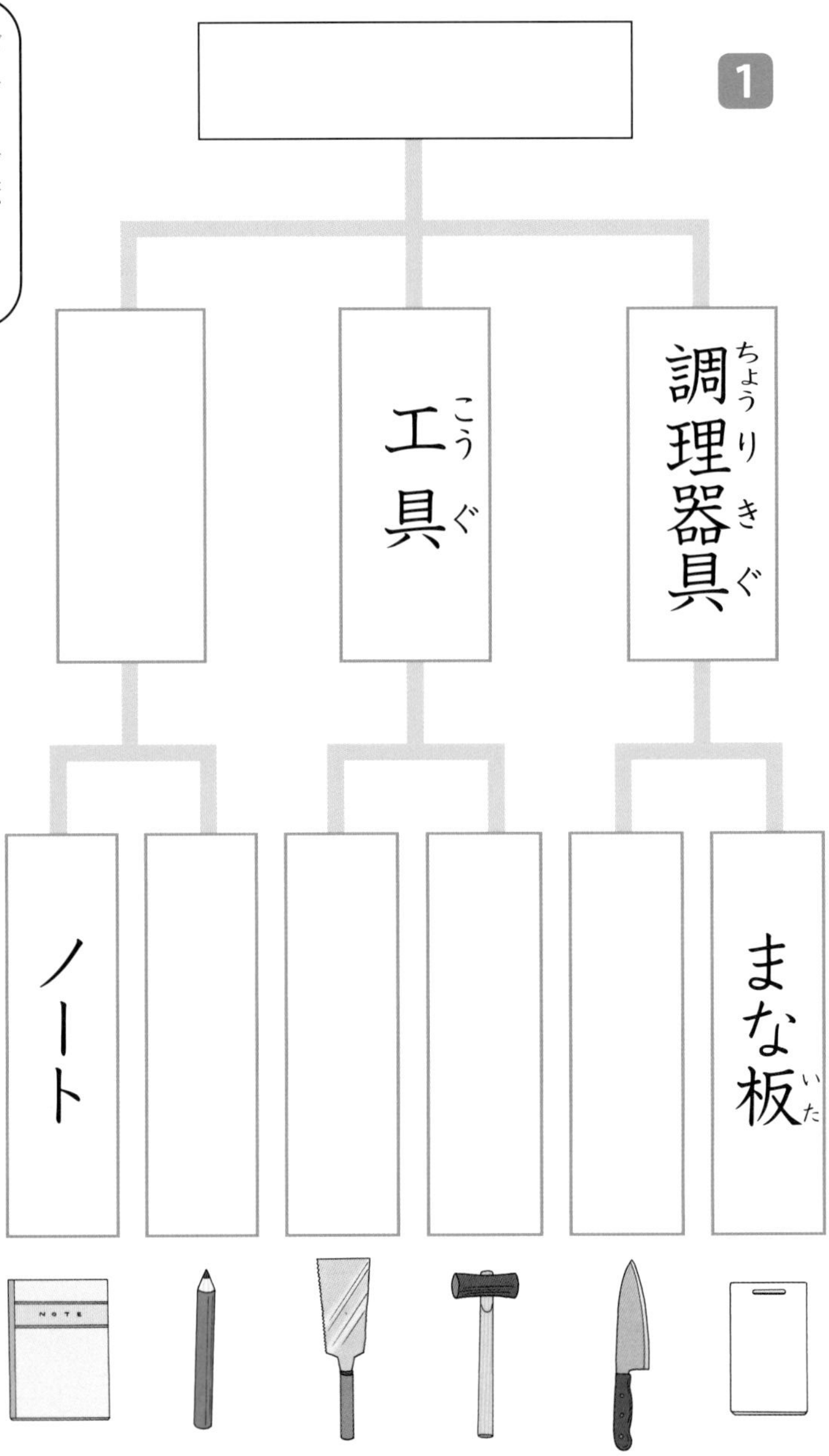
工具《こうぐ》
調理器具《ちょうりきぐ》
ノート
まな板《いた》
NOTE

まな板《いた》やノートは、
それぞれ何の具体《ぐたい》
れいかしら。

カードをならべて、図を完成《かんせい》させます。当てはまる言葉《ことば》をわくの中に書きましょう。

道具《どうぐ》	金づち	えん筆《ぴつ》
ほうちょう	のこぎり	文ぼう具《ぐ》

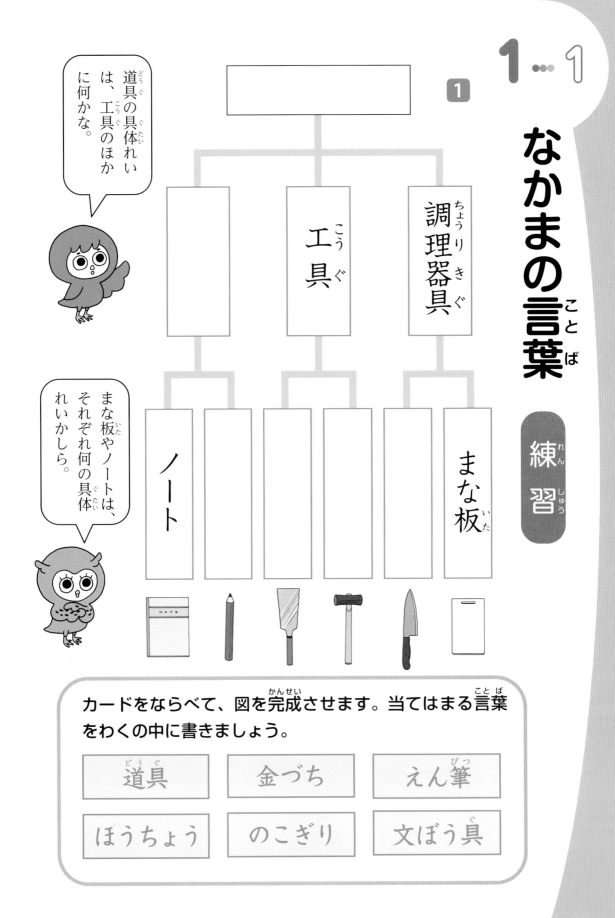

●おうちのかたへ●

具体・抽象を理解することが、世界をよりはっきりと理解することにつながります。まず、身のまわりにある言葉を比較して、どちらが具体的で、どちらが抽象的な言葉なのかを意識するようにしましょう。

2

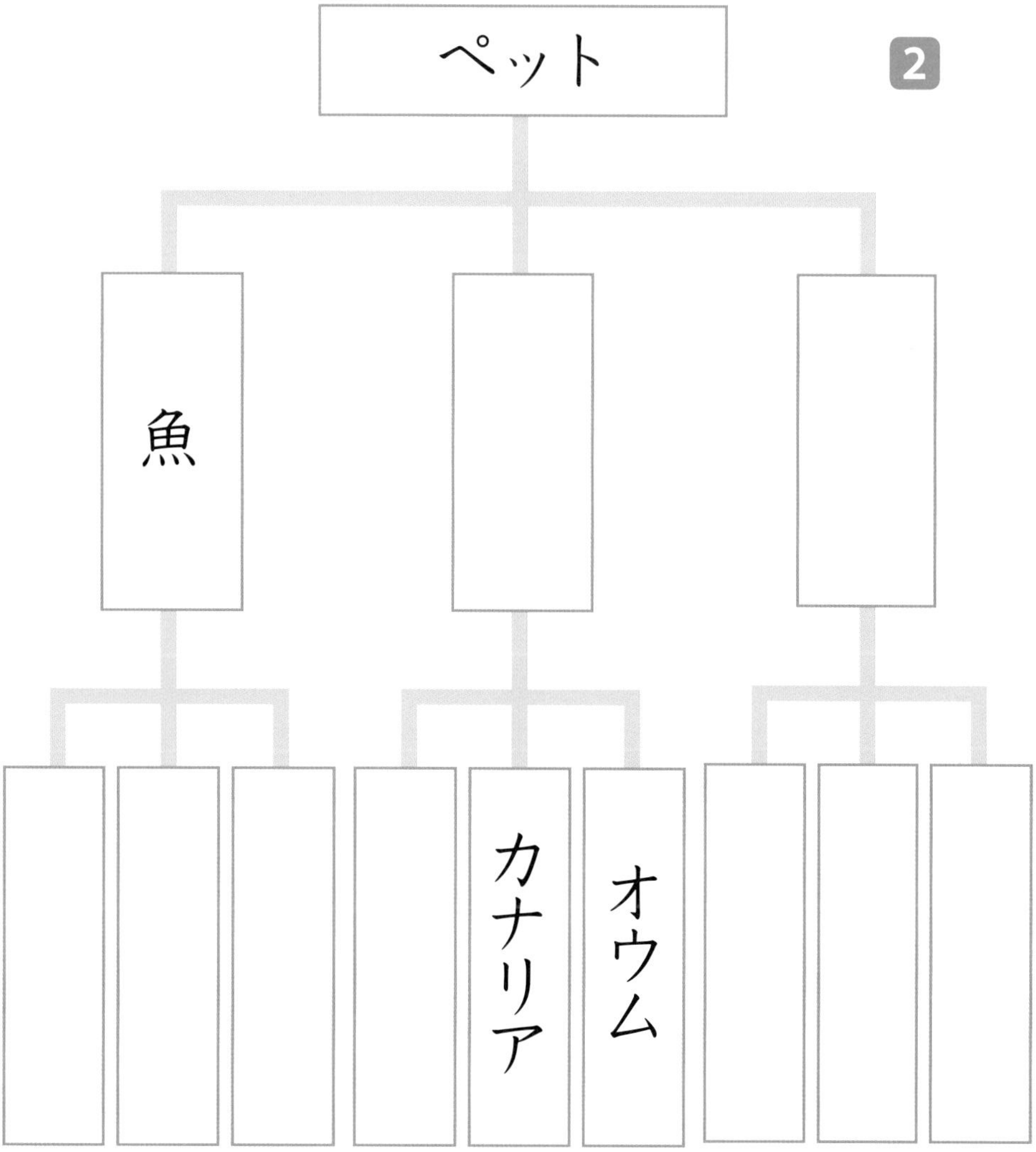

カードをならべて、図をかんせいさせます。当てはまる言葉《ことば》をわくの中に書きましょう。

プードル	グッピー	インコ
チワワ	キンギョ	鳥
コイ	ブルドッグ	犬

まとめる言葉《ことば》

次《つぎ》の文の——線部《ぶ》をまとめる言葉《ことば》がわかりますか。

こんどは、文の中から、「まとめる言葉《ことば》」をさがしましょう。たくさんの言葉《ことば》をひとまとめにするのに、どんな言葉《ことば》を使《つか》っているでしょう。

れい

お父《とう》さんの部屋《へや》には、辞書《じしょ》やざっし、図かん、物語《ものがたり》などのたくさんの本があります。

まとめる言葉《ことば》　本

文の中には、具体《ぐたい》れいとまとめる言葉《ことば》があります。

具体《ぐたい》れい	まとめる言葉《ことば》
辞書《じしょ》 ざっし 図かん 物語《ものがたり》	本

辞書《じしょ》やざっし、図かん、物語《ものがたり》をまとめると、本。本を具体《ぐたい》てきに表《あらわ》すと、辞書《じしょ》やざっし、図かん、物語《ものがたり》ね。

次《つぎ》の文章《ぶんしょう》の中にある具体《ぐたい》れいと、それをまとめる言葉《ことば》がわかりますか。

れい

わたしのお父《とう》さんのしゅみは、日曜大工です。家にあるいろいろな家具《かぐ》を、自分で作りました。
台所《だいどころ》のテーブル、わたしの部屋《へや》の本だな、げんかんのくつ箱《ばこ》など、どうしてこんなものがうまく作れるのかと、本当にふしぎに思います。

具体《ぐたい》れい

（台所《だいどころ》の）テーブル
（わたしの部屋《へや》の）本だな
（げんかんの）くつ箱《ばこ》

まとめる言葉《ことば》

家具《かぐ》

1…2

まとめる言葉《ことば》

練《れん》習《しゅう》

1 次《つぎ》の文章《ぶんしょう》の中にある具体《ぐたい》れいと、それをまとめる言葉《ことば》を、それぞれます目に合うように答えましょう。

病院《びょういん》ではたらく人は、たとえば、医《い》しやかんごしのほかにも、たくさんいます。レントゲンをとるレントゲンぎし、薬《くすり》をとりあつかう薬《やく》ざいし、お金の計算などをする事《じ》む員《いん》など、それぞれがせん門的《てき》な仕事《しごと》をすることによって、かん者《じゃ》さんのちりょうをささえているのです。

具体《ぐたい》れい

□□ □□□□□□ □□□□□□ □□□□□

まとめる言葉《ことば》

□□ ではたらく人

2 世界《せかい》の人々《ひとびと》が毎日の食事《しょくじ》でいちばんたくさん食べる食べ物《もの》に、こく物《もつ》があります。たとえば、お米はもっとも食べられていて、世界《せかい》の半数の人が食べています。その次《つぎ》に小麦がパンやパスタとして食べられています。とうもろこしもメキシコや南アメリカなどで、よく食べられています。これらは三大こく物《もつ》と言われています。

具体《ぐたい》れい

□　□□　□□□□□□

まとめる言葉《ことば》

□□□

● **おうちのかたへ** ●

文章の中で、具体・抽象を探す問題です。「たとえば」という接続語に着目します。「たとえば」のあとに書いてあることが、具体的内容です。「たとえば」という接続語がない場合もあるので、そのときは文章の中から自分で具体例を見つけ出す力が必要となります。

2-1

対立《たいりつ》する言葉《ことば》

図書館《としょかん》に行くなら、
バスか電車か
どちらがいいですか。

対立《たいりつ》する言葉《ことば》は、ある言葉《ことば》と反対《はんたい》の意味《いみ》で使《つか》われている言葉《ことば》だけではありません。

左の文の中で、「バス」と「電車」のことを対立《たいりつ》する言《こと》葉《ば》といいます。

図書館《としょかん》に行くなら、
バスか電車か、どちらがいいですか。

バスと電車は、反対《はんたい》の意味《いみ》の言葉《ことば》ではありませんが、この場合《ばあい》のように「どちらか一方」という意味《いみ》で使《つか》われるときには、対立《たいりつ》する言葉《ことば》になるのです。

次《つぎ》のように、二つのものをくらべるときも対立《たいりつ》する言葉《ことば》となります。

日本では車は左がわを通ります。
アメリカでは車は右がわを通ります。

練《れん》習《しゅう》①

次《つぎ》の文の中で、対立《たいりつ》する言葉《ことば》はどれとどれでしょう。

①リンダとフクちゃんをくらべると、リンダのほうがせが高い。

②夏休みに出かけるなら、北海道に行ってみたい。九州《きゅうしゅう》にも行ってみたいが、北海道は夏でもすずしいので、夏に遊《あそ》ぶにはよいと思うからだ。

③台風がいつ近づいてくるのか、天気予報《よほう》であるていど知ることができる。しかし、地しんはいつ起《お》こるかまったくわからない。

2-1 対立《たいりつ》する言葉《ことば》

練《れん》習《しゅう》②

次《つぎ》の文の中で、対立《たいりつ》する言葉《ことば》はどれとどれでしょう。

① 最近《さいきん》は、インターネットでニュースを見る人がふえている。その日に何が起《お》きたかを知るだけであれば、それで十分かもしれない。しかし、そのニュースの内ようは、新聞のほうがしん用できる。

② わたしたちの体は食べ物《もの》によって作られています。肉は体を作るためにひつようですが、体の調子《ちょうし》をととのえるためには野さいを欠《か》かすこともできません。

③ 一日は二十四時間。これは、だれにとっても同じです。そこから、学校にいる時間、ねている時間、食事《しょくじ》やおふろの時間などを引いたものが自由《じゆう》時間です。この時間に、テレビを見る人と、読書をする人とでは、知っている言葉《ことば》の数に大きく差《さ》がつくでしょう。

④ 旅《たび》をするなら車がいい。自分のすきなところに車をとめて、気ままに動《うご》くことができる。何よりも、車に荷物をおいておけるので、身軽《みがる》なかっこうで歩き回ることができるからだ。電車だと時間を気にしなければならないし、重《おも》いにもつを持《も》ち歩かなければならない。

おうちのかたへ

実際の文章では、「上と下」といった反対語を使った明確な対立関係以外にも、たくさんの対立関係が出てきます。何と何を選択・比較・対立させているのかをきちんと捉えることができるようになることが目標です。これは、説明的文章を読解する際の大切な考え方の一つです。

対立関係

● 読む力 ● 書く力 ● 話す力

3…1 理由《りゆう》とけっか

なにかが起きるときには理由《りゆう》があります。文章《ぶんしょう》に書かれている「起《お》きること（けっか）」と、その「理由《りゆう》」を見つけましょう。

文章《ぶんしょう》の中から「理由《りゆう》」と「けっか」をさがしましょう。理由《りゆう》を見つけるのに大切な言葉《ことば》は何でしたか。

たしか、「だから」の前が「理由《りゆう》」だったね。

次の文章《ぶんしょう》の中にある理由《りゆう》とけっかがわかりますか。

れい

ミミちゃんは、明るくて元気な女の子です。ミミちゃんのゆめは、歌手になることです。だから、いつも、ピアノと歌の練習《れんしゅう》をしています。

理由《りゆう》　ゆめは歌手になることです。

けっか　いつも、ピアノと歌の練習《れんしゅう》をしています。

「なぜなら」のあとが「理由《りゆう》」よ。
「〜から」がつくこともわすれないでね。

理由《りゆう》は一つとはかぎらないんだ！

次《つぎ》の文章《ぶんしょう》の中にある理由《りゆう》とけっかがわかりますか。

れい

フクちゃんは、ゲームとサッカーがすきです。フクちゃんは、ゲームをするのを一日に一時間までと決《き》めています。なぜなら、お母《かあ》さんとやくそくしたからです。また、サッカーをする時間もいるからです。

理由《りゆう》

・お母《かあ》さんとやくそくしたから
・サッカーをする時間もいるから

けっか

ゲームをするのは一日に一時間までと決《き》めています。

● おうちのかたへ ●

物事の原因と結果を見つける練習をします。この因果関係を見きわめる力は、論理的な文書を書いたり、思考力を養うために大事な力です。今のうちから、「なぜ？」という問いかけと「〜だから」と理由づける思考ができるように、つねに意識する習慣をつけましょう。

3-1

理《り》由《ゆう》とけっか

練《れん》習《しゅう》

次《つぎ》の文章《ぶんしょう》の中にある理由《りゆう》とけっかがわかりますか。

1 リンダは、絵をかくのが上手です。リンダの絵を見て、ミミちゃんがほめました。だから、リンダは、絵をミミちゃんにあげました。ミミちゃんは、とてもよろこびました。

理由《りゆう》

けっか

2 運動会《うんどうかい》の前の日、ノンタがビッキーに早く走る方ほうを聞きました。なぜなら、走るのが苦手《にがて》だからです。ビッキーは少し考えて「まほうのくつをはけばいいよ。」と言いました。

理由《りゆう》

けっか

3 かんきょうを守《まも》るため、ごみをへらす取《と》り組《く》みがいろいろ行われています。その一つに、ごみぶくろを有《ゆう》りょうにすることがあります。有《ゆう》りょうにするのは、そのことでごみのりょうをへらすことを考えてもらえるからです。また、ごみぶくろを売ったお金を、ごみしょ理にかかるお金に当てることができるからです。

理由《りゆう》

けっか

理由《りゆう》

ごみぶくろを売ったお金を

4…1

主語《しゅご》とじゅつ語

ビッキーが大きな声で楽しそうにわらいました。

どれが大切な言《こと》葉《ば》なのかな？

主語《しゅご》とじゅつ語をぬき出すことができる？

文の要点《ようてん》（大切なところ）は、主語《しゅご》とじゅつ語です。まずは、この二つをしっかりと見つけましょう。見つける順番《じゅんばん》はじゅつ語から。その次《つぎ》に主語《しゅご》です。

まず、じゅつ語からさがすのね。

「だれが（は）」「なにが（は）」に当たるものを主語《しゅご》といいます。文の主《あるじ》、つまり主人《しゅじん》となる「人・もの」を表す言葉《ことば》です。この文では「ビッキーが」が主語《しゅご》です。

「どうする」「どんなだ」「何だ」に当たるものをじゅつ語といいます。動《うご》きやようすを表《あらわ》す言葉《ことば》です。この文では、「わらいました」がじゅつ語です。

一文の中から大切なところを見つけるには、まずじゅつ語、それから主《しゅ》語《ご》を見つけましょう。すると、一文の要点《ようてん》が見えてきます。

一文の要点《ようてん》

ビッキーが	わらいました
主語《しゅご》	じゅつ語

練《れん》習《しゅう》

じゅつ語に ━━ 線を、主《しゅ》語《ご》に 〰〰 線を引きましょう。

①山の　むこうで　かみなりが　なって　います。

②あさから　フクちゃんが　自分の　ベッドで　ねて　います。

③小さな　鳥たちが　いっせいに　大空へと　とんだ。

④ぼくは　これ　いじょう　もう　走れない。

⑤あなたの　意見《いけん》に　わたしは　心から　さんせいです。

● おうちのかたへ ●

一文の要点をつかむ際に、まずポイントとなるのが主語と述語です。この二つをきちんと捉えるようにしましょう。また、主語は省略されることがあるので、述語から見つけることが基本です。

4…2

主語《しゅご》・じゅつ語・目的語《もくてきご》

文の要点《ようてん》をまとめるときには、主語《しゅご》とじゅつ語のほかに目的語《もくてきご》を入れると意味《いみ》がはっきりすることがあります。

ぼくのお兄さんは毎週土曜日にサッカーの練習《れんしゅう》をします。

文の要点《ようてん》をまとめるには主語《しゅご》とじゅつ語を見つけるといいんだね。かんたん、かんたん、かんたん！

主語《しゅご》　お兄さんは

じゅつ語　します

何をするのか、わからないわ。

上の文の場合《ばあい》、主語《しゅご》とじゅつ語だけでは「何を」するのかわかりませんね。そこで「何を」の言葉《ことば》をくわえます。

主語《しゅご》　お兄さんは

目的語《もくてきご》　練習《れんしゅう》を

じゅつ語　します

主語《しゅご》、じゅつ語、目的語《もくてきご》をぬき出すと、文の要点《ようてん》をまとめることになるんだね。

「何を」に当たる言葉《ことば》を目的語《もくてきご》といいます。
目的語《もくてきご》は、じゅつ語の動《うご》きの目当て、目的《もくてき》になる言葉《ことば》です。

練《れん》習《しゅう》

1 次《つぎ》の文の主語《しゅご》とじゅつ語、目的語《もくてきご》を書きましょう。

① 今日の朝、ぼくは、大きな犬を見ました。

主語《しゅご》　　　目的語《もくてきご》　　　じゅつ語　　　。

② クリスマスに、お母《かあ》さんはお父さんにプレゼントをおくりました。

主語《しゅご》　　　目的語《もくてきご》　　　じゅつ語　　　。

2 □に言葉《ことば》を入れて、文の要点《ようてん》をまとめましょう。

① はらぺこのノンタのおなかが、ぐうっと音を鳴らしました。

□が□を□。

② あわてんぼうのビッキーは、今日も宿題《しゅくだい》のノートをわすれました。

□は□を□。

おうちのかたへ

目的語は必ず文中にあるわけではありませんが、文の要点となる大事な言葉です。どのような文でも、主語、述語、目的語が、文の中でどんな役割をしているかをしっかり理解しましょう。

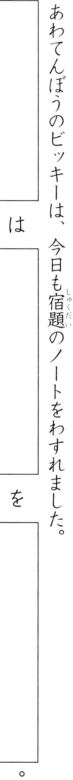

4…3

主語《しゅご》のない文

少し長い文だね。

町の中心にある高くてきれいなビルは、去年《きょねん》の春にたてられた。

主語《しゅご》とじゅつ語をぬき出すことができる？

主語《しゅご》
ビルは

じゅつ語
たてられた

文が長くなっても、要点《ようてん》になるのは、主語《しゅご》とじゅつ語です。この文では「ビルは　たてられた」ですね。ところが、要《よう》点《てん》となる「主語《しゅご》」がない文もあります。下の文を見てください。

主語《しゅご》・じゅつ語は大事《だいじ》な要点《ようてん》ですが、主語《しゅご》はないこともあります。主語《しゅご》があるか、ないか、よくたしかめましょう。

じゅつ語は「わすれない」だね。主語《しゅご》は何だろう。

あの日に見た青い空をけっしてわすれない。

この文の主語《しゅご》は「わたしは（ぼくは）」ですが、書かれていません。日本語では、主語《しゅご》がないことも多いのよ。

主語《しゅご》（書かれていない）
（わたしは）

じゅつ語
わすれない

練《れん》習《しゅう》

次《つぎ》の文の主語《しゅご》とじゅつ語を書きましょう。ない場合は「なし」と書きましょう。

① 兄はケガのため、先週ずっと学校を休んだ。

主語《しゅご》　　　　　じゅつ語

② そんなことは、とてもしんじられない。

主語《しゅご》　　　　　じゅつ語

③ 部首《ぶしゅ》は、漢字《かんじ》をなかま分けするための目じるしです。

主語《しゅご》　　　　　じゅつ語

④ 調《しら》べたことを、みんなの前で話した。

主語《しゅご》　　　　　じゅつ語

● おうちのかたへ ●

文の中から主語、述語を探すときは、その順番を常に意識することが必要です。日本語では、主語が省略されることがよくあります。だからこそ、まず述語から探すことが大事なのです。

文の要点の理解

● 読む力 ● 書く力

文の要約《ようやく》

くもりの日にライオンの夫婦《ふうふ》は木かげでなかよく昼ねをしていました。

文が少し長くなっていますが、主語《しゅご》とじゅつ語が文の中心なのは同じです。主語《しゅご》は「だれが（は）、なにが（は）」を、じゅつ語は「どうする、どんなだ、何だ」を表《あらわ》す言葉《ことば》です。

上の文の要点《ようてん》をまとめます。

主語《しゅご》とじゅつ語を見つけましょう。まず、じゅつ語からさがすと「していました」ですね。そして、主《しゅ》語《ご》は「夫婦《ふうふ》は」です。

主語《しゅご》 夫婦《ふうふ》は

じゅつ語 していました

これだけではよくわかりませんね。そこで、大切な言葉《ことば》をおぎなってみましょう。

ライオンの　夫婦《ふうふ》は　昼ねを　していました

文の大切な部分《ぶぶん》をぬき出してをまとめることを「要約《ようやく》」といいます。このように、じょうけんに合う形に要約《ようやく》する練習《れんしゅう》をしましょう。

練《れん》習《しゅう》①

次《つぎ》の文を読んで、ます目に当てはまるように文を要約《ようやく》しましょう。

1 やさしいリンダはじゅ業《ぎょう》が終《お》わるといつも、みんなにむずかしい問題《もんだい》のとき方を教えます。

□□□は、□□□□□□□の□□□を□□□□。

2 夏休みの宿題《しゅくだい》で、わたしの弟は、バッタやチョウチョ、トンボにカブトムシ、クワガタなどの虫のひょう本を、むちゅうになって作っていました。

□は□の□□□□を□□□□□□□。

4…4 文の要約《ようやく》 練習《れんしゅう》②

次《つぎ》の文を読んで、後の問題《もんだい》に答えましょう。

1 買物《かいもの》ずきのお父さんが休みにいろいろなものを買ってくると、いつもお母《かあ》さんはうれしそうにその荷物《にもつ》を受《う》けとります。

① 次《つぎ》のます目に当てはまるようにして、文を要約《ようやく》しましょう。

□□□□は、□□を□□□□□□。

② 次《つぎ》のます目に当てはまるようにして、文を要約《ようやく》しましょう。

□□□□が、□□□□□□□を□□□□□と、□□□□は、□□を□□□□□□。

2 わたしが夏休みの宿題《しゅくだい》で、みんなでよく遊《あそ》びに行く公園の花の絵をかいたところ、先生がうまくかけたわたしをとてもほめてくれました。

① 次《つぎ》のます目に当てはまるようにして、文を要約《ようやく》しましょう。

□□が□□□を□□□□□□□□。

② 次《つぎ》のます目に当てはまるようにして、文を要約《ようやく》しましょう。

□□□が□を□□□ら、

□□が□□□を□□□□□□□□。

おうちのかたへ

主語と述語をしっかり理解することが、そのまま文の要点を理解することにつながります。そして、目的語を加えることによって、さらに情報を追加することができます。一文の骨格をしっかりとらえることができるようになるのが目標です。

5…1

言葉《ことば》と言葉《ことば》をつなごう

言葉《ことば》と言葉《ことば》をつなぐ言葉《ことば》をまちがえると、ちがった意味《いみ》になることがあります。それどころか、まちがった文になるので、気をつけましょう。

「の」や「が」「に」など、言葉《ことば》と言葉《ことば》をつなぐ言葉《ことば》は、まちがって使《つか》うと意味《いみ》がちがってしまうことがあります。

- 弟が泳《およ》ぐ。
- 弟と泳《およ》ぐ。（→自分と弟が泳《およ》ぐ。）
- 弟も泳《およ》ぐ。（→弟がだれかといっしょに泳《およ》ぐ。）
- 車が向《む》かう。（→車が目的地《もくてき》に向《む》かう。）
- 車に向《む》かう。（→自分が車の方に行く。）

言葉《ことば》と言葉《ことば》をつなぐ言葉《ことば》を、正しく使《つか》う練習《れんしゅう》をしましょう。

練《れん》習《しゅう》①

□に同じひらがなを書いて、文を完成《かんせい》させましょう。

① かべをペンキ□ぬる。
今日は外□遊《あそ》ぼう。
姉はかぜ□学校を休んだ。

② 友だち□いっしょに帰る。
国語□音楽がすきです。
「しずかに」□書いてある。

③ 来年□夏には泳《およ》げるようになりたい。
ぞう□体はとても大きい。
走る□がとても速《はや》い友だちがいる。

④ 運動場《うんどうじょう》□集合《しゅうごう》した。
毎朝、七時□起《お》きる。
長め□切っておくとむすびやすい。

おうちのかたへ

助詞を間違えると、文を書く際に致命的になることがあります。作文のときには、見落としがちになりますので、確認する習慣をつけましょう。「え」と「へ」や「わ」と「は」などの表記も、完璧にできるようにする必要があります。

言葉《ことば》と言葉《ことば》をつなごう

練《れん》習《しゅう》②

□に当てはまるひらがなを書きましょう。

①本屋さん□行った。
近くに本屋さん□ある。
本屋さん□絵本を買った。

②消《け》しゴム□字を消《け》す。
消《け》しゴム□落《お》とした。
消《け》しゴム□見当たらない。

③やかん□お湯《ゆ》をわかす。
やかん□しゅんしゅんと音を立てた。
やかん□テーブルに持《も》っていった。

④あんパン□ラーメンも大すきだ。
あんパン□たくさん食べた。
あんパン□形は丸い。

練《れん》習《しゅう》③

1 □に当てはまるひらがなを書いて、文をかんせいさせましょう。

① ぼくのお父《とう》さん□毎朝八時□家□出て会社□行きます。

② 駅《えき》□ホーム□特急《とっきゅう》電車□入ってきたので、ぼく□急《いそ》いで乗《の》りました。

③ 今日、算数□じゅぎょう□習《なら》ったこと□とても大切だ□思いました。

2 次の文章《ぶんしょう》の（　）に当てはまるひらがなを、後の［　］からえらんで書きましょう。

森の学校では、まほう（①）ろん理（②）教えています。森のなかまたち（③）、毎日、元気に学校（④）通っています。みんながいちばんすきなのはきゅう食（⑤）時間です。いつも教室（⑥）楽しく食べています。

① □　② □　③ □

④ □　⑤ □　⑥ □

［ は　や　の　へ　を　で ］

6・・・1 言葉《ことば》の形をかえてみよう

文の終《お》わりに付《つ》けたす言葉《ことば》があります。付《つ》けたす言葉《ことば》によって、文の意味《いみ》がかわります。何気なく使《つか》っている言葉《ことば》ですが、正しく使《つか》えるようになりましょう。

文の終《お》わりに付《つ》けたす言葉《ことば》は、ほかにもたくさんあります。付《つ》けたす言葉《ことば》がかわると、意味《いみ》がかわります。

練《れん》習《しゅう》①

1 □にひらがなを入れて、「　」のじょうけんに合う文に書きかえましょう。

① 薬《くすり》をのむ。

「人にさせる」文に

↓ 薬《くすり》をのま□□。

② 本当のことを知っている。

「決《き》めつけて言う」文に

↓ 本当のことを知ってい□□□。

③ サッカーの試《し》合《あい》に勝《か》つ。

「そういう様《よう》子《す》にある」文に

↓ サッカーの試《し》合《あい》に勝《か》ち□□□。

2 上の文とつながるように、下の文をえらんで線でつなぎましょう。

上の文	下の文
かぜをひいたので、今日は ●	● 泳《およ》いだ。
とても暑《あつ》いので、早くプールで ●	● 泳《およ》ぐそうだ。
昨日《きのう》は体育《たいいく》の時間にプールで ●	● 泳《およ》ぎたい。
先生の話では、サルも川で ●	● 泳《およ》がない。

● おうちのかたへ ●

助動詞の学習です。文法的な難しいことを理解する必要はありません。言葉の後ろに付いて意味を添える言葉があること、そのとき、前の言葉が変わる場合もあることを理解し、正しく使えるようになりましょう。

言葉《ことば》の形をかえてみよう

練《れん》習《しゅう》②

じょうけん に合う文をえらび、記号《きごう》に○をつけましょう。

① じょうけん そういう様子《ようす》にある場合

ア 今にも雪がふりそうだ。

イ もう雪がふった。

ウ 明日は雪がふるようだ。

② じょうけん 人から聞いた場合

ア 水泳《すいえい》大会はえんきになりそうだ。

イ 水泳《すいえい》大会はえんきになった。

ウ 水泳《すいえい》大会はえんきになるそうだ。

③ じょうけん かこのことである場合

ア おやつにゼリーを食べたい。

イ おやつにゼリーを食べた。

ウ おやつにゼリーを食べるそうだ。

④ じょうけん きぼうする場合

ア 冬休みに温泉《おんせん》に行くようだ。

イ 冬休みに温泉《おんせん》に行きます。

ウ 冬休みに温泉《おんせん》に行きたい。

⑤ じょうけん 人にさせる場合

ア ノートに漢字《かんじ》を書いた。

イ ノートに漢字《かんじ》を書かせる。

ウ ノートに漢字《かんじ》を書かない。

⑥ じょうけん しない場合

ア リンダはにんじんを食べない。

イ リンダはにんじんを食べたい。

ウ リンダはにんじんを食べそうだ。

⑦ じょうけん 決《き》めつけて言う場合

ア ビッキーは宿題《しゅくだい》をわすれるそうだ。

イ ビッキーは宿題《しゅくだい》をわすれます。

ウ ビッキーは宿題《しゅくだい》をわすれるようだ。

⑧ じょうけん ていねいに言う場合

ア リンゴ先生がプリントをくばります。

イ リンゴ先生がプリントをくばらせる。

ウ リンゴ先生がプリントをくばらない。

● おうちのかたへ ●

助動詞は言葉の後ろに付いて意味を添える働きがあります。どのような意味を添えるのか、普段、何気なく使っていますが、問題を解くことで整理しましょう。

7…1

かざる言葉《ことば》

「どんな」「どのように」「どれくらい」を表《あらわ》す言葉《ことば》が「かざる言葉《ことば》」です。

ものの様子《ようす》などをくわしくするために、言葉《ことば》をかざる言葉《ことば》があります。言葉《ことば》をかざる言葉《ことば》には、主《おも》に次《つぎ》の二つがあります。

①ものの名前やものごとを表《あらわ》す言葉《ことば》をかざる。

黄色い　花。

→どんな花かというと、「黄色い」花。

きれいな　実《み》。

→どんな実《み》かというと、「きれいな」実《み》。

②様子《ようす》や動《うご》きなど、①以外《いがい》のことを表《あらわ》す言葉《ことば》をかざる。

とても　長い実《み》。

→どれくらい長いかというと、「とても」長い。

ぐんぐん　のびた。

→どのようにのびたかというと、「ぐんぐん」のびた。

練《れん》習《しゅう》①

文を読んで、リンゴ先生のしつ問《もん》に答えるようにして、□に当てはまる言葉《ことば》を書きましょう。

① おもしろい本を読んだ。

どんな本ですか。

□本

② 親切な人が道を教えてくれた。

どんな人ですか。

□人

③ 電車がすぐに出発《しゅっぱつ》した。

どのように出発《しゅっぱつ》しましたか。

□出発《しゅっぱつ》した

④ この川で泳《およ》ぐのは、ひじょうにきけんです。

どれくらいきけんですか。

□きけんです

● おうちのかたへ ●

「修飾語」には形容詞、形容動詞、副詞、連体詞などがあります。今の段階では品詞の区別ができなくてもかまいません。「どんな」「どのように」「どれくらい」を表す言葉なのだということがわかれば十分です。

かざる言葉《ことば》

練《れん》習《しゅう》②

1 れいのように、文に対《たい》するしつ問《もん》に答えるようにして□に言葉《ことば》を書きましょう。

れい
白い紙切れがゆかに落《お》ちていた。
どんな紙切れですか。
↓
白い紙切れ

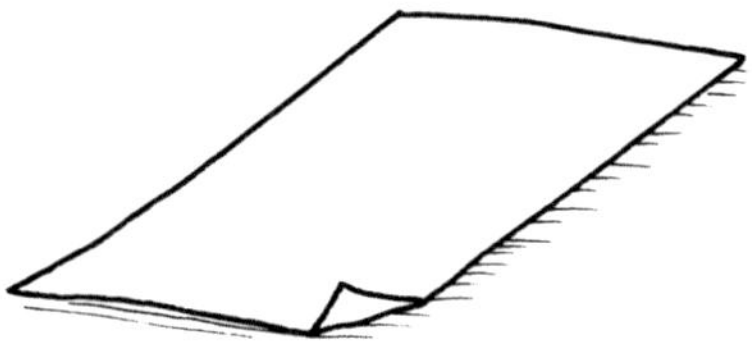

① ぼくは大事《だいじ》なことをときどきわすれます。
どのくらいわすれますか。
↓
□

② リンゴ先生が美《うつく》しい花をかざりました。
どんな花ですか。
↓
□

③ 船に乗《の》った人たちは大きく手をふりました。
どんなふうにふりましたか。
↓
□

2 **れい**のように、――の言葉《ことば》を説明《せつめい》している、「どんな」や「どれくらい」を表《あらわ》す言葉《ことば》に線を引きましょう。

れい ビッキーは　元気な　男の子だ。

①お母《かあ》さんは　よく　スーパーに　行きます。

②かわいい　小鳥が　木に　とまっています。

③リンダが　しずかに　いすに　すわりました。

④細い　はり金で　車の　もけいを　作った。

おうちのかたへ

「どんな」「どのように」「どれくらい」を表す言葉が、どの言葉を飾っているのかを意識するようにしましょう。そうすると、言葉のつながりがみえてきます。

言葉《ことば》のつながり①

ビッキーは　公園で　サッカーを　しました。

言葉《ことば》は言葉《ことば》とつながっています。言葉《ことば》のつながりを理かいすることが、一文のつくりを理かいすることになります。これは文を書くときにも必要《ひつよう》になるのです。

先生が　みんなに　算数の　プリントを　配《くば》りました。

こっちはすべて「配《くば》りました」につながるのかな？
見てみましょう。「算数の」は「プリントを」に意味《いみ》がつながります。「配《くば》りました」につながるのは、「先生が」と「みんなに」、「プリントを」です。
先生が
みんなに
算数の
プリントを
配《くば》りました

8…1

言葉《ことば》のつながり①

練習《れんしゅう》①

れいのようにして、——の言葉《ことば》につながる言葉《ことば》を矢じるしでつなぎましょう。

れい　赤い　きれいな　花の　絵。

①大きな　ゾウが　います。

②わたしは　ゆっくりと　歩く。

③公園の　木は　とても　高い。

④運動会《うんどうかい》の　百メートル走で　一等《いっとう》を　とるぞ。

⑤ お父《とう》さんは　毎朝　テレビで　ニュースを　見ている。

⑥ わたしは　図書館《かん》で　毎週　本を　かります。

⑦ おみやげの　長崎《ながさき》の　カステラが　おいしかった。

⑧ となりの　町まで　みんなで　バスに　乗《の》ります。

⑨ きのうの　国語の　じゅ業《ぎょう》で　遠足の　作文を　書いた。

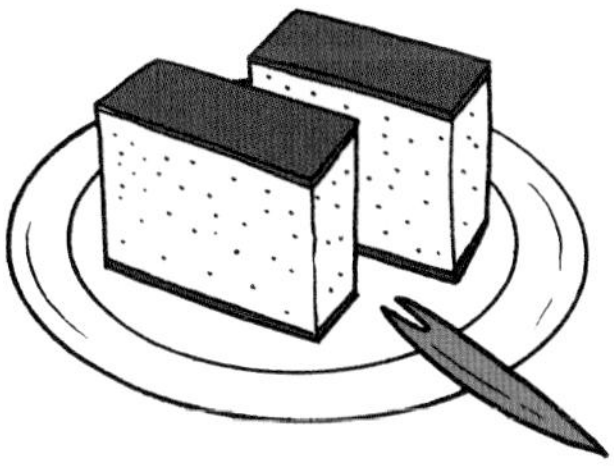

おうちのかたへ

言葉は言葉とつながっています。どの言葉につながっているのかということをしっかり理解するようにしましょう。これが、文を読むときや書くときにとても役に立ちます。

8・・・1 言葉《ことば》のつながり①

主語《しゅご》につながる言葉《ことば》、じゅつ語につながる言《こと》葉《ば》を考えてみましょう。言葉《ことば》のつながりがわかると、文の意味《いみ》を正しく理かいできます。

練《れん》習《しゅう》②

1 **れい**のようにして、文のじゅつ語には ―― 線を、主語《しゅご》には 〰〰 線をひきましょう。また、それぞれにつながる言葉《ことば》を矢じるしでつなぎましょう。

れい ぼくの　お父《とう》さんは　つりに　行きます。

① いもうとの　おもちゃが　たなに　あります。

② 友だちからの　手紙が　となりの　家に　とどきました。

③ 公園には　さくらの　花びらが　たくさん　落《お》ちています。

④ 大きな　トラックが　たくさんの　荷物を　運びます。

2 **れい**のようにして、文の中のすべての言葉《ことば》を矢じるしでつなぎましょう。

れい きのうの　ニュースに　多くの　人が　おどろいた。

① 案内板《あんないばん》に　外国の　言葉《ことば》が　いくつも　書かれている。

② つくえの　上に　二さつの　本が　あった。

③ わたしの　兄は　自分の　かばんを　友だちに　あげた。

④ 庭の　物おきに　スキーの　板を　入れた。

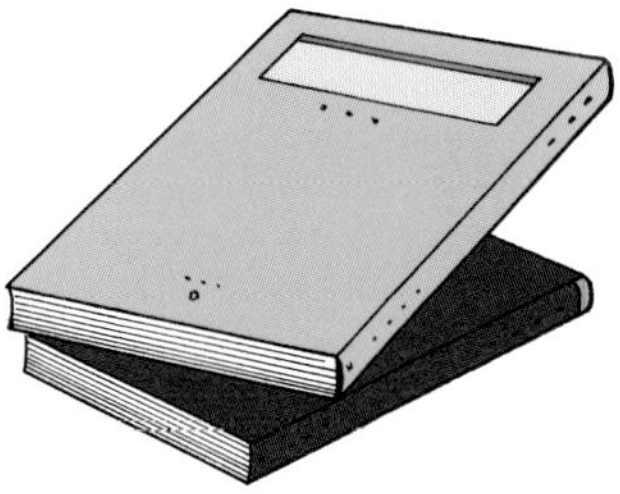

● おうちのかたへ ●

主語と述語はつながっています。また、目的語も述語につながっています。なので、主語と述語、目的語をまず押さえます。それから、それぞれにつながる言葉を見つけるようにすると、言葉のつながりがわかりやすくなります。

言葉《ことば》のつながり②

文は次《つぎ》のような図に表《あらわ》すことができます。言葉《ことば》のつながりをたしかめましょう。

今度《こんど》は言葉《ことば》のつながりを整理《せいり》して、図に表《あらわ》してみましょう。図にすると、どの言葉《ことば》がどうつながっているかわかりやすくなります。

れい

新しい　新かん線は　とても　速《はや》い。

新しい → 新かん線は → 速《はや》い

とても → 速《はや》い

「新しい」↓「新かん線は」と意味《いみ》がつながるね。
いちばん下の□には、じゅつ語が入るよ。「新かん線は」↓「速《はや》い」「とても」↓「速《はや》い」だね。

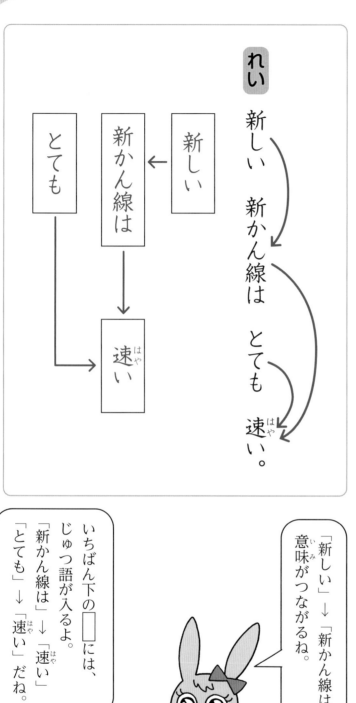

練《れん》習《しゅう》①

文の中のすべての言葉を矢じるしでつなぎ、れいのようにして、後の図の□に当てはまる言葉《ことば》を書きましょう。

(1) おもしろい　ノンタは　みんなの　人気者だ。

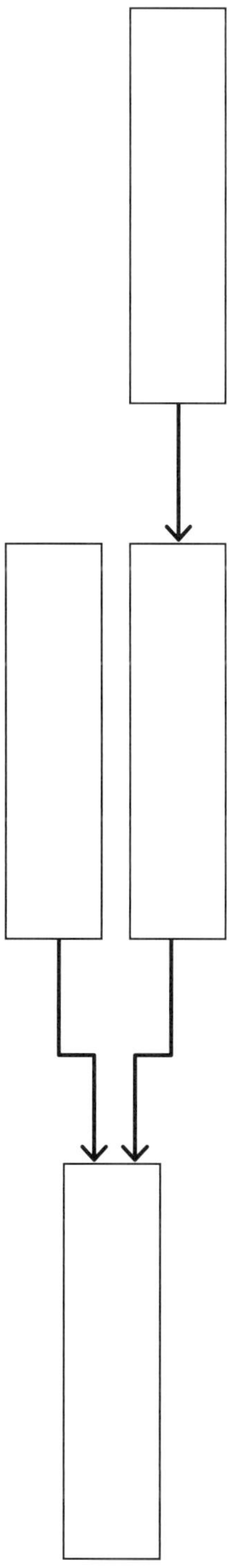

(2) ミミちゃんは　きれいな　声で　歌った。

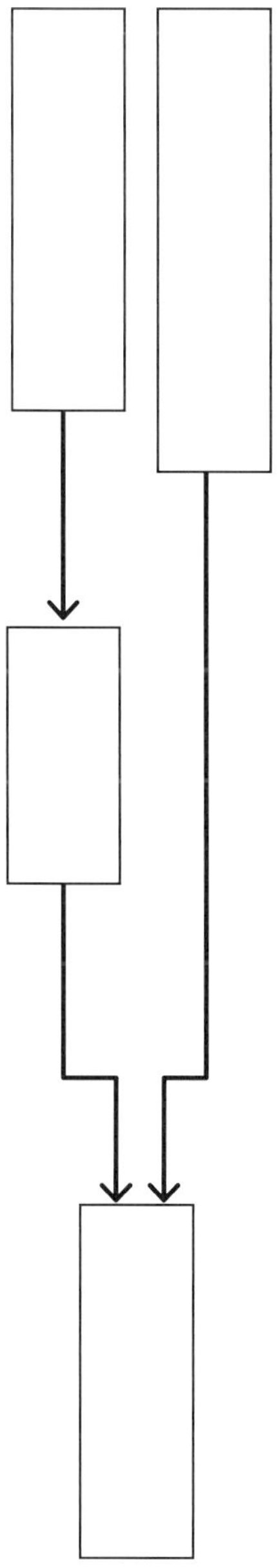

おうちのかたへ

文を構造図にすると、一文の全体がどのようにつながっているのか一目でわかります。今回は短い文を扱いましたが、長い文になっても考え方は同じです。一文の要点をとらえ、構造をつかむことが、文の意味をきちんと理解することにつながります。

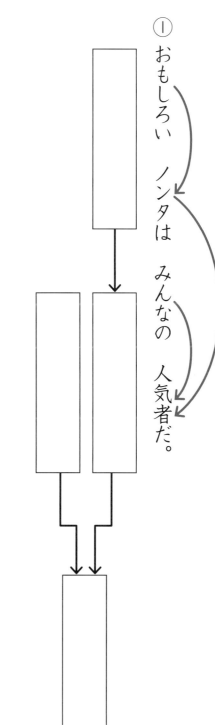

8…2

言葉《ことば》のつながり②

練習《れんしゅう》②

前のページと同じようにして、後の図の□に当てはまる言葉《ことば》を書きましょう。

(1) ビッキーが　運動会《うんどうかい》で　一等《いっとう》しょうを　取《と》った。

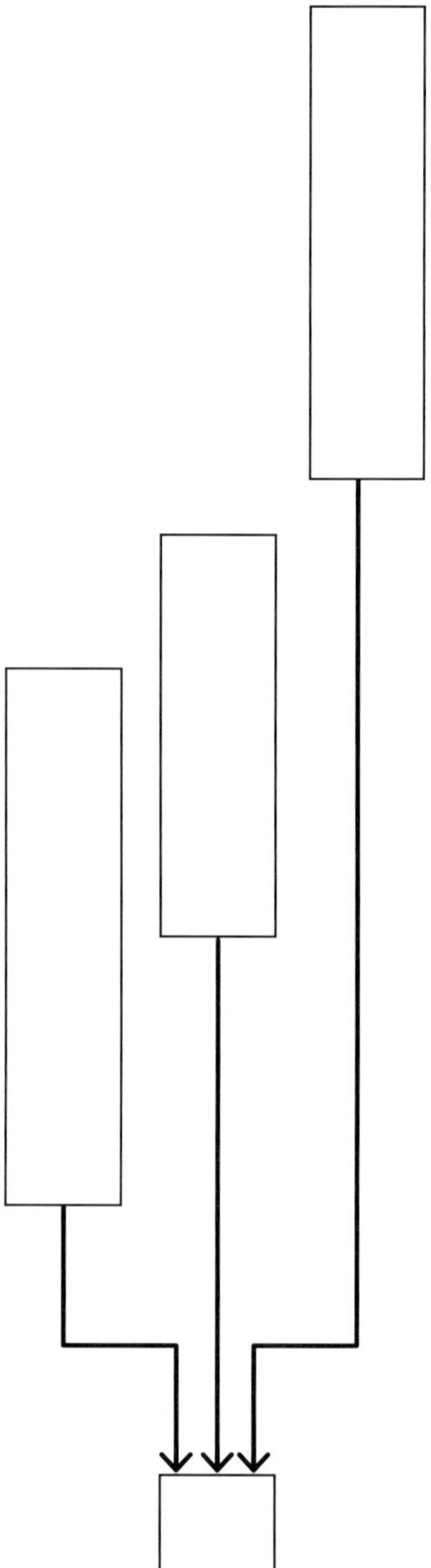

(2) やさしい　リンダが　小鳥に　えさを　あげる。

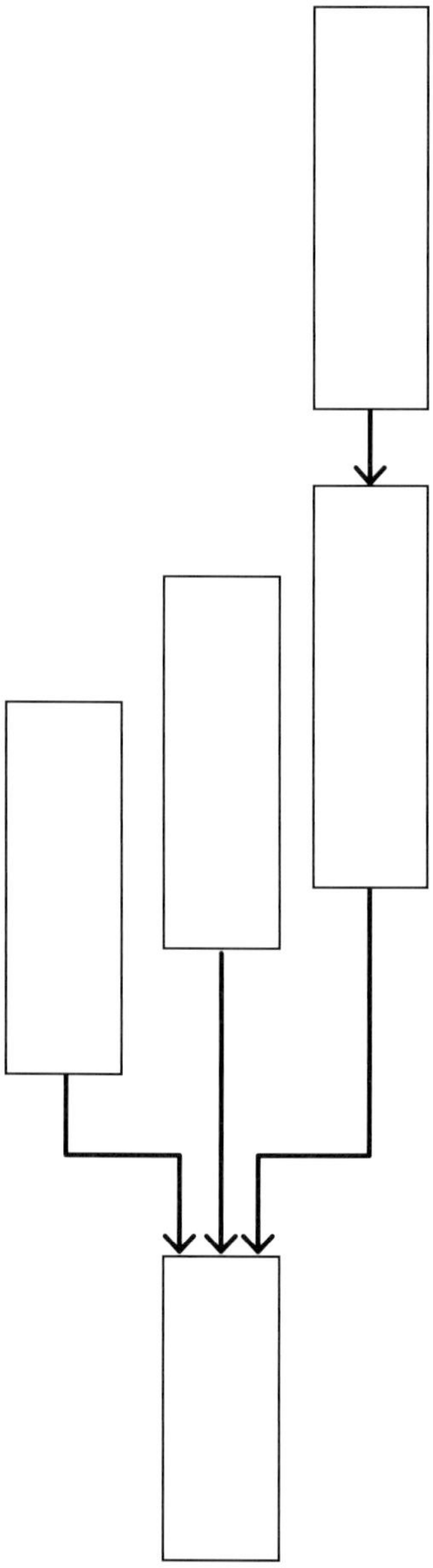

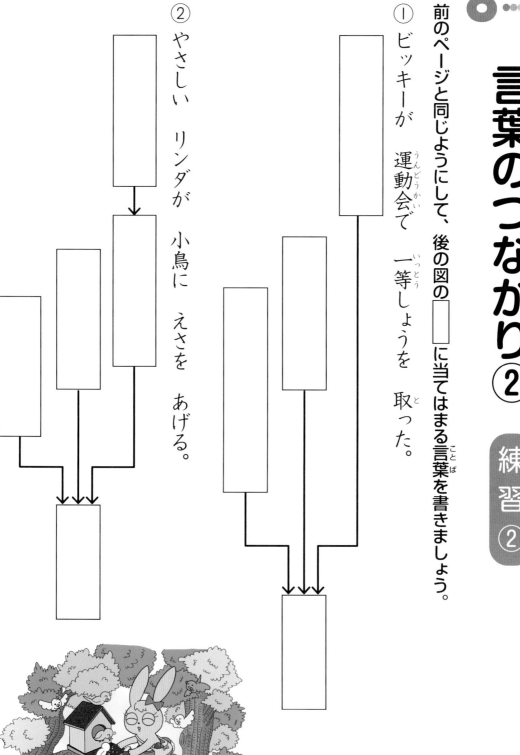

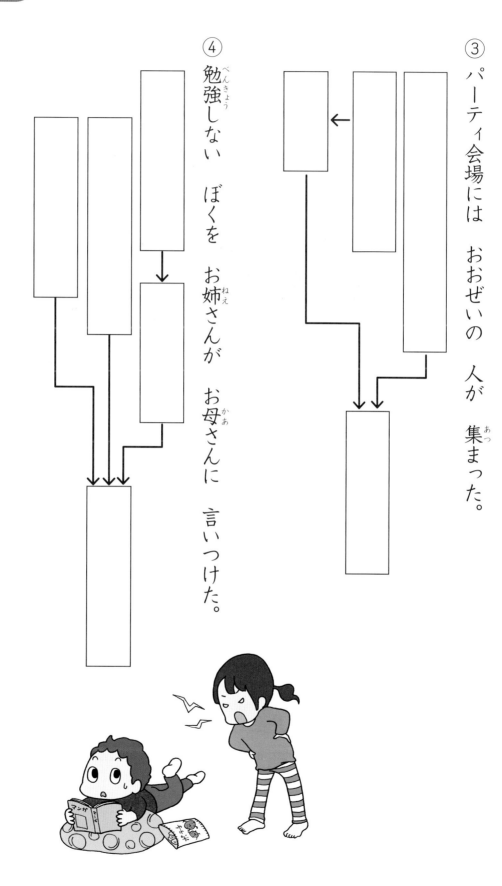

③ パーティ会場には　おおぜいの　人が　集《あつ》まった。

④ 勉強《べんきょう》しない　ぼくを　お姉《ねえ》さんが　お母《かあ》さんに　言いつけた。

文を書きかえよう①

二つの文を一つにまとめたり、言葉《ことば》のじゅん番を入れかえたりできると、書く力がつきます。

ぼくはハンバーグがすき。
ぼくはグラタンがすき。
まとめて一つの文にしましょう。

● 二つの文を一つにまとめることができます。

ぼくは、ハンバーグとグラタンがすきです。

● 次《つぎ》のように文の主語《しゅご》をかえることもできます。

運動会《うんどうかい》が明日行われます。

⇐

明日行われるのは運動会《うんどうかい》です。

● 後の文に続《つづ》くように、□に文を入れるためには、最初《さいしょ》の文の形をかえる必要《ひつよう》があります。

お父《とう》さんが魚をつってきた。

⇐

お父《とう》さんがつってきた魚　を料理《りょうり》した。

練《れん》習《しゅう》

1 文の主語《しゅご》をかえて、文を書きかえましょう。

① ぼくたちの学校は、高いおかにあります。

高いおかにあるのは、

② 大きなトンボをお兄さんがつかまえた。

お兄《にい》さんがつかまえたのは

2 後の文に続《つづ》くように、最初《さいしょ》の文の形をかえて□に入れましょう。

① 学校で歌を習《なら》った。

□がテレビで流《なが》れた。

② お母《かあ》さんがおいしいおべんとうを作った。

□を家にわすれてきた。

● おうちのかたへ ●

文を書き換える練習は、主語・述語、助動詞・助詞の使い方、言葉のつながりの、より深い理解につながります。

文を書きかえよう②

目的語《もくてきご》を主語《しゅご》と入れかえるには、どうすればよいでしょう。練習《れんしゅう》してみましょう。

● 目的語《もくてきご》を主語《しゅご》にして、同じ意味《いみ》になる文を作ることができます。

犬がネコを追《お》いかける。

⇐

ネコが犬に追《お》いかけられる。

● 文を書くとき、二つの文を一つの文にまとめることができます。

ア　犬がワンワンとほえる。 イ　びっくりしたリンダが犬を止めた。

イの文にアの文をくわえます。

⇐

びっくりしたリンダがワンワンとほえる犬を止めた。

練《れん》習《しゅう》

1 目的語《もくてきご》を主語《しゅご》にして、同じ意味《いみ》になる文に書きかえましょう。

① 日本の天文学者が、新しい星を発見《はっけん》した。

新しい星が　[　　　]　に　[　　　]

② 世界《せかい》の多くの人が英語《えいご》を話しています。

英語《えいご》は　[　　　]　に　[　　　]

2 イの文にアの文を加《くわ》えて、二つの文を一つの文に書きかえましょう。

① ア　いなかでおもちを作りました。
イ　ぼくは、おもちをおなかいっぱい食べました。

[　　　]

② ア　学級会《がっきゅうかい》でたくさんの意見《いけん》が出ました。
イ　書記係《がかり》が、意見《いけん》を黒板《こくばん》に書きました。

[　　　]

● おうちのかたへ ●

主語と述語の役割がしっかり理解できていれば、難しくはありません。受動態の「〜れる」「〜られる」という言い方は、日常会話でもよく出てきます。能動態と受動態の言い換えがきちんとできれば大丈夫です。また、一文を名詞化して、別の文に加えることは、字数調整など試験の解答を書く際に必要となる力です。

読点《とうてん》の打ち方

大きなさくらの木がある家よ。
どんな家かしら?
さくらの木のある大きな家だよ。

大きなさくらの木がある家に行った。

「、」のことを読点《とうてん》といいます。読点《とうてん》の場所《ばしょ》で、文の意味《いみ》がかわることがあります。読点《とうてん》を正しく使《つか》って、だれが読んでも同じ意味《いみ》に読める文を書くようにしましょう。

読点《とうてん》(、)の場所《ばしょ》で、文の意味《いみ》がかわることがあります。上の文は、「、」を打《う》つ場所《ばしょ》によって、次《つぎ》のような意味《いみ》になります。

・大きいのが家の場合

大きな、さくらの木がある家に行った。

・大きいのがさくらの木の場合

大きなさくらの木がある、家に行った。

文を書くときには、正しく意味《いみ》が伝《つた》わるように、読点《とうてん》の場《ば》所《しょ》に気をつけて書きましょう。

これも、読点《とうてん》によって意味《いみ》がかわるれいです。

・小さな、水玉もようのかさ

・小さな水玉もようの、かさ

練《れん》習《しゅう》

次《つぎ》の文は二つの意味《いみ》になります。一つの意味《いみ》になるように、「、」を打《う》ちましょう。

1 ミミちゃんは　家に　帰って　いなかった。

① ミミちゃんが帰ってしまったように。

ミミちゃんは　家に　帰って　いなかった。

② ミミちゃんが帰っていないように。

ミミちゃんは　家に　帰って　いなかった。

2 美《うつく》しい　けしきの　写真《しゃしん》を　手に　とって　見た。

① 美《うつく》しいのが写真《しゃしん》であるように。

美《うつく》しい　けしきの　写真《しゃしん》を　手に　とって　見た。

② 美《うつく》しいのがけしきであるように。

美《うつく》しい　けしきの　写真《しゃしん》を　手に　とって　見た。

● おうちのかたへ ●

読点「、」は、文を読みやすくするだけではなく、文の意味を一つに限定する役割もあります。読点の場所によって言葉のつながりが変わることを意識しましょう。

10…1 文と文のつながり①

一年と二年で学習《がくしゅう》した、おもなつなぎ言葉《ことば》です。前の文と後の文がどのようにつながるのか、たしかめておきましょう。

まずは一、二年で出てきたつなぎ言葉《ことば》をふく習《しゅう》します。文と文のつながりを考えましょう。どれも大事《だいじ》なものばかりですから、ここでしっかり身《み》につけておきましょう。

このあたりは毎年たくさんの雪がふります。
⟷ **しかし**
今年は少ないようです。

今日は時間がありません。
← **だから**
続《つづ》きは明日にしましょう。

続《つづ》きは明日にしましょう。
→ **なぜなら**
今日は時間がないからです。

これは大切にしているサッカーボールです。
＝ **つまり**
ぼくのたからものです。

母は毎日運動《うんどう》をしています。
＝ **たとえば**
ランニングや水泳《すいえい》、ヨガです。

しかし……前のことと、後のことが反対《はんたい》になっている。
だから……前のことが原因《げんいん》で、後のけっかになった。
なぜなら…前のけっかになったのは、後のことが原因《げんいん》である。
つまり……前のことを、ちがう言葉《ことば》で言いかえて、まとめている。
たとえば…前のことを、具体的《ぐたいてき》にくわしくしている。

練《れん》習《しゅう》 ①

□に当てはまる記号《きごう》を後の（　）から、［　］に当てはまる言葉《ことば》を後の［　］からえらんで書きましょう。

① テレビにむ中になっていました。
□ ［　　　　］
電話が鳴ったのに気がつきませんでした。

② きのこがすきです。
□ ［　　　　］
しいたけ、しめじ、まいたけです。

③ リンゴの実《み》が、木から落《お》ちてしまいました。
□ ［　　　　］
台風が通りすぎたからです。

④ やくそくの時間になりました。
□ ［　　　　］
友だちはまだやって来ません。

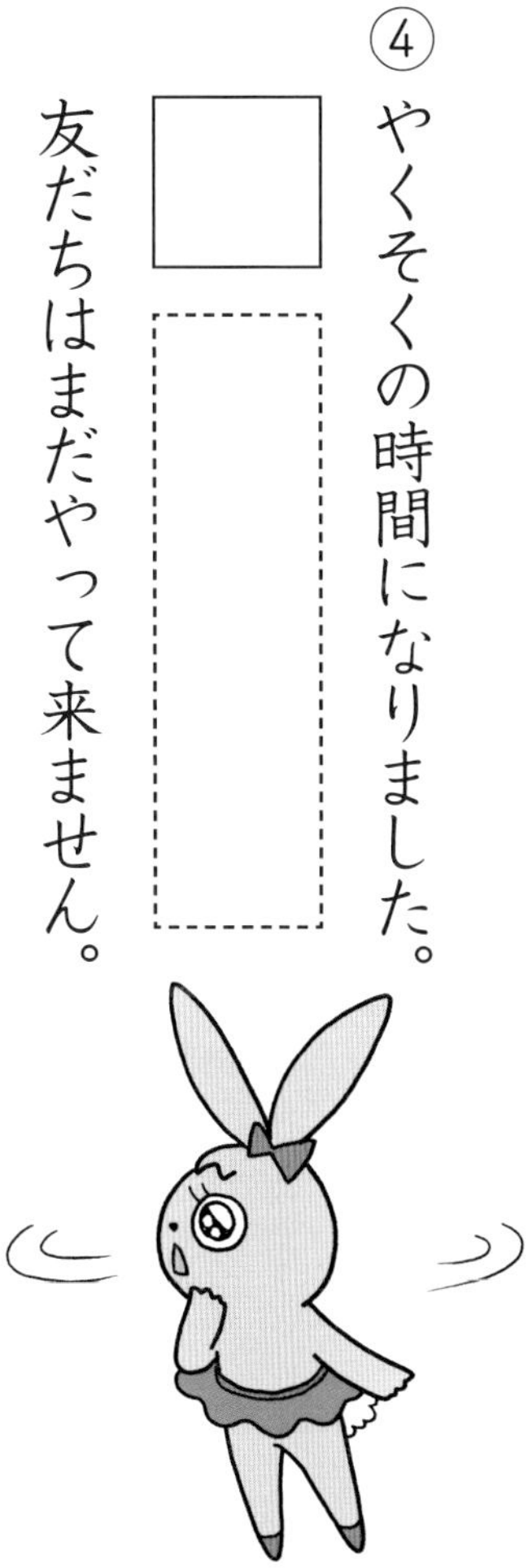

（ ⟺　←　→　＝ ）

［ しかし　だから　なぜなら　たとえば ］

おうちのかたへ

どうしてその接続語が入るのか、文と文の関係をきちんと説明できるようになることが大切です。そのために、「なんとなく語感で」接続語を捉えるのではなく、記号を使って二つの文の関係を把握します。

1 10…1

文と文のつながり①

練《れん》習《しゅう》②

□に当てはまるつなぎ言葉《ことば》を、後の□から、えらんで書きましょう。

ひろき君《くん》たちは、自分たちの住《す》んでいる町のゴミについて調《しら》べて、わかったことと感想《かんそう》を次《つぎ》のようにまとめました。

町全体《ぜんたい》を見ると、毎日たくさんのゴミが出ています。

□、なるべくゴミを出さないくふうがひつようだと思いました。

また、ゴミを出すときには、決《き》められた時間に出し、もえるゴミともえないゴミを分けなければいけません。

□、きちんと分けていないものもあり、集《あつ》める人がこまることがあるそうです。

ゴミが出るのはしかたありませんが、出す時間や、ゴミをきちんと分けること、□、すてるときのルールをきちんと守《まも》ろうと思いました。

しかし　だから　つまり

2 前の文と、つなぎ言葉《ことば》に合うように、後の文をえらんで記号《きごう》を書きましょう。

① 母はとてもけんこうに気をつけています。だから、□

② 野球《やきゅう》の練習《れんしゅう》をして、とてもおなかがへりました。しかし、□

③ いっしょにいた姉にココアを買ってもらいました。なぜなら、□

ア 帰り道がとても寒《さむ》く、温《あたた》かいものが飲《の》みたかったからです。

イ 今朝《けさ》も野さいサラダをのこした弟をしかっていました。

ウ 家に帰ってもおやつがありませんでした。

おうちのかたへ

接続語を理解して文と文の関係がわかるようになると、接続語を手がかりに、次にどのような文がくるか予想する力がつきます。

文と文のつながり②

新しいつなぎ言葉《ことば》とその役《やく》わりをおぼえましょう。

ここからは、新しいつなぎ言葉《ことば》が出てくるわ。それぞれが文と文をどのようにつないでいるか、理かいしておいてね。

まず、家に来てください。
それから
遊《あそ》びに行きましょう。

ミミちゃんは歌がとく意です。
また
ピアノもとく意です。

図書館《かん》に行きますか。
それとも
インターネットで調《しら》べますか。

わたしの発表《はっぴょう》を終《お》わります。
ところで
しつ問《もん》はありませんか。

「それから」は、前のことに後のことをつけくわえるときに使います。

にている言葉《ことば》
そして　しかも　それに

前のことと後のことがならんであるときに使うよ。

にている言葉《ことば》
および　ならびに

「それとも」は、前のことと、後のことをくらべたり、どちらかを選《えら》んだりするときに使《つか》うのよ。

にている言葉《ことば》
あるいは　または　もしくは

「ところで」は、話題《わだい》をかえるときに使《つか》うのよ。

にている言葉《ことば》
さて　では　それでは

練《れん》習《しゅう》①

次《つぎ》の文の□に当てはまるもっともふさわしいつなぎ言葉《ことば》を、後の［ ］からえらんで書きましょう。（同じ言葉《ことば》を二回使《つか》ってもかまいませんが、［ ］内の言葉《ことば》をすべて使《つか》いましょう。）

① 今日の勉強《べんきょう》はこれで終《お》わりだ。
□
明日の日曜は何をしようかな。

② 玉ネギをうすく切ります。
□
十分ほど水につけておきます。

③ バナナはおいしいので大すきです。
□
あわせてえいようもあるので毎日食べます。

④ お昼ごはんはカレーライスがいいですか。
□
サンドイッチがいいですか。

⑤ サッカー部《ぶ》はゆう勝《しょう》しました。
□
バレー部《ぶ》はどうでしたか。

⑥ きのうは朝から雨でした。
□
強い風がふいていました。

［ ところで　それとも　それから　また　しかも ］

● おうちのかたへ ●

ここで扱った新しい接続語も、「文と文をつなげる働き」という点で、変わりはありません。二つの文が、どのような関係でつながっているのかをきちんと理解しましょう。

文と文のつながり②

つなぎ言葉《ことば》は、文と文をつなぐ言葉《ことば》です。ということは、二つの文がどのようなつながりになっているかを考えれば、どのつなぎ言葉《ことば》を使《つか》えばよいかがわかります。

練《れん》習《しゅう》②

次《つぎ》の文の□に当てはまるもっともふさわしいつなぎ言葉《ことば》を、後の［　］からえらんで書きましょう。（同じ言葉《ことば》を二回使《つか》うことはできません。）

①学校の教科では国語や社会がすきですか。
□
算数や理科がすきですか。

②計算プリントをまだしていない。
□
家にわすれて来てしまった。

③リンダはとても親切でよく気がつく。
□
学級委員《がっきゅういいん》にえらばれたのだと思う。

④国を代表《だいひょう》するせん手が集《あつ》まるスポーツの大会がある。
□
オリンピックやワールドカップだ。

⑤となりのお兄さんは英語《えいご》が話せます。
□
英語《えいご》と同じぐらいドイツ語が話せます。

⑥気づいたときには、もう手がつけられなかった。
□
手おくれだったのだ。

⑦ 今日は図書館《かん》に行くつもりだった。
□
おつかいをたのまれたので、明日にしよう。

⑧ 家を出て、バスで駅《えき》に向《む》かいました。
□
電車に乗《の》りました。

⑨ 練習《れんしゅう》ではうまくできる。
□
本番になると、いつもしっぱいする。

⑩ やるからには、全力《ぜんりょく》をつくそう。
□
こうかいをしたくないからだ。

⑪ 今週は三回もわすれ物《もの》をしてしまった。
□
持《も》ち物《もの》のメモを書いて、毎日たしかめることにした。

⑫ 今日はプールに泳《およ》ぎに行きました。
□
あなたは何をしていましたか。

ところで　しかし　なぜなら　だから　つまり　また　たとえば　それから　それとも　しかも

おうちのかたへ

これまでに学習した接続語の総合問題です。接続語は、説明的文章を読解するときはもちろん、文章を書くとき、話を聞くとき、プレゼンテーションのときにも重要なポイントとなります。

文と文のつながり②

練《れん》習《しゅう》③

1 ——線のつなぎ言葉《ことば》を、文章《ぶんしょう》の意味《いみ》をかえないようにしてちがう言葉《ことば》にします。当てはまるものを［　］からえらんで記号《きごう》を書きましょう。

① 今日は午後から、教室の大そうじをしました。そして、運動場《うんどうじょう》の草とりをしました。

② 雨で運動場《うんどうじょう》が使《つか》えません。だから、今日の練習《れんしゅう》は、体育館《たいいくかん》で行うことになりました。

③ 計算問題《もんだい》はできても文章題《ぶんしょうだい》が苦手《にがて》な人がいます。つまり、読む力が不足《ふそく》しているのです。

④ ぼくは夏休みの自由研究《じゆうけんきゅう》に工作をするつもりです。ところで、ゆうと君《くん》は何をするのかな。

⑤ 図書室の本は、みんなのものです。しかし、やぶれていたり、落書《らくが》きがしてある本があります。

ア したがって　イ それから　ウ ところが　エ すなわち　オ さて

文と文の関係《かんけい》を表《あらわ》す言葉《ことば》には、はたらきが同じものがあります。同じはたらきをするつなぎ言葉《ことば》はどれか考えてみましょう。

2 とも子さんは、「冬休みの目ひょう」という題《だい》で作文を書きました。①〜③の（　）に当てはまるつなぎ言葉《ことば》を[　]からえらんで記号《きごう》を書きましょう。

わたしの冬休みの目ひょうは、計算の練習《れんしゅう》をたくさんすることです。三年生になって、わり算や分数の計算など、新しいことをたくさん習《なら》いました。はじめのころは、かんたんだと思っていました。（①　）じゅぎょうが進《すす》むと、どんどんむずかしくなり、いつの間にか、わからなくなっていました。（②　）、わからないところをお母《かあ》さんに教えてもらって、家で毎日練習《れんしゅう》しました。冬休みに、もっとたくさん練習《れんしゅう》して、計算まちがいをなるべく少なくしたいです。（③　）、時間をはかって速《はや》くとけるようにしたいと思います。

ア しかし　イ さらに　ウ だから

おうちのかたへ

接続語は文章の論理的関係をつかむ言葉なので、どのような論理的関係でつないでいるのか、その役割を意識します。同じ役割の接続語を考えることで、より正確に使えるようになります。

11…1 こそあど言葉《ことば》

——線部《ぶ》を、こそあど言葉《ことば》を使《つか》って表《あらわ》します。

ミミちゃんは近くの公園に行きました。近くの公園にはブランコとすべり台がありました。長い時間、ブランコとすべり台で遊《あそ》びました。

↓

ミミちゃんは近くの公園に行きました。そこにはブランコとすべり台がありました。長い時間、それらで遊《あそ》びました。

こそあど言葉《ことば》を使《つか》うと、文がスッキリします。

こそあど言葉《ことば》は、とてもべんりな言葉《ことば》です。こそあど言葉《ことば》を使《つか》うと、文章《ぶんしょう》がすっきりします。

こそあど言葉《ことば》は自分とものとのきょりで使《つか》い分けます。

近い	中	遠い	わからない
ここ	そこ	あそこ	どこ
これ	それ	あれ	どれ
この	その	あの	どの
こっち	そっち	あっち	どっち
こんな	そんな	あんな	どんな

文の中にこそあど言葉《ことば》が出てきたら、さしている言葉《ことば》をさがしましょう。

お兄《にい》さんは高い木を見上げて、これはカシの木だね、と言いました。

こそあど言葉《ことば》に、さがした言葉《ことば》をあてはめて、たしかめましょう。

これ ＝ 高い木

練《れん》習《しゅう》①

次《つぎ》の文を読んで、後の問《もん》題《だい》に答えましょう。

1 人間にそなわった、さわったり、においをかいだり、見たり聞いたりする感《かん》かくはとてもすぐれたものですが、わたしたちは当たり前すぎて、それについてあまり考えません。

それとは何のことですか。ます目に当てはまるように書きましょう。

2 暑《あつ》い地いきのしめった空気が空高く上がると、雨をふらせてかわいた空気にかわり、これが別《べつ》の地いきにおりて、さばくを作ります。

これとは何のことですか。ます目に当てはまるように書きましょう。

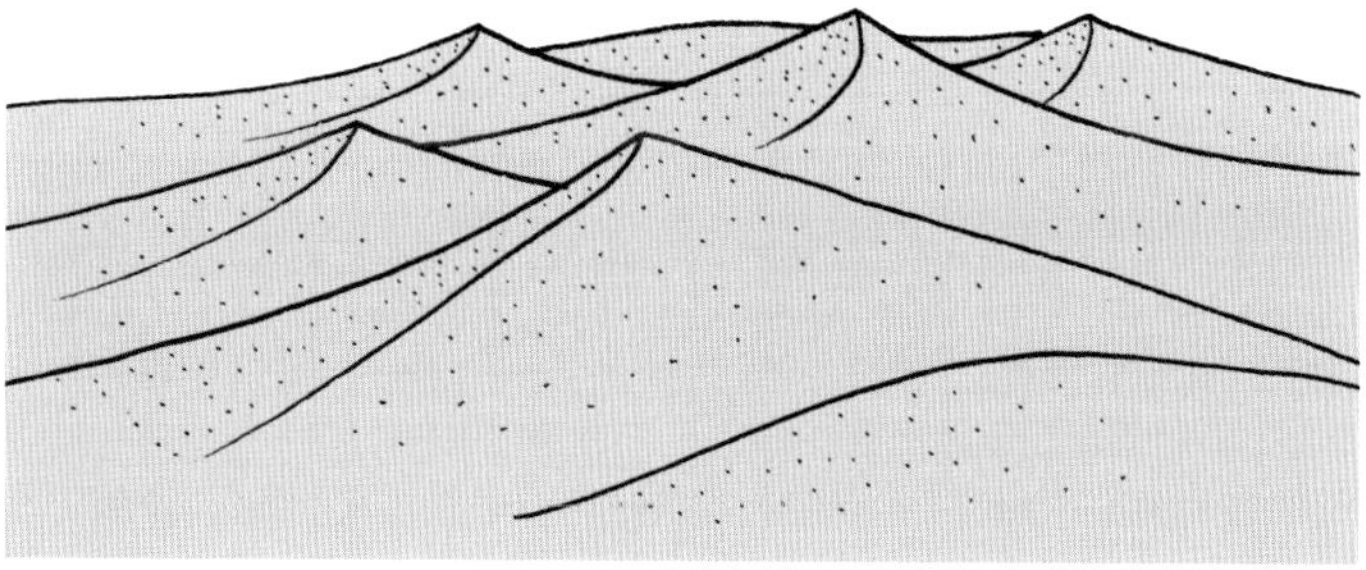

● おうちのかたへ ●

指示語を正しくとらえることは、文章問題を解くときに重要なポイントとなります。日常的でもよく使う言葉なので、その指示語が何を示しているのかを意識するようにすれば、理解が深まります。

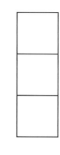

11・・・1 こそあど言葉《ことば》 練《れん》習《しゅう》②

――線の「こそあど言葉《ことば》」は何をさしていますか。ます目に当てはまるように書きましょう。

1

冬の夜空を見上げてみると、そこにはひときわ目立つ三つの星があります。ペテルギウス、シリウス、プロキオンという星です。これらを線でむすんで作る三角形を冬の大三角といいます。

そこ ⇩ □□□□

これら ⇩ □□□□□□ □□□□ □□□□□

2

スーパーマーケットには、リサイクルコーナーがあります。そこで食品《しょくひん》トレイや牛にゅうパック、ペットボトルなどが回しゅうされ、しげんのむだをなくすことに役立《やくだ》っているのです。これについて、わたしたちにもできることがないか考えてみましょう。

そこ ⇩ □□□□□□□□□

これ ⇩ □□□□□□□□□□□□

練《れん》習《しゅう》③

次《つぎ》の文を読んで、後の問題《もんだい》に答えましょう。

ミミちゃんは夜中にトイレに行きたくなって目がさめました。「①あそこに行くのはイヤだわ。ずっと、②ここにいたい。」ミミちゃんはしばらくベッドの中にいましたが、がまんできなくなってへやの外に出ようとドアに手をかけました。③それを開《あ》けるとおばけが立っていました。「こんにちは。④この中に入れて。」おばけはニタリとわらいました。というところで本当に目がさめました。「⑤あれはゆめだったのね。」ミミちゃんはほっとむねをなで下ろしました。

① 「あそこ」とはどこですか。
→ □□□

② 「ここ」とはどこですか。
→ □□□□□

③ 「それ」とはなにですか。
→ □□

④ 「この中」とはどの中ですか。
→ □□の中

⑤ 「あれ」とはどのようなことですか。□に言葉《ことば》を書きましょう。
→ □がへやの外に立っていたこと

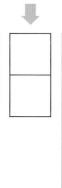

12…1

いつ、どこで、だれが、何を、どうした

文を書くときに大切なのは、「いつ、どこで、だれが、何を、どうした」のかを、読む人にわかりやすく書くことです。

上の絵を、次《つぎ》のように文に表《あらわ》しました。

いつ	どこで	だれが	何を	どうした
きのう	川で	フクちゃんが	魚を	つかまえた。

文を書くときは、「いつ、どこで、だれが、何を、どうした」を意しきしましょう。話すときも、この五つを入れて話すと、言いたいことがはっきり伝《つた》わります。

練《れん》習《しゅう》①

次《つぎ》の絵を見て、空いている□に当てはまる言葉《ことば》を書きましょう。

(1)

いつ：□

どこで：グラウンドで

だれが：□

何を：□

どうした：□した。

(2)

いつ：朝七時に

どこで：□

だれが：□

何を：□

どうした：買った。

● おうちのかたへ ●

会話でも、いつ、どこで、だれが、何を、どうした、という情報をきちんと伝えられるようにすることが大切です。単語で答えるのではなく、文を作るイメージで話すように心がけると自然と論理的な考え方ができるようになります。

12…1 いつ、どこで、だれが、何を、どうした

練《れん》習《しゅう》②

1 リンダの作文を読んで、下の問題《もんだい》に答えましょう。

リンダの作文

夏休み前の7月に遠足がありました。バスに乗《の》って水族館《すいぞくかん》に行きました。水族館《すいぞくかん》にはたくさんの魚がいました。みんなとイルカのショーを見ました。イルカはとてもかしこくてショーはおもしろかったです。ペンギンコーナーの先にある広場で、森の学校のみんなはお昼におべん当を食べました。お母《かあ》さんはおべん当にわたしのすきなものをいっぱい入れてくれていました。おべん当はとてもおいしかったです。遠足は楽しいので、また行きたいです。

① 遠足はいつありましたか。

② 遠足はどこに行きましたか。

③ みんなと何を見ましたか。

④ 広場で何を食べましたか。

⑤ リンダのおべん当を作ったのはだれですか。

⑥ おべん当はどうでしたか。

2 ビッキーの作文を読んで、下の問題《もんだい》に答えましょう。

ビッキーの作文

ぼくはビッキーです。遠足に行きました。ぼくは走るのが速《はや》いけれど、作文を書くのが苦手《にがて》です。行ったのは動物《どうぶつ》園《えん》です。たくさんの動物《どうぶつ》がいました。みんなとライオンを見ました。ライオンはかっこよかったです。お昼はレストランでカレーライスを食べました。ノンタは食いしんぼうであんパンがすきです。カレーライスはとてもおいしかったです。遠足は先週の月曜日にありました。

なんだか、わかりにくい文章《ぶんしょう》だなあ。

おうちのかたへ

作文を書くときは、5W1Hを意識しながら書くと、読み手にとって正確でわかりやすい文章になります。状況を正しく伝えるスキルは文章にかぎらず、描写のスキルとして将来、必要とされるスキルです。5W1Hはそのスキルの基礎となります。

① 遠足はいつありましたか。

② 遠足はどこに行きましたか。

③ 動物《どうぶつ》はどれくらいいましたか。

④ みんなと何を見ましたか。

⑤ レストランで何を食べましたか。

⑥ カレーライスはどうでしたか。

⑦ リンダの作文をさん考にして、ビッキーの作文をわかりやすく書き直しましょう。

13-1 説明文《せつめいぶん》

練《れん》習《しゅう》①

次《つぎ》の文章《ぶんしょう》を読んで、後の問題《もんだい》に答えましょう。

動物《どうぶつ》とちがって自由《じゆう》に動《うご》くことのできない植物《しょくぶつ》は、どのようにして自分の子どもをのこしているのでしょう。多くの植物《しょくぶつ》は、そのために花をつけて、たねをつくるという方ほうをとっています。つまり、花は植物《しょくぶつ》にとって子どもをのこすためのものなのです。

花には、めしべとおしべが付《つ》いています。おしべには花ふんがあり、それがめしべに付《つ》くことで、やがてたねができます。植物《しょくぶつ》は、花ふんをめしべに付《つ》けるためにいろいろな方ほうをとっていますが、みなさんが見かける花の多くは、花ふんを虫に運《はこ》んでもらっています。虫は花にやってきて、みつをすったり、花ふんを集《あつ》めたり

説明文《せつめいぶん》を読むときは、次《つぎ》のことに気をつけて読みましょう。

説明文《せつめいぶん》を読むときは

- 話題《わだい》が何か、読み取《と》ろう。
- 「何が、何を、どうした」と「いつ、どこで」の言葉《ことば》に気をつけて読もう。
- こそあど言葉《ことば》が出てきたら、何をさすか読み取《と》ろう。
- つなぎ言葉《ことば》があれば、前の文と後の文のつながり方を考えよう。
- 「イコールの関係《かんけい》」「対立関係《たいりつかんけい》」「因果関係《いんがかんけい》」の三つのろん理関係《かんけい》を意《い》しきして読もう。

します。そのときに虫が動《うご》きまわることで、おしべの花ふんがめしべに付《つ》くのです。そのために、植物《しょくぶつ》は花からあまいにおいを出したり、花ふんをねばねばさせて虫の体に付《つ》きやすくしたりと、さまざまなくふうをしています。

また、ある植物《しょくぶつ》は決《き》まったしゅるいの虫だけに花ふんを運《はこ》んでもらいます。これは、かくじつに花ふんを運《はこ》んでもらうため、その虫が自分のところだけに来るようにからだを変《か》えてきたけっかなのです。なぜなら、それこそが植物《しょくぶつ》にとって、生きるためにひつような方ほうだったからです。

1 ——線「その」とは、何をさしていますか。文章《ぶんしょう》の中の言葉《ことば》の形をかえて書きましょう。

（　　　　　　　　　　）こと。

2 筆者《ひっしゃ》がこの文章《ぶんしょう》で言いたいことは何でしょうか。もっともふさわしいものをえらんで記号《きごう》に○をつけましょう。

ア　植物《しょくぶつ》がたねから花をさかせる方ほう。

イ　花が決まったしゅるいの虫をよびよせる方ほう。

ウ　花が虫に花ふんを運《はこ》んでもらう方ほう。

● おうちのかたへ ●

説明文では、筆者の主張とその理由を捉えることが大切です。自分の知識や考えで問題を解くのではないことに気をつけてください。文中の根拠となる部分に線を引きながら読むと、短時間で問題を解けるようになります。

13-1 説明文《せつめいぶん》

練《れん》習《しゅう》②

次《つぎ》の文章《ぶんしょう》を読んで、後の問題《もんだい》に答えましょう。

もののねだんはどのようにして決《き》まるのでしょうか。ここでは、スーパーマーケットで売っているパンで考えてみましょう。

パンを作るには、小麦こやさとう、牛乳《ぎゅうにゅう》、しおなどのざい料《りょう》が必要《ひつよう》です。パンを作る会社は、まずこれらのざい料《りょう》を買わなければなりません。また、パンを作るには、はたらく人がひつようです。はたらいた人には、その分のお金をはらっています。そのほかにパンを運《はこ》ぶためのゆそうひなどがかかります。そして、パンを作る会社の※りえきがくわえられます。

これらのかかったお金をもとにして、一つあ

---

1 **もののねだんについて、筆者《ひっしゃ》はどのような説明《せつめい》をしていますか。もっともふさわしいものをえらんで記号《きごう》に○をつけましょう。**

ア　もののねだんを決《き》める方ほうを、スーパーマーケットでの上乗《の》せした売りねをもとに説《せっ》明《めい》している。

イ　もののねだんの決《き》めかたを、パンのねだんのつけかたをれいにして説明《せつめい》している。

ウ　パンのねだんを決《き》める方ほうを、パンを作るひようから説《せつ》明《めい》している。

2 **この文章《ぶんしょう》を読んで、もののねだんについて話し合いました。本文全体《ぜんたい》から読み取《と》れることに、もっとも近いことを言っているのはだれでしょう。名前を書きましょう。**

けんた…もののねだんは、買い物《もの》をする人がそのねだんが正しいのかを考えるようにすると、もっと安《やす》く買

たりのパンのねだんが決《き》められます。そして、スーパーマーケットはこのねだんでパンを買い取《と》ります。

さらにスーパーマーケットでも、はたらく人にはらうお金や、せんでんなどにかかるお金、そしてりえきがひつようです。そこで、それらのお金を上乗《の》せした売りねをつけるのです。これが、わたしたちが目にするもののねだんです。

このように、ひとつの商品《しょうひん》がわたしたちの手元にとどくまでには、多くの人がかかわり、そこにお金がかかっています。もののねだんもそれに合わせて決《き》められているのです。

※りえき…会社やお店などがえるもうけ

えるようになると思います。

けいこ…もののねだんには、かかわった人にはらうお金がふくまれているので、たくさんの人がかかわるとねだんが高くなると思います。

こうじ…スーパーマーケットよりも小さなパン屋《や》さんの方が、ゆそうひがかからないので安《やす》く買えると思います。

3 **もののねだんを安《やす》くするためには、どんな方ほうが考えられますか。本文から読み取《と》れることをもとに、一つ書きましょう。**

説明文《せつめいぶん》

練習《れんしゅう》③

次《つぎ》の文章《ぶんしょう》を読んで、後の問題《もんだい》に答えましょう。

子どものころにいろいろな小説《しょうせつ》を読むのは、とても大切なことです。小説《しょうせつ》は、みなさんに①さまざまな世界《せかい》や立場をけいけんさせてくれます。子どもであっても大人《おとな》の立場になったり、知らない国の人間になったり、ときには動物《どうぶつ》など人間でないものになったりして、いろいろな場《ば》面《めん》やできごとを想《そう》ぞうし、まるで自分がそうしたかのように感《かん》じることができます。

同じように「読む」ものに、マンガがあります。みなさんは小説《しょうせつ》とマンガをさし出されたら、まよわずにマンガをえらぶかもしれません。なぜなら、マンガのほうが読むのが楽で、しかも、しげき的《てき》だからです。マンガは絵とセリフを使《つか》

1 ──①とありますが、たとえばどのような世界《せかい》や立場か、本文中の言葉《ことば》を使《つか》ってます目に当てはまるように三つ書きましょう。

・□□□□□

・□□□□□□□□□

・□□□□□□□□□□□□

2 ②に当てはまるつなぎ言葉《ことば》はどれですか。記号《きごう》を書きましょう。

ア　しかし　　イ　そして

ウ　たとえば　　エ　だから

□

って、読む人が一目で場面《ばめん》を理かいできるように作られています。（　②　）、読むのにそれほど苦労《くろう》はしないのです。

それに対《たい》して、小説《しょうせつ》はただ言葉《ことば》がならんでいるだけで、登場《とうじょう》する人たちがどんなすがたで、どんなところに住《す》んで、どんなくらしをしているのか、うれしいとき、悲《かな》しいときにどんな表《ひょう》じょうをしたのか、何も絵として表《あらわ》されていません。そこでわたしたちは、書かれた言葉《ことば》を頭の中で思いうかべながら読んでいかなければならないのです。

マンガのほうが楽だからといって、小説《しょうせつ》を読まなければ、言葉《ことば》からいろいろなものを思いうかべる力はなかなか育《そだ》ちません。だから、子どものころから少しずつでもいいから、小説《しょうせつ》を読み、たくさんの言葉《ことば》にふれることが大切なのです。

3 **この文章《ぶんしょう》では、マンガばかり読んでいたらどうなると言っているでしょうか。（　）に当てはまる言葉《こと ば》を本文からぬき出して書きましょう。**

マンガばかり読んで、小説《しょうせつ》を読まなければ、（　Ａ　）から（　Ｂ　）力が育《そだ》ちづらい。

Ａ

Ｂ

4 **この文章《ぶんしょう》に題名《だいめい》をつけるとしたら、どれがよいでしょうか。記号《きごう》を書きましょう。**

ア　マンガのおもしろさ
イ　小説《しょうせつ》の大切さ
ウ　言葉《ことば》のおもしろさ
エ　絵とセリフの大切さ

説明文《せつめいぶん》

練《れん》習《しゅう》④

次《つぎ》の文章《ぶんしょう》を読んで、後の問題《もんだい》に答えましょう。

わたしたちのまわりには、森林のおくりものがいっぱいです。

毎朝はこばれてくる①新聞も、本もノートもえんぴつも、輪《わ》ゴムや運動《うんどう》ぐつのゴム底《ぞこ》も、みんな森林のおくりものです。

紙は、木材《もくざい》からつくられます。輪《わ》ゴムや長ぐつの原料《げんりょう》は、南方のゴムの木の樹液《じゅえき》からとれるのです。

家の中を見まわしてごらんなさい。なんとたくさんの木材《もくざい》が、つかわれていることでしょうか。

柱《はしら》も、ゆかも、てんじょうも、しょうじもドアも木製《もくせい》です。つくえやいすやたんすも、木でつくられています。ピアノやバイオリン、えんぴつ、わりばし、こけしやかべのがくぶちなど、

---

1 この文章《ぶんしょう》の話題《わだい》は何ですか。ます目に合うように書きましょう。

2 この文章《ぶんしょう》で、筆者《ひっしゃ》がもっとも言いたいことは何でしょう。

3 ――①のうち、木材でつくられているものはどれですか。

数えあげれば、もう、きりがありません。

木の皮《かわ》からとれるタンニンという物質《ぶっしつ》は、インクやペンキや染料《せんりょう》につかわれています。木は、このほかにも、酢《す》になったり、アルコールや機《き》械油《かいあぶら》につかわれたり、合成樹脂《ごうせいじゅし》や、さまざまな薬品にもつかわれています。フィルムにも衣類《いるい》にも、アイスクリームの中にまで大かつやくです。

あなたの服《ふく》のせんいにも、むねの小さなボタンにも、そしてパンツのゴムひもにも、（　②　）はこっそりと、おくりものをしています。

そればかりではありません。わたしたちが呼《こ》吸《きゅう》をしたり、火をもやしたりしてつかう③酸素《さんそ》は、だれがつくったものでしょうか。

まだ地球《ちきゅう》がわかかった大むかしの時代《じだい》から、海の※藻《も》と、陸《りく》の森林とが力をあわせて、すこしずつ、すこしずつ酸素《さんそ》をつくりだしてくれました。地球《ちきゅう》の緑色《みどりいろ》の植物《しょくぶつ》は、空気中の※炭酸《たんさん》ガスをすいこんで、かわりに酸素《さんそ》をはきだしてくれるのです。

※藻…水中にはえる草のこと。
※炭酸ガス…二酸化炭素。

4 （　②　）に当てはまる言葉《ことば》を文中からさがして書きましょう。

5 ——③「酸素《さんそ》は、だれがつくったものでしょうか」とありますが、酸素《さんそ》をつくったものをます目に合うように書きましょう。

6 次の中のうち森林のおくりものでないものはどれですか。記号《きごう》を書きましょう。（答えは一つとかぎりません。）

ア 藻《も》　イ タンニン　ウ 酢《す》
エ 炭酸《たんさん》ガス　オ 衣類《いるい》　カ ゴム
キ 紙

説明文《せつめいぶん》

練習《れんしゅう》⑤

次《つぎ》の文章《ぶんしょう》を読んで、後の問題《もんだい》に答えましょう。

（前のページの続《つづ》きです。）

　そんなふうにして、何億年《なんおくねん》ものあいだ、地球《ちきゅう》上にたまりつづけてきた酸素《さんそ》。それが、いまある酸素《さんそ》です。①そのおかげで、わたしたちは、呼《こ》吸《きゅう》をしていられます。そのおかげで、わたしたちは、石油《せきゆ》をつかうこともできるのです。

　では、水道の蛇口《じゃぐち》の水は、だれのおくりものでしょう。ふった雨が森林の土にたっぷりとすいこまれ、地下にしみこんで地下水になり、ゆっくりゆっくりと地下をくぐって、やがて下流《かりゅう》にわきでてきます。そのわき水のあつまりが、ふだん流《なが》れている川の水です。②わたしたちの使《つか》っている水なのです。

　もしも日本の山々が、コンクリートであった

---

1 ——①「その」とは何ですか。

□

2 ——②「わたしたちの使《つか》っている水」が、わたしたちのもとにとどくまでに、雨のすがたはどのようにかわっていきますか。□に合う言葉《ことば》を文中からさがして書きましょう。

雨 → □ → □ → □ → 水道の蛇口《じゃぐち》の水

3 ——③「森林のふかふかした土」と反対《はんたい》のものを文中からさがして書きましょう。

□

なら、ふった雨は一日で、海へすてられてしまうでしょう。そして、はれた日には一てきも、水は流《なが》れないはずですね。雨を大地にうけとめてくれるのは森林です。③森林のふかふかした土なのです。

それでは、わたしたちの食糧《しょくりょう》は、だれのおくりものでしょう。お米もやさいもくだものも、畑《はたけ》の土でつくられます。その畑《はたけ》の土も大もとは、森林がつくりだしたものでした。

森林の木の根《ね》や木の葉《は》がくさっては、土になっていきました。動物《どうぶつ》たちのふんも、死体《したい》も、土をこやしてくれました。

そんなふうにして、すこしずつ、すこしずつつくられていったのが、④地球《ちきゅう》の表面《ひょうめん》をおおっている土なのです。ですから、わたしたちのすむ大地も、森林のおくりものです。

（富山和子『森は生きている』より）

4 ――④「地球《ちきゅう》の表面《ひょうめん》をおおっている土」はどのようにできたのか、□に当てはまる言葉《ことば》を書きましょう。

□の木の根《ね》や木の葉《は》が□土になり、また、□のふんや死体《したい》が土を□てできた。

5 この文章《ぶんしょう》に書かれていることとはちがうことが書かれているものをえらんで記号《きごう》を書きましょう。

ア　森林のおかげで雨水は海にすてられることがなく、はれた日でも水は流《なが》れる。

イ　わたしたちが石油《せきゆ》をつかうことができるのは、呼吸《こきゅう》をすることができるからだ。

ウ　食糧《しょくりょう》は木の根《ね》や木の葉《は》がくさることでつくることができる。

□

物語文《ものがたりぶん》

練《れん》習《しゅう》①

次《つぎ》の文章《ぶんしょう》を読んで、後の問題《もんだい》に答えましょう。

ミミちゃんが、ノンタ、ビッキー、フクちゃんをよんで言いました。

「明日は、リンダのたん生日なの。いつも、リンダには親切にしてもらっているから、わたしの家でおたん生会をしない？」

「それはいいや。」とみんなは口ぐちに言いました。

「これはリンダにはひみつよ。」

「リンダ、びっくりするだろうな。きっと、うれしいと思ってくれるよ。」

そうとなったら、おたん生会の用意《ようい》をしなければなりません。

「プレゼントはどうするの？」

フクちゃんが聞きました。

物語文《ものがたりぶん》の問題《もんだい》です。登場人物《とうじょうじんぶつ》のセリフや行動《こうどう》に注意《ちゅうい》して読みましょう。問題《もんだい》に答えるときは、自分の気持《きも》ちではなく、本文に何と書いてあるかを読み取《と》って答えることがポイントです。

物語文《ものがたりぶん》を正しく読むために

一、場面《ばめん》を読み取《と》ろう。

- だれが出てくるのかを、たしかめておこう。
- 場所《ばしょ》はどこか、何をしているのか。時間や天気のことも書いてあれば、――を引いておこう。

二、気持《きも》ちを読み取《と》ろう。

- 話している言葉《ことば》や、動《うご》きから、その人がどんな気持《きも》ちなのかを読み取《と》ろう。

（れい）今日はミミちゃんのたん生日です。げんかんのチャイムが鳴りました。きっと、お父さんです。ミミちゃんは、待《ま》ちきれないように「わたしが出る！」と、ろうかにかけ出しました。

ミミちゃんのうれしそうな気持《き も》ちがわかるね。

三、様子《ようす》を読み取《と》ろう。

- しずかなのか、にぎやかなのか、明るいのか、暗《くら》いのかなど、場面《ばめん》のようすから、そこにいる人の気持《き も》ちを想《そう》ぞうしてみよう。

物語文《ものがたりぶん》を読むときは、右のことに気をつけましょう。

「リンダは絵をかくのがすきだから、お花なんてどうかしら。きっと、そのお花の絵をかくと思うわ。」

「じゃあ、ぼくが公園でつんでくるね。」

フクちゃんが言いました。すると、ノンタが
「ケーキは？　ケーキはどうするの？」

と聞いてきました。

「ケーキはむ理だよ、作れないもの。」

フクちゃんが言いました。それを聞いて、ノンタは口をとがらせています。

「でも、ホットケーキなら、どう？　ぼくの家では、よく作るから、なんとかなるよ。」

ビッキーが言いました。みんなは「そうだね。それがいい。」とうなずきました。

リンダのたん生日がやってきました。みんなはミミちゃんの家に集《あつ》まって、たん生会の用意《ようい》をしました。ミミちゃんは部屋《へや》を紙のテープで作ったリボンでかざりました。ノンタは、そのお手つだいです。ビッキーは台所《だいどころ》で、うんうん、言いながらホットケーキのざいりょうをまぜていました。

1 この物語《ものがたり》は何の話でしょう。

2 リンダのたん生会は、どこでありますか。

3 ――線「ノンタは口をとがらせて」とありますが、このときの気持《きも》ちをえらんで記号《きごう》に○をつけましょう。

ア　ケーキがないなんてつまらない。
イ　ケーキが作れないなんてびっくりだ。
ウ　ケーキがあったら、たくさん食べたい。

練《れん》習《しゅう》②

次《つぎ》の文章《ぶんしょう》を読んで、後の問題《もんだい》に答えましょう。

（前のページの続《つづ》きです。）

「リンダ用の赤いリボンは、このいすでいいのかな？」

リボンをいすにかざろうとしたとき、ミミちゃんがあわてて言いました。

「ちがうわよ、そっちよ。」

それを聞いて、あせったノンタは紙のリボンをやぶいてしまいました。

「①なんてことするのよ。」

ミミちゃんがため息《いき》をついて言いました。そこへ、フクちゃんがもどってきました。クローバーを手にしています。

「それってお花じゃないわよ。」

「だって、公園の花だんの花をとるわけにいかない

1 ――①「なんてことするのよ」とありますが、このときの気持《きも》ちとして当てはまるものの記号《きごう》に○をつけましょう。

ア　ノンタがわざとリボンをやぶいたので、おこっている。

イ　ノンタがどうしてこんなことをするのか、わからなくて悲しんでいる。

ウ　ノンタがリボンをやぶいてしまったので、どうしようかこまっている。

2 ――②「ノンタのへんな声がしました。」とありますが、なぜ、ノンタはへんな声を出したのでしょう。

ビッキーの作ったホットケーキが

［　　　　　　　　］から。

し、ほら、小さいけれど白い花がついているよ。」

フクちゃんが言いわけをしていると、②ノンタのへんな声がしました。

「うわっ、このホットケーキ、あまくないよ！」

ビッキーの作ったホットケーキを、がまんできずにつまみ食いしてしまったのです。

「どうしよう、さとうを入れわすれちゃった。」
③ビッキーがひたいにあせをかいていると、そこへ運悪《うんわる》くリンダが時間より早く来てしまいました。みんなはこれまでのことをせつ明して、「ごめんね。」とあやまりました。
「そんなことないわ。わたし、とってもうれしい！ちぎれたリボンも小さくてかわいいし、このクローバーの中には四《よ》つ葉《ば》がまざっているわ。④これは幸《こう》運《うん》のしるしなの。ホットケーキは、ハムやチーズをはさんでサンドウィッチにしましょうよ。」

こうして、たん生会は楽しいものになり、みんなは「やっぱり、リンダはやさしいね。」と、ますます、リンダのことをすきになりました。

3 ——③「ビッキーがひたいにあせをかいている」とありますが、このときの気持《きも》ちとして当てはまるものの記号《きごう》に○をつけましょう。

ア 一生けん命《めい》、ざいりょうをまぜたので、とてもつかれた。

イ ノンタにつまみ食いをされて、くやしがっている。

ウ ホットケーキ作りをしっぱいしてしまったので、あせっている。

4 ——④「これ」とは何でしょう。

物語文《ものがたりぶん》 練習《れんしゅう》③

次《つぎ》の文章《ぶんしょう》を読んで、下の問題《もんだい》に答えましょう。

（これまでのあらすじ）
おたあちゃんとおきいちゃんはなかよしです。ある日、二人で土筆《つくし》をとりに行きました。そして、おきいちゃんは三又土筆《みつまたつくし》という特《とく》べつな土筆《つくし》を見つけました。三又土筆《みつまたつくし》を見つけられたら出世《しゅっせ》すると言われていたのです。

おきいちゃんが見つけた三又土筆《みつまたつくし》を見て、おたあちゃんは『まあ』と言って、あとの言葉《ことば》が出ませんでした。そしてくやしそうな顔をして、おきいちゃんの顔を見ました。おきいちゃんは、あんまりのことにびっくりして、気をうしなったようになりました。だってこんなことはながい間に一度《ど》もなかったんですもの。

おたあちゃんは『わたしもさがそう』と言って、おきいちゃんの前に立ってずんずんいきました。おきいちゃんは、（　①　）しながら後からついていきました。おたあちゃんは、いくらさがしても三又《みつまた》

---

1 （　①　）に当てはまる言葉《ことば》はどれですか。記《き》号《ごう》に○をつけましょう。

ア うきうき　　イ わくわく
ウ おどおど　　エ うるうる

2 ——②で、おたあちゃんは、どうして返事《へんじ》をしなかったのでしょう。当てはまるものの記号《きごう》に○をつけましょう。

ア 土筆《つくし》をとるのにむちゅうになっていたから。
イ 自分も三又土筆《みつまたつくし》を見つけるまで帰りたくなかったから。
ウ おきいちゃんの声が小さくて聞こえなかったから。

土筆《つくし》は見つかりませんでした。

そのうちに日は、とっぷりくれてしまいましたが、おたあちゃんは帰ろうとはしませんでした。『おたあちゃん、また明日来てさがさない』とおきいちゃんが言いましたが、②返事《へんじ》もしませんでした。

もうあたりがうす暗《ぐら》くなって、土筆《つくし》も草も見分けがつかなくなりました。

おたあちゃんが、くやしさになきたくなるのをたえている様子《ようす》を見ますと、おきいちゃんは言葉《ことば》がかけられませんでした。おたあちゃんは、三又土筆《みつまたつくし》が自分に見つからないで、おきいちゃんに見つかったことがくやしくてくやしくて、友だちもなかよしもなくなっていったのでした。

二人は、物《もの》も言わずに、うす暗《ぐら》くなったどての上を、とぼとぼと歩いて元来《もと》たみちの方へ帰りました。

おきいちゃんは、③もううれしくもなんともなくなって、かえって三又土筆《みつまたつくし》なんか見つけたことを後かいしました。

（野口雨情『虹の橋』より）
一部を現代仮名づかいにあらためた

3 ―③で、どうして「うれしくもなんともなくなって」しまったのですか。□に当てはまるように書きましょう。

おたあちゃんが □ になきそうにしている のを見て、自分が □ を □ ことを □ していたから。

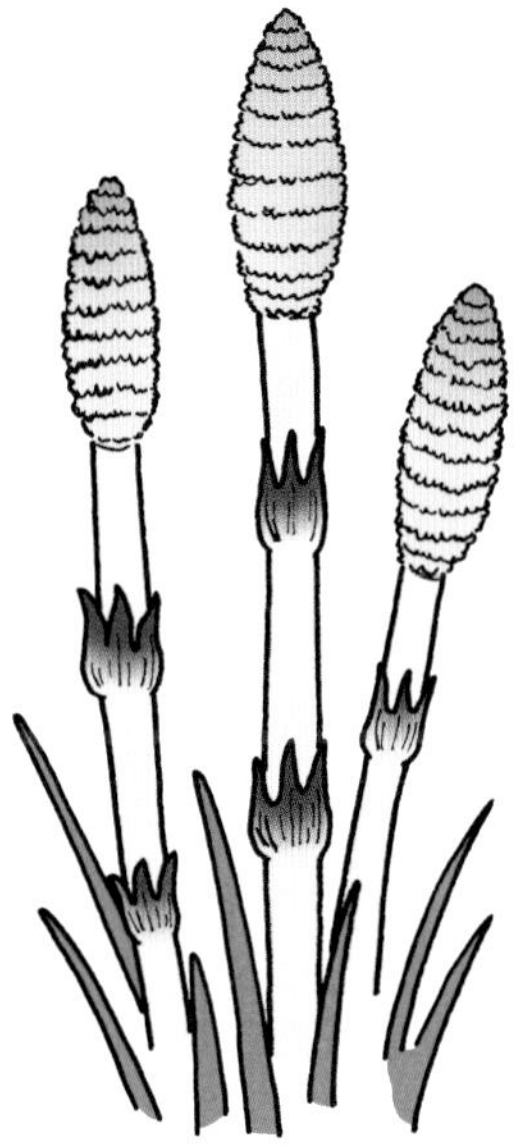

物語《ものがたり》文

練《れん》習《しゅう》④

次《つぎ》の文章《ぶんしょう》を読んで、下の問題《もんだい》に答えましょう。

ある所《ところ》に、それはりっぱなたてがみと、遠くまでとどく勇《いさ》ましい声をしたライオンがいました。そのりっぱなたてがみを見たくて、①ねこたちは、毎日あつまってきました。

ライオンは、何かごちそうしたくなります。そこで、

「ウォー。」

と、勇《いさ》ましくほえると、地面《じめん》をけって、えものをとりに行きます。

ライオンは、空をかけ上がるように見えました。

ねこたちは、

「ほうっ。」

と、②ため息《いき》をつきます。

ライオンは、えものをとってくると、切って、焼《や》

1 ——①「ねこたちは、毎日あつまってきました。」とありますが、なぜですか。

2 ——②ねこたちは、どうしてため息《いき》をついたのですか。当てはまるものの記号《きごう》に○をつけましょう。

ア ライオンがいつまでたってもごちそうしてくれないから。

イ ライオンがえものをとりに行くすがたに感《かん》心《しん》したから。

ウ ライオンがえものをとりに行ってくれてほっとしたから。

いて、にて、ソースをかけて、ごちそうをしました。

ねこたちは、目をまるくしてごちそうをながめ、よだれといっしょにごちそうを食べました。

「③さすがライオンだ。」

ねこたちは、毎日やって来ます。ライオンは、

「ウォー。」

と地面《じめん》をけり、空を飛《と》びあがって、えものをさがしに行きました。ねこたちは、

「④さすがライオンだ。」

と、歯《は》にはさまった肉をようじでチューチューつつきながら、当たり前の顔をしました。

「⑤ぼくのしゅみは昼ねでね。」

と、ライオンが言うと、ねこたちはどっと笑《わら》います。

「いやあ、ライオンは、料理《りょうり》もじょうだんも一流《いちりゅう》だね。」

ライオンも、金色のたてがみをゆすって、いっしょに笑《わら》いました。そして、ライオンは、くたくたになってねむりました。


（佐野洋子『空飛ぶライオン』より）

3 ――③と――④で、ねこたちは「さすがライオンだ」と同じことを言っていますが、③と④とでは、どのようなちがいがありますか。当てはまるものの記号《きごう》に○をつけましょう。

ア ③ではライオンに感心《かんしん》したので言っているが、④では空を飛《と》んだので言っている。

イ ③ではごちそうがおいしかったから言っているが、④ではライオンのすがたがかっこよいから言っている。

ウ ③ではライオンに感心《かんしん》して言っているが、④では毎日ごちそうを食べさせてもらうために言っている。

4 ――⑤とありますが、そのときのライオンの気持《も》ちとして当てはまるものの記号《きごう》に○をつけましょう。

ア じょうだんを言って、ねこたちをわらわせ、楽しませたかった。

イ 本当はつかれていたので、えものをさがしに行くのを休みたかった。

ウ 昼ねをすることがすきなのを、ねこたちに知ってもらいたかった。

物語《ものがたり》文

練《れん》習《しゅう》⑤

次《つぎ》の文章《ぶんしょう》を読んで、下の問題《もんだい》に答えましょう。

（前のページの続《つづ》きの場面《ばめん》です。）


ある日、いちばん初《はじ》めに来たねこに、ライオンは、

「今日は昼ねがしたいんだ。」

と、たてがみをゆすって言いました。

「あははは――。」

と笑《わら》い転《ころ》げました。ライオンも、

「あははは――。」と笑《わら》い、

「ウォー。」と、地面《じめん》をけって、空に飛《と》びあがりました。

その夜、ライオンは、

「つかれた。」と言って、①さめざめ泣《な》きました。

ある日、もう、ライオンは起《お》き上がれませんでした。初《はじ》めに来たねこは、ねているライオンを見て、

1 ――①ライオンはどうしてさめざめと泣《な》いたのですか。当てはまるものの記号《きごう》に○をつけましょう。

ア　せっかく空に飛《と》びあがったのに、ねこがほめてくれなかったから。
イ　自分の言ったじょうだんが、いちばん初《はじ》めにきたねこにわかってもらえなかったから。
ウ　昼ねがしたいのに、ねこたちのために出かけなければならないから。

2 ――②ねこはなぜ笑《わら》ったのですか。当てはまるものの記号《きごう》に○をつけましょう。

ア　ライオンが昼ねのまねをしていると思ったから。
イ　昼ねをしているライオンのすがたがおもしろかったから。
ウ　ライオンがおもしろいじょうだんを言ったから。

おなかをかかえて②笑《わら》いました。

「本当に、ライオンってゆかいだね。本当に昼ねをしているかと思った。」

ライオンは、

「ウォー。」

と、声をふりしぼり、地面《じめん》をけろうとし、そのままたおれてしまいました。

たおれたライオンは、金色に光って、まぶしいくらいでした。ねこたちは、ライオンを③ゆり動《うご》かしました。ライオンは、金色の石になっていました。

「ライオンのじょうだんは、昼ねがしゅみでねえ、だったね。」

一ぴきのねこが言いました。ねこたちは、④しいんとしてしまいました。


（佐野洋子『空飛ぶライオン』より）

3 ――③ねこたちは、なぜライオンをゆり動《うご》かしたのでしょうか。当てはまるものの記号《きごう》に○をつけましょう。

ア　自分たちのせいでライオンが死《し》んでしまったと思ったから。
イ　えものをとってきてもらうために起《お》こそうとしたから。
ウ　本当にねているのかどうか、たしかめたかったから。

4 ――④ねこたちはなぜ、しいんとしてしまったのでしょう。当てはまるものの記号《きごう》に○をつけましょう。

ア　もう、えものをとってきてもらえないのでがっかりしたから。
イ　ライオンが金色の石になったのを見てかなしくなったから。
ウ　じょうだんだと思っていたが、ライオンが本当に昼ねをしているから。

おうちのかたへ

物語文で出題されるのは、登場人物の心情を読み取る問題を中心としています。登場人物を把握したうえで、その行動やセリフに注目しましょう。心情を読み解くうえでの客観的な根拠となります。行動やセリフの部分に線を引くと、よりわかりやすくなります。

15…1 意見《いけん》と理由《りゆう》を書こう①

人にはいろいろな意見《いけん》があります。意見《いけん》をだれかに伝《つた》えるときは、そのように考える理由《りゆう》も言うようにしましょう。そうするとあなたの言いたいことをわかってもらいやすくなります。

次《つぎ》のメモをもとにして、文章《ぶんしょう》を書きます。

意見《いけん》
・小学生はけいたい電話を持《も》つほうがよい。

理由《りゆう》
・なにかあったとき、親とすぐにれんらくがとれる。
・インターネットで気軽《きがる》に調《しら》べものができる。

わたしは、小学生はけいたい電話を持《も》つほうがよいと思います。
理由《りゆう》は二つです。
まず、なにかあったとき、親とすぐにれんらくがとれるからです。
次《つぎ》に、インターネットで気軽《きがる》に調《しら》べものができるからです。

意見《いけん》と、その理由《りゆう》がはっきりと伝《つた》わる文章《ぶんしょう》を書くには、まず意見《いけん》を書き、その後に理由《りゆう》を書きます。下に書いた文章《ぶんしょう》でたしかめましょう。

「まず」、「次《つぎ》に」と言うことで、理由《りゆう》を整理《せいり》してつたえることができるわね。理由《りゆう》が一つのときは「なぜなら」を使《つか》うといいわよ。

練《れん》習《しゅう》①

① 次《つぎ》の意見《いけん》について、さんせいと反対《はんたい》の立場で、理由《りゆう》を書きましょう。

意見《いけん》

遠足にはおかしを持《も》って行かないことにするとよい。

理由《りゆう》（さんせいの立場）

理由《りゆう》（反対《はんたい》の立場）

おうちのかたへ

論理的な文章を書くためには一定の型から始めましょう。自分の意見をはじめに述べて、理由を整理して書くことが大切です。

② 上の意見《いけん》を文章《ぶんしょう》にまとめましょう。

さんせいの立場

反対《はんたい》の立場

15…1

意《い》見《けん》と理《り》由《ゆう》を書こう①

練《れん》習《しゅう》②

① 次《つぎ》の意《い》見《けん》について、さんせいと反《はん》対《たい》の立場で、理《り》由《ゆう》を書きましょう。

意《い》見《けん》
宿《しゅく》題《だい》は家の人に教えてもらわずに、自分の力だけでやるのがよい。

さんせいの立場

反《はん》対《たい》の立場

② 意見《いけん》と理由《りゆう》を文章《ぶんしょう》にまとめて書きましょう。

さんせいの立場

わたしは、宿題《しゅくだい》を自分の力だけでやることにさんせいです。

まず、

次に

反対《はんたい》の立場

おうちのかたへ

因果関係を使ってわかりやすい文章を書く練習です。自分の意見と理由を述べます。理由が複数あるときは、その数をまず伝え、「まず」「次に」「さらに」などの論理語を使って理由を述べます。また、賛成と反対の両者の立場に立って理由を考えることは物事を多角的に捉える力の基礎になります。最初は難しいかもしれませんが、少しずつ、そういった思考ができるようになりましょう。

15…2 意見《いけん》と理由《りゆう》を書《か》こう②

クラスである議題《ぎだい》について話し合うときは、何について話しているのかをとらえた上で、自分の意見《いけん》はどうなのか、なぜそのように考えるのかを整理《せいり》して発表《はっぴょう》するようにしましょう。

練《れん》習《しゅう》

「一か月に最低《さいてい》でも二さつの本を、学校の図書室でかりなければいけないことにしよう。」と山田さんがていあんしました。この議題《ぎだい》についてクラスで話し合いをしました。

司会《しかい》「山田さんのていあんについて、意見《いけん》のある人はおねがいします。」

田中「テレビを見るのって楽しいんだよ。本を読むことはいいことなんだけどさ。テレビのほうがおもしろいよ。本を読んでたら、宿題《しゅくだい》できないよ。無理《むり》にかりるのはいやだな。」

石川「わたしは反対《はんたい》です。どうしてかというと、理由《りゆう》は二つです。学校の図書室にはわたしの読みたい本がないからです。そして、本は自分から読むものであって、きまりだからといって読んでもおもしろくないからです。」

山本「ぼくも反対《はんたい》です。図書室でかりることはよいのですが、二さつもかりると多くて読めないです。」

司会《しかい》「さんせいの人の意見《いけん》はありませんか。」

鈴木《すずき》「本を読むことは大切だよ。だけど、体を動《うご》かすことも大事《だいじ》だよ。体育館《たいいくかん》やグラウンドをもっと使《つか》ったほうがいいよ。」

あなた「わたしは、山田さんにさんせいです。なぜなら、（　①　）からです。」

小林「ぼくも、山田さんにさんせいです。かりる本が、一さつだとすぐに読み終わってしまうからです。」

司会《しかい》「山本さんと小林さんはかりる本の（　②　）について意見《いけん》をのべていますね。では、それについての意見《いけん》を聞かせてください。」

1 この中で一人、議題《ぎだい》とかんけいのないことを発言《はつげん》している人がいます。だれでしょう。

2 石川さんの発言《はつげん》でよいところはどこでしょう。

3 田中さんの意見《いけん》の理由《りゆう》を整理《せいり》して言いましょう。

理由《りゆう》は二つです。

まず　　　　からです。

次《つぎ》に　　　　からです。

4 （①）に、さんせいの立場で自分の理由《りゆう》を一つ言ってみましょう。

5 （②）に入る言葉《ことば》はなんでしょう。

● おうちのかたへ ●

学校では、しばしば学級会が開かれます。その場で自分の意見を正確に伝えるためには、前回に学習した論理的な文章を書く型が、ここでも応用できます。

16…1 資料《しりょう》を読み取《と》ろう

練《れん》習《しゅう》①

直子《なおこ》さんは、自分の住《す》んでいる町（A町）で外国人を見かけることが多くなったことから、どれくらいの外国人が住《す》んでいるのかを調《しら》べるために、町役場《やくば》に行きました。すると、役場《やくば》の人が、次《つぎ》のようなグラフを出してくれました。

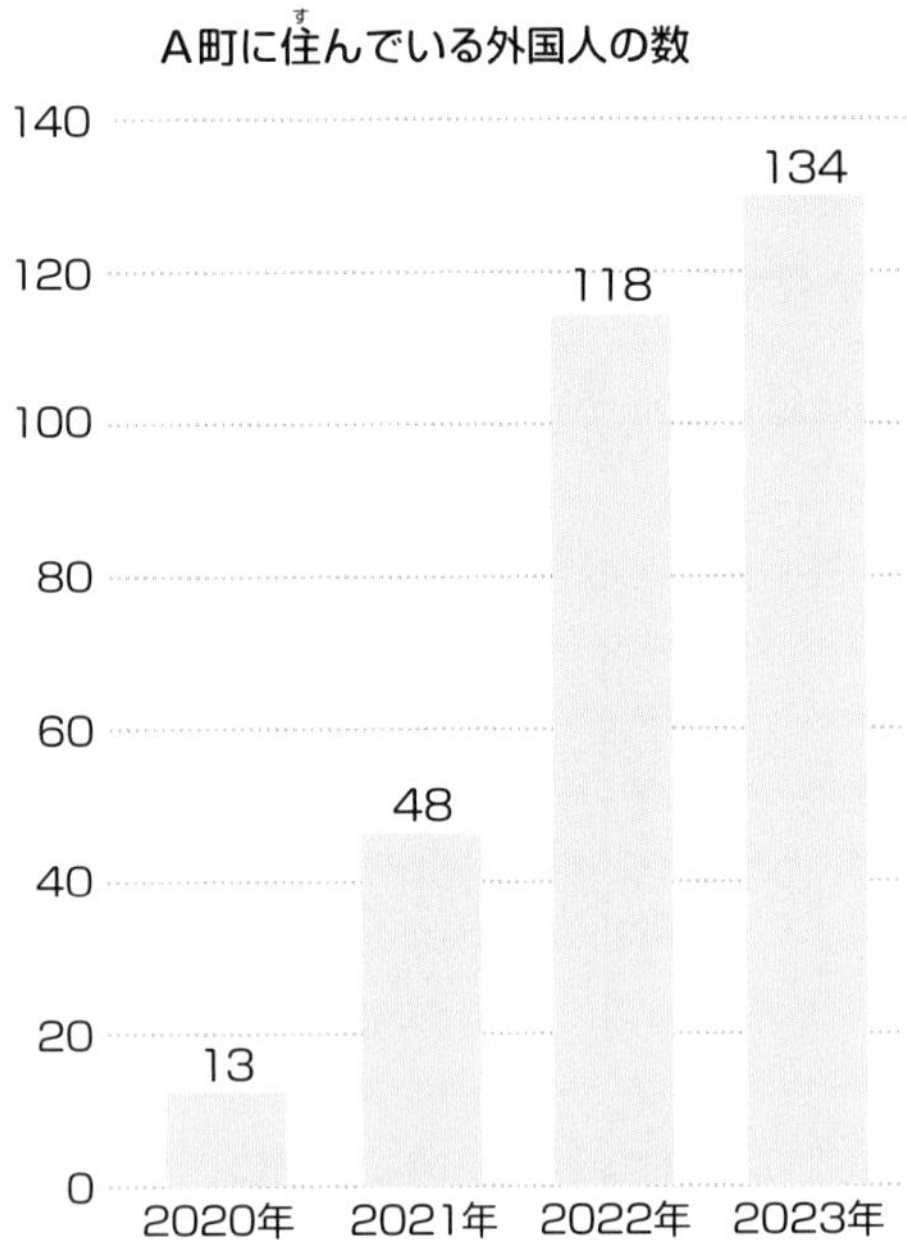
A町に住《す》んでいる外国人の数
140
120
100
80
60
40
20
0
13
48
118
134
2020年
2021年
2022年
2023年
人数は、各年《かくねん》の 12 月 31 日時点の数である。

グラフを読み取《と》る問題《もんだい》です。大きく変化《へんか》しているということは、何か理《り》由《ゆう》があるはずです。その理由《りゆう》が何かをつきとめてみましょう。

資料《しりょう》の読み取《と》り方と考え方

・問題文《もんだいぶん》を読んで、資料《しりょう》からどんなことを読み取《と》ればよいのかを考えよう。

・グラフや表《ひょう》は、数の多いものや少ないものの特《とく》ちょう、共通点《きょうつうてん》などを考えよう。また、グラフの数字の変化《へんか》を読み取《と》り、その理由《りゆう》について考えよう。

・資料《しりょう》が二つ以上《いじょう》ある場合、それらを関連《かんれん》づけて、わかることがないか考えよう。

・表《ひょう》やグラフをもとにした文章《ぶんしょう》があるとき、文章《ぶんしょう》と資料《しりょう》をくらべて、文章《ぶんしょう》から読み取《と》れることを考えよう。

おもなできごと

２０２０年：アメリカの会社がＡ町に工場を作る計画を立てた。

２０２１年：年末《ねんまつ》に工場がかんせいした。

２０２２年：社員用《しゃいんよう》の住《じゅう》たくがかんせいした。

２０２３年：工場がかく大された。

1 外国人の数のふえ方がいちばん大きかったのは、何年から何年のときですか。

「何年に何が起《お》こったか」そこから理由《りゆう》を考えてみましょう。

2 その理由《りゆう》はなぜだと考えられますか。

おうちのかたへ

グラフや図表を正しく読み取ったり、分析したりする問題が増えています。日頃から、グラフや図表などに慣れ親しむとともに、そこから読み取れる情報を使って、原因などを考えられるようになることが大事です。

16…1 資料《しりょう》を読み取《と》ろう

図と表《ひょう》をもとにして考える問題《もんだい》です。図と表《ひょう》の変化《へんか》を読み取《と》って、そこから理由《りゆう》を考えてみましょう。

練《れん》習《しゅう》②

左の上の表《ひょう》は、2019年から2023年までのA商店《しょうてん》とB商店《しょうてん》の年ごとの売り上げをまとめたものです。また、左の下の図は、同じ時期《じき》の周囲《しゅうい》のようすを地図に表《あらわ》したものです。

A商店《しょうてん》の売り上げ（万円）

年	売上
2019	795
2020	809
2021	623
2022	642
2023	786

B商店《しょうてん》の売り上げ（万円）

年	売上
2019	981
2020	993
2021	921
2022	942
2023	1185

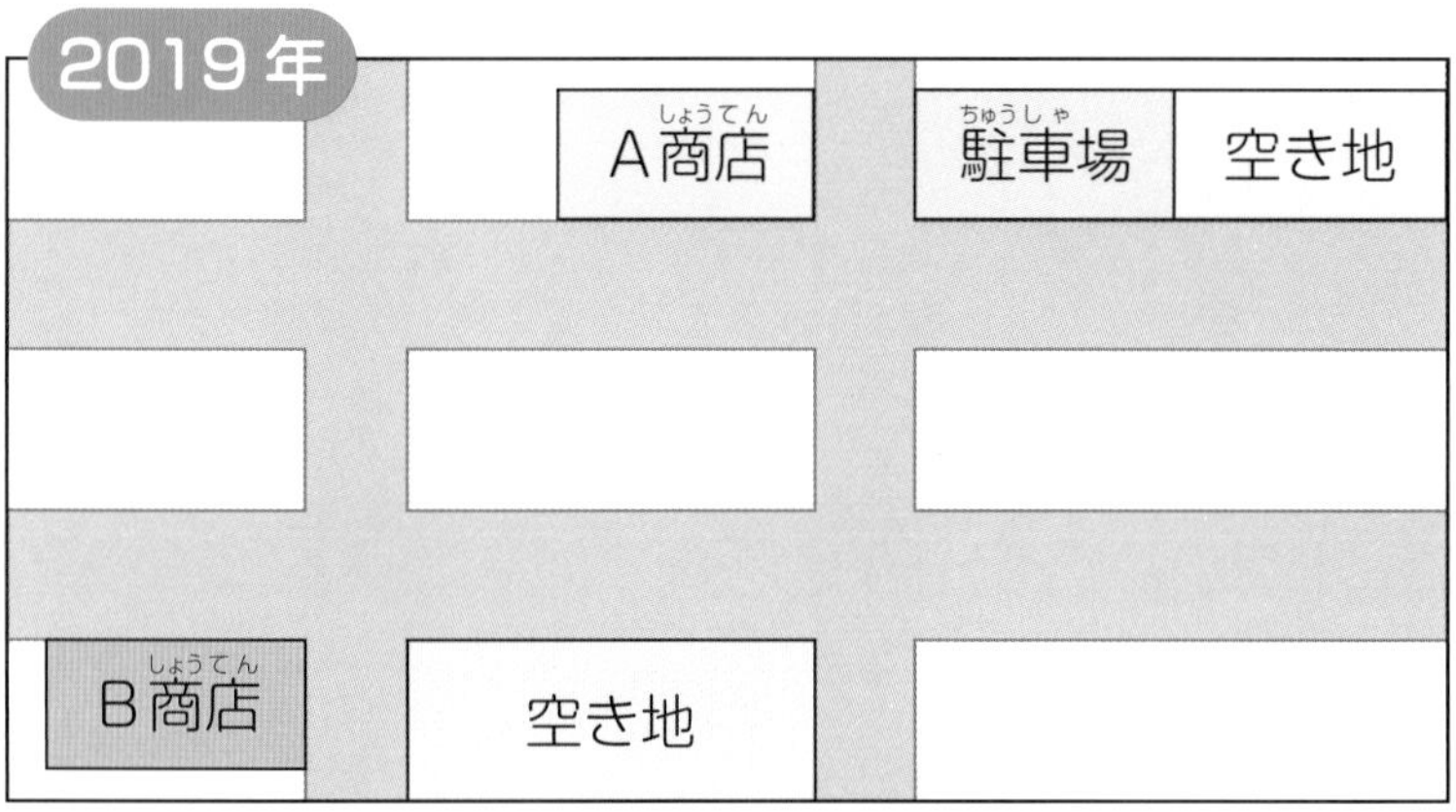
2019年
A商店《しょうてん》
駐車場《ちゅうしゃじょう》
空き地
B商店《しょうてん》
空き地

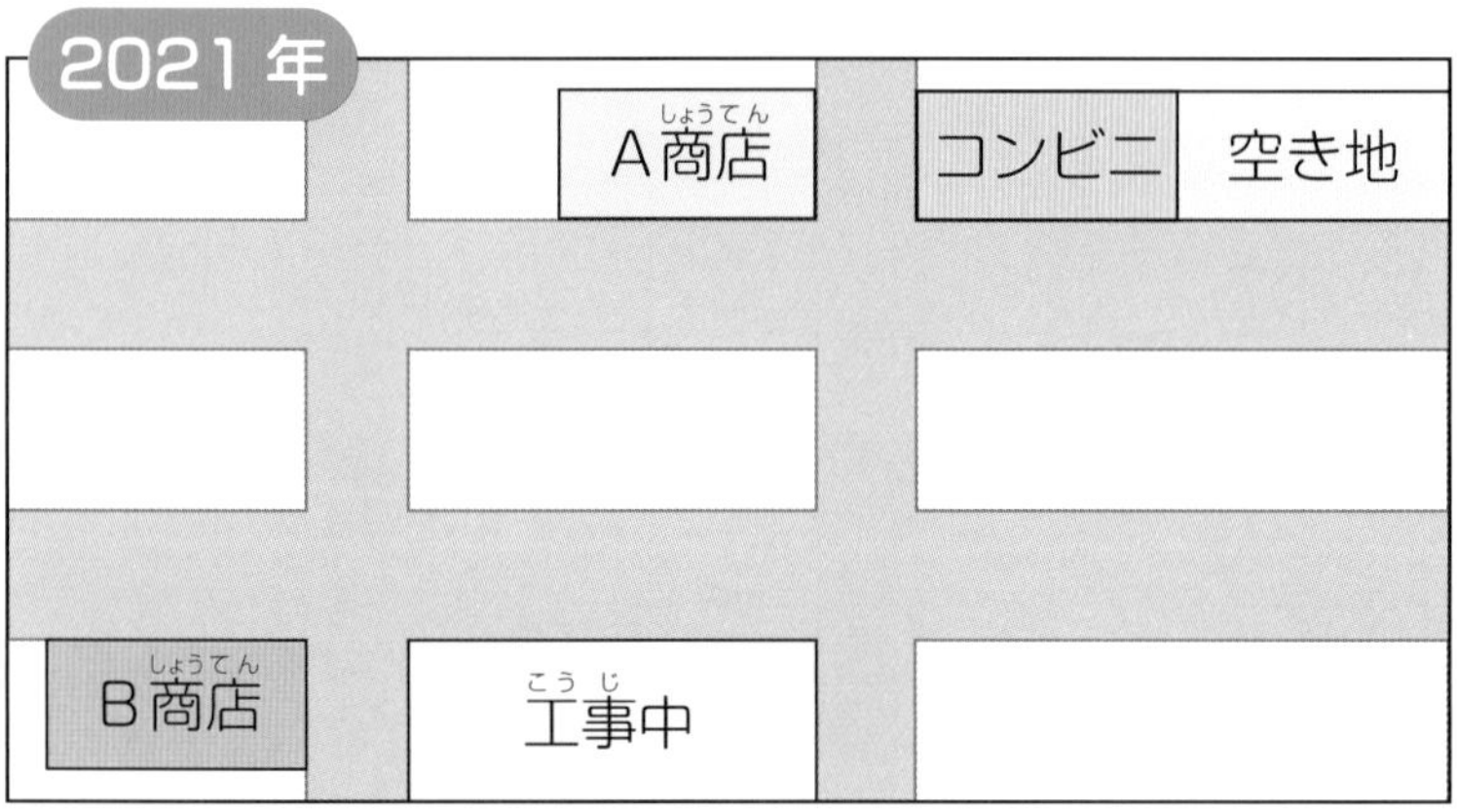
2021年
A商店《しょうてん》
コンビニ
空き地
B商店《しょうてん》
工事中《こうじ》

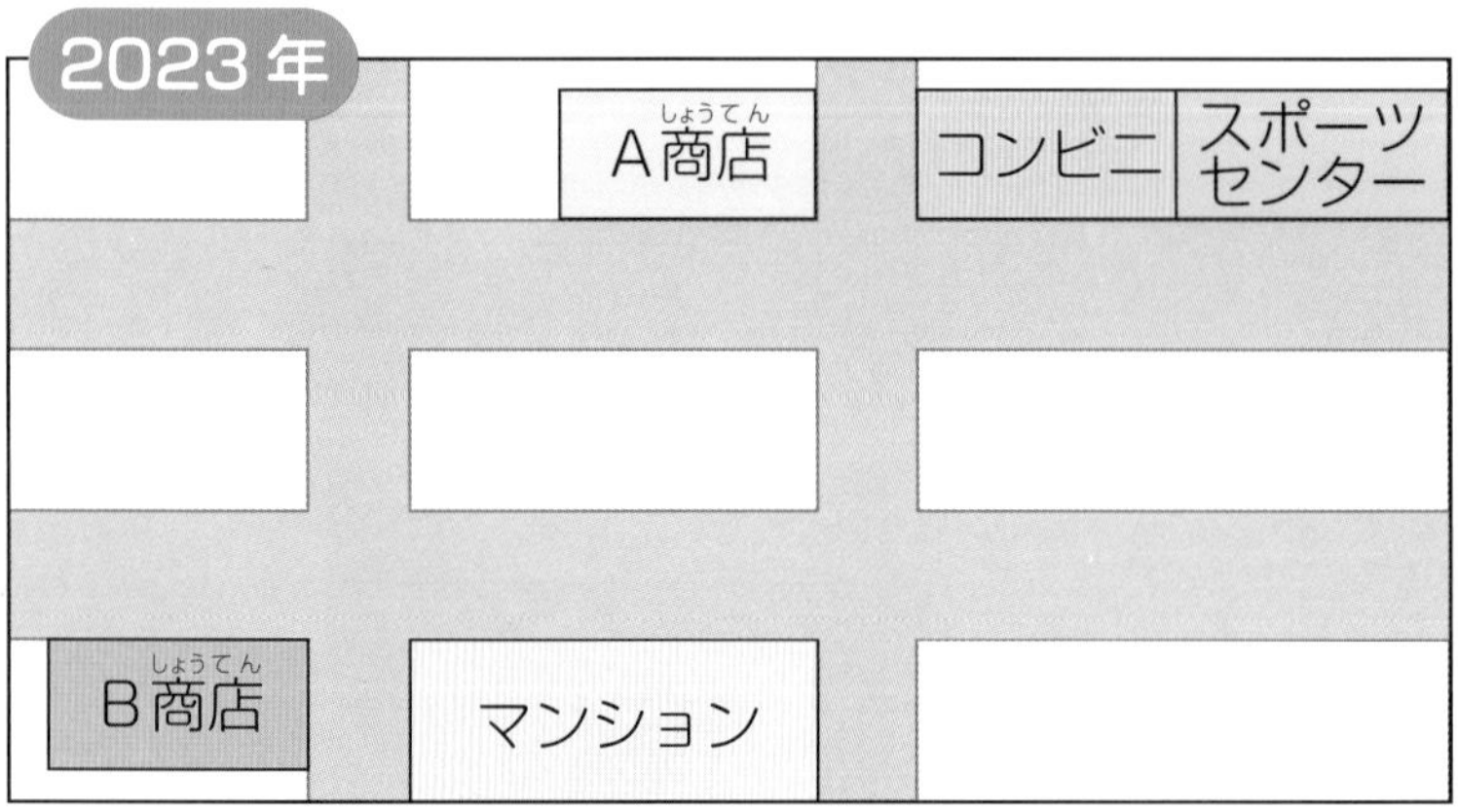
2023年
A商店《しょうてん》
コンビニ
スポーツセンター
B商店《しょうてん》
マンション

1 A商店《しょうてん》の売り上げが2021年に、大きく下がっていることがわかります。この理由《りゆう》は何だと考えられますか。

2 B商店《しょうてん》の売り上げが2023年に大きく上がっていることがわかります。この理由《りゆう》は何だと考えられますか。

3 2023年は、2021年とくらべて、コンビニの売り上げは上がったと考えられますか、それとも下がったと考えられますか。また、その理由《りゆう》はなぜですか。

なぜなら

● おうちのかたへ ●

地図上の変化から、お店の売上が増減した原因を分析する問題です。変化した複数の部分を資料から読み取った上で、なぜそのような結果になったのかという因果関係を把握することが大切です。入試では、様々な資料を多角的に読み取る力が要求されます。今のうちから、このような問題に慣れておきましょう。

16…2 くらべたことを書こう

練習《れんしゅう》

いくつかのものごとをくらべるときは、表《ひょう》に整理《せいり》するとわかりやすくなります。わかったことをもとに、自分の考えも書けるようになりましょう。

土曜日に、じどう館《かん》で、地区《ちく》の子ども会があるよ。

みんなで、何をして遊《あそ》ぶか、考えましょう。

学年と集《あつ》まる人数

学年	1年生	2年生	3年生
集《あつ》まる人数	3人	2人	5人

みんなで、しょうぎの大会なんてどうかな。

一年生に、しょうぎはむずかしいわね。

一年生から三年生までが、いっしょに楽しめるものがよいね。

何をして遊《あそ》ぶか、次《つぎ》の中からえらぶことにします。

- ・カルタ　・おにごっこ　・おり紙
- ・じどう館《かん》の遊具《ゆうぐ》で遊《あそ》ぶ

いろいろな遊《あそ》びを、左の表《ひょう》に整理《せいり》しましょう。それぞれのよい点、よくない点を考えて書きましょう。

	よい点	よくない点
カルタ		
おにごっこ	・みんなで遊《あそ》べる ・ルールがかんたん	・雨だとできない ・一年生が、すぐにつかまるかもしれない。
おり紙	・雨でもできる ・一年生でもできそう	・おり方を知らないとできない ・外で遊《あそ》べない
じどう館《かん》の遊具《ゆうぐ》で遊《あそ》ぶ（鉄《てつ》ぼうやすべり台など）		

表《ひょう》にまとめたら、自分ならどの遊《あそ》びをえらぶか、〈れい〉のようにして理由《りゆう》とともに書きましょう。

〈れい〉わたしはおり紙をえらびます。なぜなら、一年生でもできるものがあるし、三年生が二年生や一年生におり方を教えれば、いっしょに遊《あそ》べると思うからです。

● おうちのかたへ ●

複数のものを比較する方法の一つとして、メリット（よい点）とデメリット（よくない点）を、表に整理する方法を学びます。また、それぞれに長短がある中から一つを選び、なぜそれを選ぶのかの理由を書く練習もします。正解のない問題ですが、読み手が納得できる理由が書けているかどうかがポイントです。

17-1 いろいろな原因《げんいん》を考えよう

まずは次《つぎ》の文章《ぶんしょう》を読んで、後の問題《もんだい》について考えましょう。

原因《げんいん》を考えるとき、一見目立つできごとにとびつきがちですが、本当にそうでしょうか。いろいろな角度《かくど》からとらえて考えてみましょう。

お姉さんがお父さんと弟とリビングにいるとき、インターネットで次のような記事《きじ》を見つけました。

お盆《ぼん》は死んだ人の霊《れい》がこの世にもどってくる。だから、水の事故《じこ》が多くなる。

姉：ねえねえ、こんな記事《きじ》があるわ。お盆《ぼん》に海や川で事故《じこ》が多いのは、きっと霊《れい》が水の中に引っぱるせいよ。

弟：じゃあ、海や川に行かないほうがいいね。プールにも行けないのかな。

父：そんなこと言っていたら、どこにも行けないよ。たしかに、お盆《ぼん》は水の事故《じこ》が多いけれど、それは本当に霊《れい》のせいかな。

姉：きっと霊《れい》がさびしくて、仲間《なかま》がほしくなるからじゃない？

父：できごとには、必ず何か原因《げんいん》があるんだ。それを理かいすることは大切なことなんだよ。

弟：「お盆《ぼん》には霊《れい》が帰ってくる。だから、水の事故《じこ》がふえる」これではだめなの？

父：ちょっと待《ま》って。よく考えてみよう。水の事故《じこ》がふえるのは、お盆《ぼん》に霊《れい》がもどってくることが原因《げんいん》だという人もいるね。だけど、本当にそれだけが原因《げんいん》かな。一見目立つできごとだけに目がいってしまいがちだけど、ほかにも原因《げんいん》がないか考えてみよう。お盆《ぼん》には、会社ではたらく人の休みが集中《しゅうちゅう》しているね。去年《きょねん》、海に行ったときも、すごく人が多かったじゃないか。

姉：会社ではたらいている人は、休みの日が決《き》まっているものね。だから、お盆《ぼん》に海や川、プールに行く人も多くなるのね。

父：そう。「出かける人が多いから、水の事故《じこ》が多くなる」こうも考えられるだろう。

1 三人は、何の原因《げんいん》について話していますか。

お盆《ぼん》に水の事故《じこ》が多くなること。

2 姉と弟は「お盆《ぼん》に水の事故《じこ》がふえる」原因《げんいん》を最初《さいしょ》はどうとらえていましたか。

お盆《ぼん》に死者《ししゃ》の霊《れい》がこの世《よ》にもどってくるから。

3 お盆《ぼん》に起《お》こることとして、姉と弟は霊《れい》がもどっていることをあげていますが、お父《とう》さんは何と言っていますか。（　　）の中の言葉《ことば》を会話から書き出しましょう。

（つとめがある人の休み）がお盆《ぼん》に集中《しゅうちゅう》する。

4 3の結果《けっか》、起《お》こることは何でしょう。

お盆《ぼん》には海や川、プールにでかける人が多くなる。

5 「お盆《ぼん》に水の事故《じこ》がふえる」原因《げんいん》として、お父さんの言葉《ことば》から考えられることは何ですか。

お盆《ぼん》に海や川、プールに行く人が多くなるから。

弟は「お盆《ぼん》には霊《れい》が帰ってくる。」⬅だから「水の事故《じこ》がふえる」って言ってるわね。
パッと見には、霊《れい》が原因《げんいん》で事故《じこ》がふえると思えるものね。
お父さんは、パッと見た感《かん》じだけで原因《げんいん》をはんだんしちゃダメだって言ってるね。

17-1 いろいろな原因《げんいん》を考えよう

練《れん》習《しゅう》①

次《つぎ》の文章《ぶんしょう》を読んで、後の問題《もんだい》に答えましょう。

あるテレビ番組で、太ったタレントが「ごはんのかわりにゆでたまごを食べる」というダイエットにちょう戦《せん》しました。毎日、体重《たいじゅう》をはかってほうこくするのです。その結果《けっか》、タレントは三か月で5キロも体重《たいじゅう》がへりました。「ゆでたまごダイエットは、体重《たいじゅう》をへらすのに最《もっと》もこうか的《てき》です。（①）ゆでたまごはダイエットに最適《さいてき》の食べ物《もの》だからです。もちろん、おかずもいつもと同じものを食べてます。それでも、こんなにやせるのですから。」テレビの画面《がめん》にはそう言って笑《わら》うタレントの顔がうつし出されていました。

このタレントはゆでたまごを食べたからやせたと言ってるのね。
一見、そう見える原因《げんいん》にとびつきがちですが、本当にそうかよく考えてみましょう。
毎回、毎回、同じものが出てきたら、食べる気がなくなるよ。

1 ①に入る言葉《ことば》をえらんで記号《きごう》で答えましょう。

ア つまり　イ なぜなら

ウ たとえば　エ だから

2 このタレントはダイエットに成功《せいこう》した原因《げんいん》は何だと言っていますか。

3 タレントは、番組の中で、ゆでたまごを食べるほかに何をしていますか。

4 3から、やせた原因《げんいん》として、ゆでたまごのほかに考えられることはありませんか。

5 ビッキーの言葉《ことば》をヒントに、ほかにも原因《げんいん》を考えてみましょう。

● おうちのかたへ ●

一見正しそうに見える因果関係にも、よく考えると間違っていたり、別の原因があったりします。思い込みで決めつけるのではなく、本当の原因は何か、他に原因はないか、思慮深く考えることを意識しましょう。

17…1 いろいろな原因《げんいん》を考えよう

練《れん》習《しゅう》②

次《つぎ》の文章《ぶんしょう》を読んで、後の問題《もんだい》に答えましょう。

タケシ君《くん》は駅《えき》の近くでじゅくのパンフレットをもらいました。そこには次《つぎ》のように書いてありました。

「とくべつな教材《きょうざい》を使《つか》うことによって、だれでもせいせきが上がります！　必《かなら》ず勉強《べんきょう》がすきになります。その教材《きょうざい》の宿題《しゅくだい》を、毎日一年間やりとげた生徒《せいと》にアンケートをとったところ、テストの点数が10点は上がりました。」

じゅくに入った友だちに聞いてみると、

「あのじゅくでは、学校の帰りに毎日二時間のじゅぎょうがあるんだよ」

と言っていました。

本当にとくべつな教材《きょうざい》でせいせきが上がるのかな？

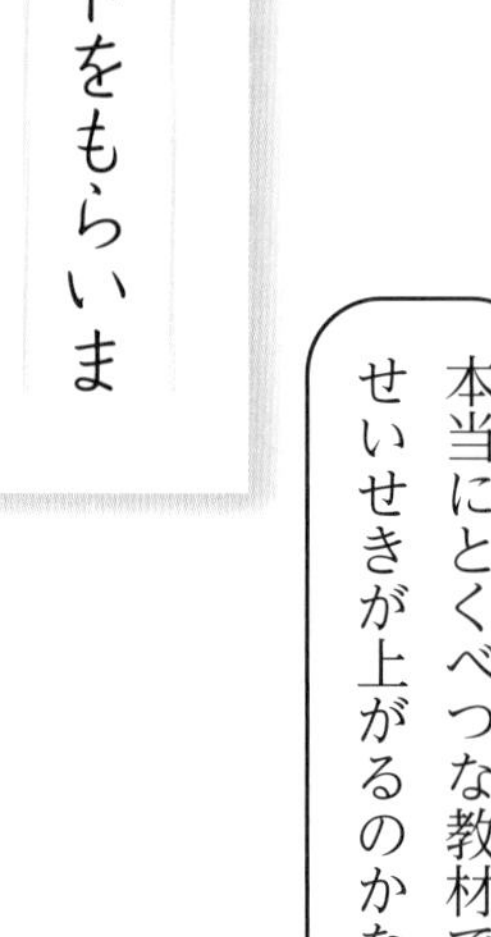

とくべつな教材《きょうざい》を使《つか》うだけはないみたいだよ。

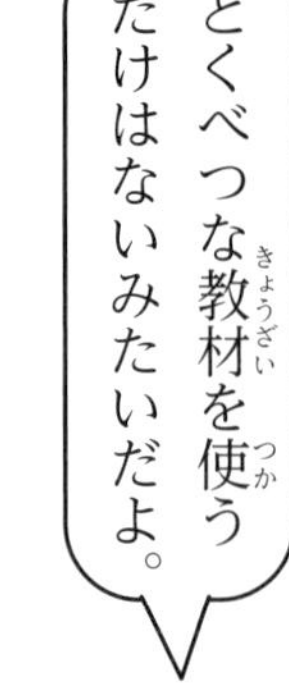

パンフレットの内ようや、友だちの話から原因《げんいん》をよく考えてみましょう。他に原《げん》因《いん》は考えられませんか。見た目の原因《げんいん》だけでなく、他にも原因《げんいん》はないかと考えることは、とても大切です。

1 このパンフレットの中に書いてあることを次《つぎ》のようにまとめました。（　　　）の中にあてはまる文を考えて書きましょう。

（①　　　）。
だから
（②　　　）。

①
②

2 このじゅくに入った場合、生徒《せいと》がしなければいけないことは何でしょうか。二つ書きましょう。

3 テストの点が10点上がった原因《げんいん》として、とくべつな教材を使うことのほかに考えられることはありませんか。あなたの意見《いけん》を書きましょう。

出口汪（でぐち・ひろし）

関西学院大学大学院文学研究科博士課程単位修得退学。（株）水王舎代表取締役、広島女学院大学客員教授、出口式みらい学習教室主宰。現代文講師として、入試問題を「論理」で読解するスタイルに先鞭をつけ、受験生から絶大なる支持を得る。そして、論理力を養成する画期的なプログラム「論理エンジン」を開発、多くの学校に採用されている。現在は受験界のみならず、大学・一般向けの講演や中学・高校教員の指導など、活動は多岐にわたり、教育界に次々と新規軸を打ち立てている。著書に『出口先生の頭がよくなる漢字』シリーズ、『出口のシステム現代文』、『出口式・新レベル別問題集』シリーズ、『子どもの頭がグンとよくなる！国語の力』（以上水王舎）、『日本語の練習問題』（サンマーク出版）、『出口汪の「日本の名作」が面白いほどわかる』（講談社）、『ビジネスマンのための国語力トレーニング』（日経文庫）、『源氏物語が面白いほどわかる本』（KADOKAWA）、『やりなおし高校国語：教科書で論理力・読解力を鍛える』（筑摩書房）など。

●出口式論理アカデミー
https://academy.deguchi-mirai.jp

●オフィシャルサイト
https://deguchi-hiroshi.com/

● X
@deguchihiroshi

改訂版 出口式
はじめての 論理国語 小３レベル
2024年4月30日　第１刷発行

著　者　出口　汪
発行人　出口　汪
発行所　株式会社　水王舎
大阪府豊中市南桜塚 1-12-19
電　話　080-3442-8230

装　幀　松好 那名
イラスト　設樂みな子
編集協力　石川 享
編　集　出口寿美子
印刷・製本　日新印刷

ISBN978-4-86470-202-7

改訂版

出口式

はじめての論理国語

小3レベル

解答・解説

完全スパイラル形式について

学習は同じ項目をただ繰り返すよりも、らせん階段をのぼるように、新しい事項を交えつつ徐々にレベルを上げることで最大の効果が得られます。本書は言語能力習得に最適なカリキュラムを完全スパイラル方式で組んでいます。苦手な個所に突き当たった場合は、その学習に資する基礎レベルへの復習ガイドがついているので安心です。

各ステップのねらいと学習目的

ステップ1 具体と抽象

赤ちゃんの泣き声や動物の鳴き声は自分の感情や意志を表そうと発せられたものです。それは先天的なもので、学習や訓練によって習得したものではありません。子どもたちがよく使う「ムカつく」「ウザい」「ヤバイ」などの感情語もそれと同じです。自分は今、不快な状態にある、あるいは不満があるので、誰かがそれを察して解消してくれるのを期待する気持ちから発せられる言葉で、誰も何もしてくれなかったら、突然キレるか、引きこもるかしかありません。

それに対して、人間は本来、言葉で世界を整理することができます。言葉で世界を整理できるのは人間だけです。たとえば「A君、B君、C君」の三人がいたとして、その共通点を抜き取れば「男」となります。A君、B君、C君は「具体」で、男は「抽象」です。そして「男」の反対の言葉は「女」です。このようにカオス（混沌）の世界を「イコールの関係」「対立関係」で整理することで初めてものを考えたり、人に伝えたりすることができるのです。この時の言葉が論理語であり、それは決して先天的なものではなく、学習・訓練によって初めて獲得すべきものなのです。

論理語が思考の出発点である限り、言葉の論理的な使い方を子どものうちから訓練することが、その後の成長に大きく関与することだけは間違いありません。

将来、子どもが「ムカつく」「ウザい」という感情語でしか表現できなくならないように、まず「イコールの関係」、つまり、具体と抽象の関係から始めていきましょう。

ステップ2 対立関係

私たちは世界や情報を「イコールの関係」「対立関係」で整理することができます。思考を出発させるとき、その整理したものが役に立ちます。

「男と女」「右と左」「好きと嫌い」「暑いと寒い」などは対立関係です。考えてみると、私たちは、そのほとんどをステップ1で学習した「イコールの関係」とステップ2で学習する「対立関係」で言葉を整理しています。そして、国語の文章においても、筆者は自分の主張を「イコールの関係」と「対立関係」を使ってすることが多いのです。

本書では小学三年レベルの子どもでもわかるように、「まとめる言葉」「対立する言葉」と表現しています。これらを意識することで、やがて難解な文章でも論理的に読むことができるようになります。

小学二年レベルでは、「反対の言葉」を学習しました。これは「男」と「女」という具合に、言葉自体が反対の意味を持っているものです。

今回はレベルが一つ上がり、言葉自体に反対の意味があるのではありませんが、文の中でどちらかを選択したり、比較されたりしているものを、対立する言葉として扱います。ここでも論理を意識して読んでいきます。

ステップ3 因果関係

論理的関係には、「イコールの関係」「対立関係」「因果関係」の三つがあります。この二つは論理的に文章を読んだり、書いたりするだけでなく、物事を論理的に考えたりするときにも必要です。

その中で、今回は「因果関係」を扱います。

国語の問題では、理由を問う設問が頻出します。文章を読むときには、筆者の主張に対して、理由が書いてある箇所は必ずチェックしましょう。とくに、理由を表す論理語、「なぜなら」「から」「ため」「ので」、そして、結果を表す「したがって」「だから」などは、問題を解く鍵となるものです。

何でも「どうして?」と考えることができる子ども、「なぜならば」と理由を答えることができる子どもこそが、生涯ものを考え続けることができる人間に育っていくのです。

ステップ4 文の要点の理解

文章は要点となる大切な箇所と、それを説明する飾りの部分とで成り立っています。どんな長い文章でも、素早く、正確に要点を読み取ることができるようになると、国語の試験で時間内に高得点を獲得することができるようになるのです。

小学三年レベルでは、まず一文の要点を扱います。一文の要点は主語と述語、そして、目的語です。

これらは固有名詞などを除いて、基本的に抽象的な概念なので、説明する言葉がついて、初めて具体的な文となるのです。

たとえば、

「花が咲いた」

という文があります。

この文は主語と述語があるので、文法的には文は成り立っているのですが、「世界中の花の共通するもの」「世界中の花の共通する咲き方」を示しているだけで、これでは現実の花を何一つ表現していないのです。

そこで、説明の言葉を付け加えて、抽象概念を固定化します。

「昨日買ってきた鉢植えの赤い花が朝に光を受けて突然目の前で音も立てずにぱらりと咲いた」

ただし、この文の要点としては、やはり「花が咲いた」に他なりません。

文の要点をつかんでいなければ、どんなに説明する言葉を読んでも正確な文の意味をとらえることはできません。

ステップ5 助詞

単語は大きく自立語と付属語に分かれます。自立語は単独で意味を持つもので、付属語は単独で意味を持たないものです。

そこで、付属語は必ず自立語について、意味上の最小限の単位である文節を作ろうとします。

文節＝自立語・自立語＋付属語

その付属語は活用する助動詞と、活用しない助詞とに分かれます。実は、文章全体の多くの単語がこの付属語なのです。

将来、古文の学習をするときも、この助動詞・助詞の使い方がポイントになります。なぜなら、古文の文章でも全体の多くが付属語であり、これらはすべて現代語と異なるからです。古文を理解することが困難になるのは、口語文法における付属語の使い方を理解していないからです。

また英語の学習だと何年間も英文法の学習を強いられますが、国語でそれが不必要なのは、たとえば過去形、未来形、否定形、疑問形など、そのほとんどが助動詞によって表現されるため、助動詞をおさえれば大半のことがカバーできるからです。

ステップ6 助動詞

助動詞とは、動詞や形容詞などの後ろに付いて意味をそえる働きがあります。たとえば、「食べる」に助動詞が付いて、「食べられる」「食べさせる」「食べよう」と変化することで、可能、使役、意志など、異なる意味になります。また、助動詞を用いることで、「食べたい」「食べたくない」「食べたかった」など、動作をする主体の心情や、行動を表現できます。

助動詞は、日本語の文法を理解し、使いこなす上で非常に重要です。それぞれの助動詞の役割と用法を学ぶことで、より豊かで正確な日本語表現ができるようになります。

ステップ7 修飾語

修飾語は、名詞や動詞、形容詞などを詳しく説明し、その意味を具体化、限定、または強調するために用いられる言葉です。対象となる語句の前後に置くことで、その特徴や状態、動作などを詳しく表します。修飾語には、形容詞、副詞、形容動詞、連体詞などがあり、それぞれが異なる役割を果たします。例えば、「静かな図書館」では、「静かな」が「図書館」を修飾しており、図書館の状態を表しています。また、「ゆっくり歩く」では、「ゆっくり」という副詞が「歩く」という動詞を修飾し、歩く速度に関する情報を加えています。このように、修飾語を用いることで、読み手に正確な情報を伝えることができるようになります。

ステップ8 言葉のつながり

「やあ」とか「はい」は独立語で、感動詞といいます。逆に言うと、感動詞以外の言葉はすべて他の言葉と意味的につながっていると言えます。

単語は言葉の最小限の単位です。意味上の最小限の単位が文節で、これは自立語のみで成り立っているときと、自立語に助動詞・助詞などの付属語がついた形で成り立つときがあります。こうした文節は他の文節との意味的なつながりを持って、一文を形成するのです。

主語と述語の関係、述語と目的語の関係も「言葉のつながり」で、これを意識することで、一文がどのようにできているのかを捉えることができます。

言葉は生き物と同じで、使い手の感覚や、使う場などによって、絶えず意味が変化します。しかし、その言葉が文章に組み入れられた瞬間、他の言葉とのつながりによって、たったひとつの意味で固定されるのです。だからこそ、英語でも古文でも「傍線部を訳せ」という設問が可能になるのです。

ステップ9 文の書きかえ

いよいよ作文の基本を学習します。作文はただ思いつくままに、自由に書けばいいわけではありません。

会話ならば目の前に相手がいて、表情や仕草などで補うことができますし、もし相手の言っていることがわからないと思ったら、聞き返したり質問をしたりすることができます。ところが、文章は目の前に相手がいないし、誰に読まれているのかもわからないので、会話以上に言葉の規則に従い、論理的に書かなければなりません。ましてや、今や電子データで文章を書く時代になりました。電子データで書かれた文章は誰に見られているかわからないので、ますます正確で、論理的な文章を書く必要があるのです。

さらに、日本語の規則に従って文を変形したり、まとめたりする練習を積むことで、自在に文を作成することができるようになります。これらは記述式問題の解答を作成する時に必要な能力なのです。今からしっかりと本書で準備しておきましょう。

ステップ10 接続語の理解

一文は日本語の規則によって成り立ちました。そして、言葉と言葉にはつながりがありました。

その一文と次の一文にも、文のつながりがあります。まったく無関係に二つの文が並ぶことはありません。もし、無関係ならば、「さて」「ところで」などの話題の転換を表す接続語が使われます。

論理的な文章は、文と文とが論理的につながっています。そして、接続語は文と文との論理的関係を示す言葉です。子どもたちに接続語を意識させることによって、論理的読解の第一歩を踏み出させましょう。

なお接続詞は品詞です。それに対して、接続語という概念は品詞ではなく、論理語なのです。「たとえば」「つまり」などは品詞で言えば副詞ですが、本書では、論理的な関係を示す論理語として、接続語に含めます。

ステップ11 指示語の理解

文と文、文と語句との論理的関係を示すものには、接続語の他に指示語があります。

前に述べたことを再び繰り返すとき、それを指示語に置きかえるのですから、指示語と指示内容との間には「イコールの関係」が成り立ちます。ときには、指示語が前に出て、指示内容が後に来ることもありますが、それが「イコールの関係」であることに変わりはありません。

子どもたちは指示語の問題も何となく感覚で処理しがちですが、指示語こそは接続語と並んで、論理関係を示す記号に他なりません。そうした指示語を論理的に扱うことによって、主観的な読み方から、日本語の規則に従った読み方へと変えることができます。

また、読解問題でも指示語が絡むものが非常に多いのは、指示語が論理的関係を示す言葉だからです。そうした問題を確実に解く力をつけていきます。

ステップ12 5W1H

5W1Hとは、「Who（誰が）」「What（何を）」「Where（どこで）」「When（いつ）」「Why（なぜ）」「How（どのように）」の頭文字を並べたもので、出来事や状況を正しく表したり、理解したりするために必要な要素です。

ニュースなどの情報を受け取るときに気をつけるだけでなく、自分が調べたことなどを発表するときも、これらを明確にすることで、伝えたい内容がわかりやすくなります。

5W1Hを意識することは、情報を整理し、重要な要素を見落とさないようにするために有効な手段であり、複雑な情報の要点を捉えたり、確実に伝えたりするための鍵となります。今後の学習においても大切になるので、今のうちからしっかりと意識することが必要です。

ステップ13 説明文の読解

ステップ13では説明文、ステップ14では物語文と、ここで初めてまとまった文章を扱います。

子どもたちが少しでも文章に興味を抱けるようにと、説明文では子どもたちの知的好奇心を刺激し、考える力を育むものを扱いました。物語文では子どもたちの想像力を豊かにし、文学的な面白さに触れることができるものを数多くの作品の中から選びました。

まずは説明文。筆者の主張は何で、主張をどのように説明しているのか、それを理解していきましょう。読解の問題は説明文であろうと、物語文であろうと、主観を入れずに、問題文に書いてある内容をおさえて答えればいいのです。

説明文では筆者が自分の主張を不特定多数の読み手に伝えようと、筋道を立てて書いた文章ですから、その筋道（論理）を理解したかどうかが大切です。

ステップ14 物語文の読解

物語文は時代も現在とは限らないし、場合によっては空想の世界かもしれません。登場人物も男であったり、女であったり、大人であったり、子どもであったり、時には人間でないかもしれません。

だから、子どもたちが自分の生活感やそこからいだく感情、価値観で文章を読み取れば、その瞬間、間違った解釈をしてしまいます。

しかも、問題文は長い文章の一部、一場面であることが多いのです。私たちはその場面がいつの時代で、登場人物がどんな人間かも知らずに、いきなりその場面を解釈しなければなりません。その結果、自分の主観的な読み方を無意識にしてしまうことになります。無意識に行った結果、なぜ間違ったのか、自分自身で理解することができなくなるのです。

物語文の設問には登場人物の心情（気持ち）を答えさせるものが多く出題されます。そこで、感情移入をせず、いかに問題文中から根拠を見出すかが問われます。物語文の読解は客観的な分析力を土台として、主観を排して様々な人物の視点からものを捉えることから、クリティカルな思考の基礎ともなるのです。

ステップ15 作文の基礎

子どもたちは、頭に浮かんだことをそのまま書けば、作文が出来上がると思いこみがちです。ところが、目の前に相手のいる会話とは異なり、作文の読み手は誰だかわからない他者なのです。遊園地に遊びに行って「楽しかった」と書いたところで、読み手は何が、どのように楽しかったのか、察してくれることはありません。

大切なことは、不特定多数の他者を意識し、自分の意見や感想をどのように伝えるかなのです。

そのための第一歩が、意見に対する理由を書くことです。小学三年レベルでは「賛成」「反対」と、両方の立場からものを考える練習をします。これは主観的なものの見方から脱却し、多角的にものごとを捉える練習にもなります。

ステップ16 資料問題

中学入試で出題される「資料問題」は、与えられた資料から、設問に答えるために必要な情報を読み取る力を試すものです。まず、資料を構成する表やグラフ、文章などを丁寧に読み、重要なデータやキーワードを把握しましょう。次に、設問を読み、何が問われているのかを理解します。資料問題のポイントは、資料から必要な情報を選び出し、それをどのように使えば答えにたどり着くかを考えることです。資料には多くの情報が含まれているため、設問に答えるための情報に絞り込むことが重要です。自分の答えが資料の情報と設問の要求に合致しているかを確認しましょう。資料問題は、慣れれば難しくはないので、練習を積むことが大切です。ここでは、まずは基本的な資料の読み方を練習します。

ステップ17 クリティカル・シンキングの問題

最終章は、クリティカル・シンキングの問題です。これは社会に出たときに「生きる力」となるものです。

今までの教育は、先生や教科書が正解を提示し、子どもたちはそれを懐疑することなく、無思考・無批判のまま受け入れるというものでした。ところが、現実社会には絶対的な正解などどこにもないのです。

本書では、クリティカル・シンキングの中でも、とくにメディアリテラシーにつながる因果関係の問題を扱います。今はネット時代であり、私たちの前に様々な情報が流れてきますが、多くの情報には発信者の思惑が隠されているのです。マスコミの流す情報の多くは、なかにはスポンサーの意向に逆らえないものであったり、ネット上の情報には政治や思想、宗教的信条を広めるものであったり、商品を無理に買わせるものであったり、意識的に情報操作をするものであったり、中には詐欺まがいのものも少なくはありません。

そうした膨大な情報の真偽を確かめ、自分に必要な情報を取り出すためには、クリティカル・シンキングが不可欠となります。

本書では、論理を修得し、それを武器に様々な情報の真偽を確かめる力を、小学生のうちから養っていきます。

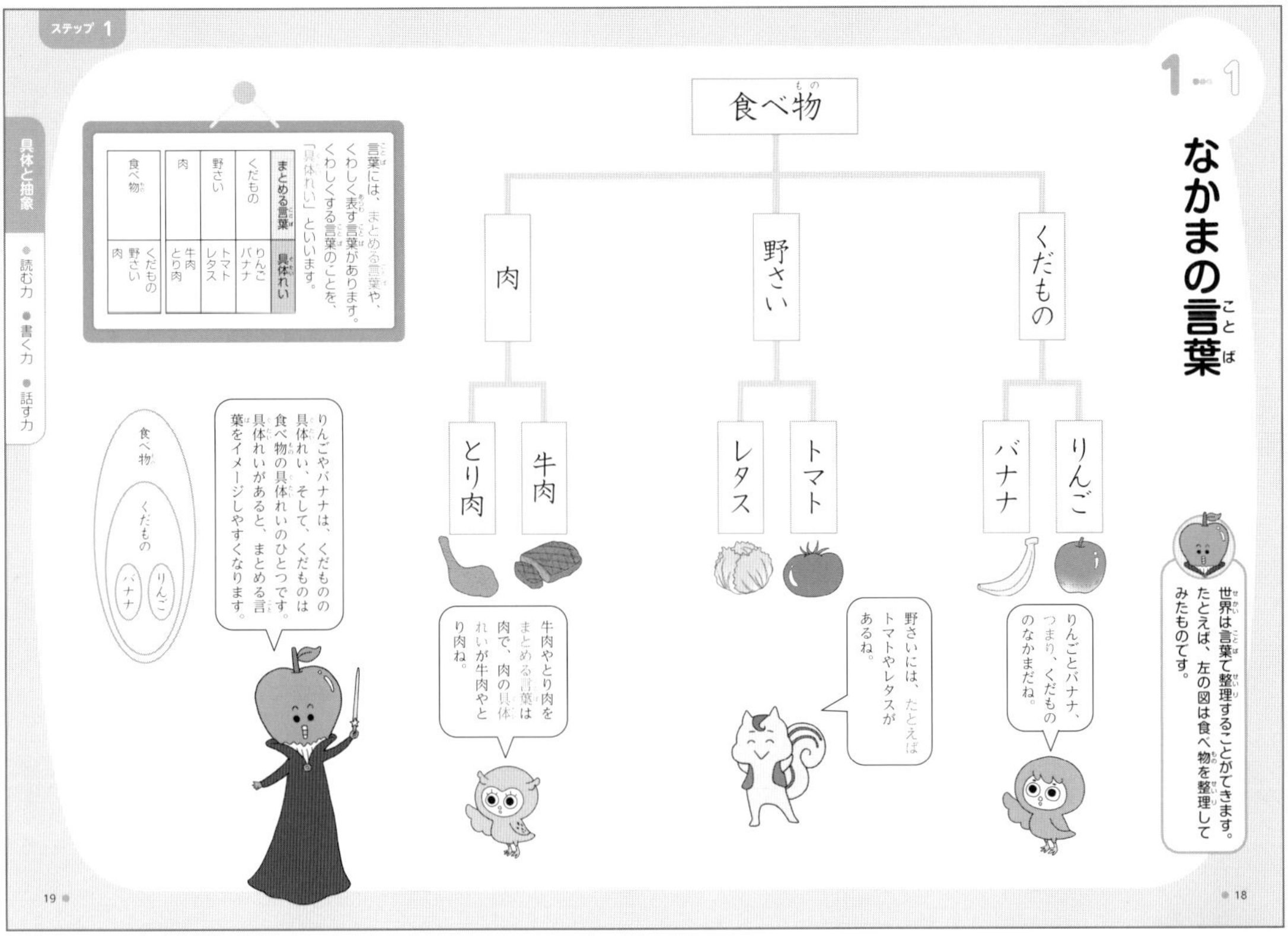

ステップ 1-1 なかまの言葉

学習のねらい

私たちは言葉で世界や情報を整理しています。そのときの方法の一つに「具体と抽象」があります。

「抽象」とは個々のものの共通点を抜き取ることで、逆に、その個々のものを「具体」と言います。もちろん、まだ小学三年レベルでは抽象と具体という言葉は難しいので、「まとめる言葉」と「くわしくする言葉」としました。

大切なことは、抽象と具体はあくまで相対的なものだということです。たとえば、「人間」は「動物」に対して具体的な言葉ですが、「子ども」に対しては抽象的な言葉なのです。

「りんご」「バナナ」を抽象化したものが「くだもの」、「トマト」「レタス」を抽象化したものが「野さい」、「牛肉」「とり肉」を抽象化したものが「肉」であり、さらに、「くだもの」「野さい」「肉」を抽象化したものが、「食べ物」です。逆に「食べ物」の具体例が「くだもの」「野さい」「肉」、「くだもの」の具体例が「りんご」「バナナ」、「野さい」の具体例が「トマト」「レタス」、「肉」の具体例が「牛肉」「とり肉」です。このように具体と抽象は相対的なものであり、段階があることを、問題を通して子どもに実感させることが狙いです。

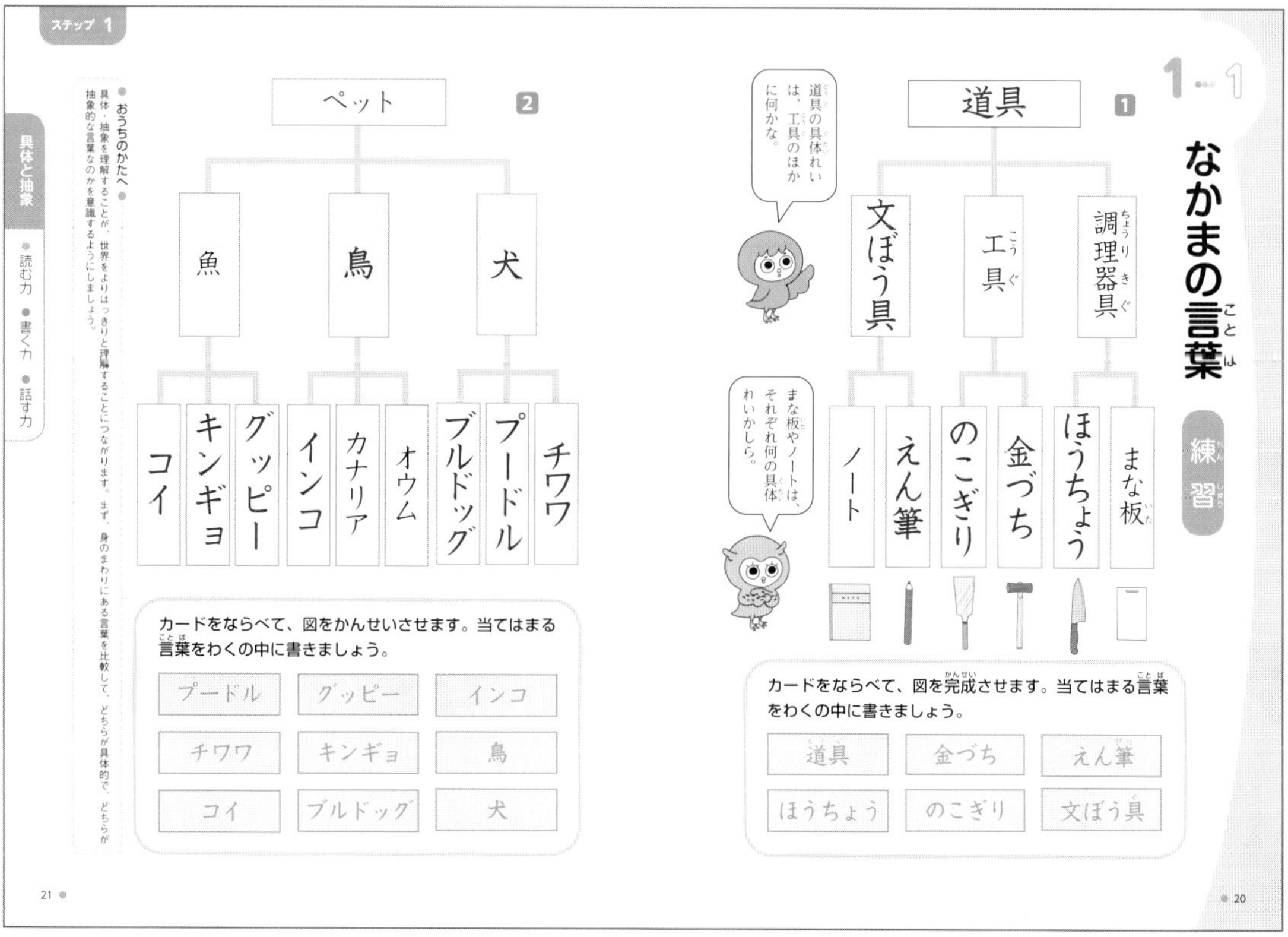

練習

1 具体・抽象の問題は、抽象度をそろえることが大切です。まずピラミッドが三段階になっていることに着目しましょう。最も抽象度が高いのが「道具」。次が「工具」、最後に具体例となる「まな板」「ノート」ですね。

次に、カードを抽象度によって二つに分類します。「調理器具」「文ぼう具」は「工具」と同じ段。「金づち」「えん筆」「ほうちょう」「のこぎり」は「まな板」「ノート」と同じ段です。

今度はピラミッドの空所にカードの言葉を入れていきます。

「工具」の段は、右の空所から入れましょう。下の段に「まな板」とあるから、「調理器具」。左の空所は下の段に「ノート」とあるから、「文ぼう具」です。

一番下の段は具体例ですね。「調理器具」の具体例は「ほうちょう」、「工具」の具体例は「金づち」「のこぎり」、「文ぼう具」の具体例は「えん筆」。

最後にもう一度ピラミッド全体を見直し、抽象度が統一されているか、確認してください。

2 もう一題、練習をしましょう。ただ問題を解くのではなく、言葉の抽象度を揃え情報を整理するという頭の使い方を意識させてください。「ペット」が最も抽象度が高い言葉です。

ピラミッドの中段は「魚」と抽象度の同じものですから、「犬」と「鳥」が答えです。さらに「犬」の具体例が「プードル」「ブルドッグ」「チワワ」、「鳥」の具体例が「インコ」、「魚」の具体例が「キンギョ」「コイ」「グッピー」とわかります。

直感的に答える子どももいるでしょうが、具体と抽象はあくまでも相対的なものであることがわかればよいのです。

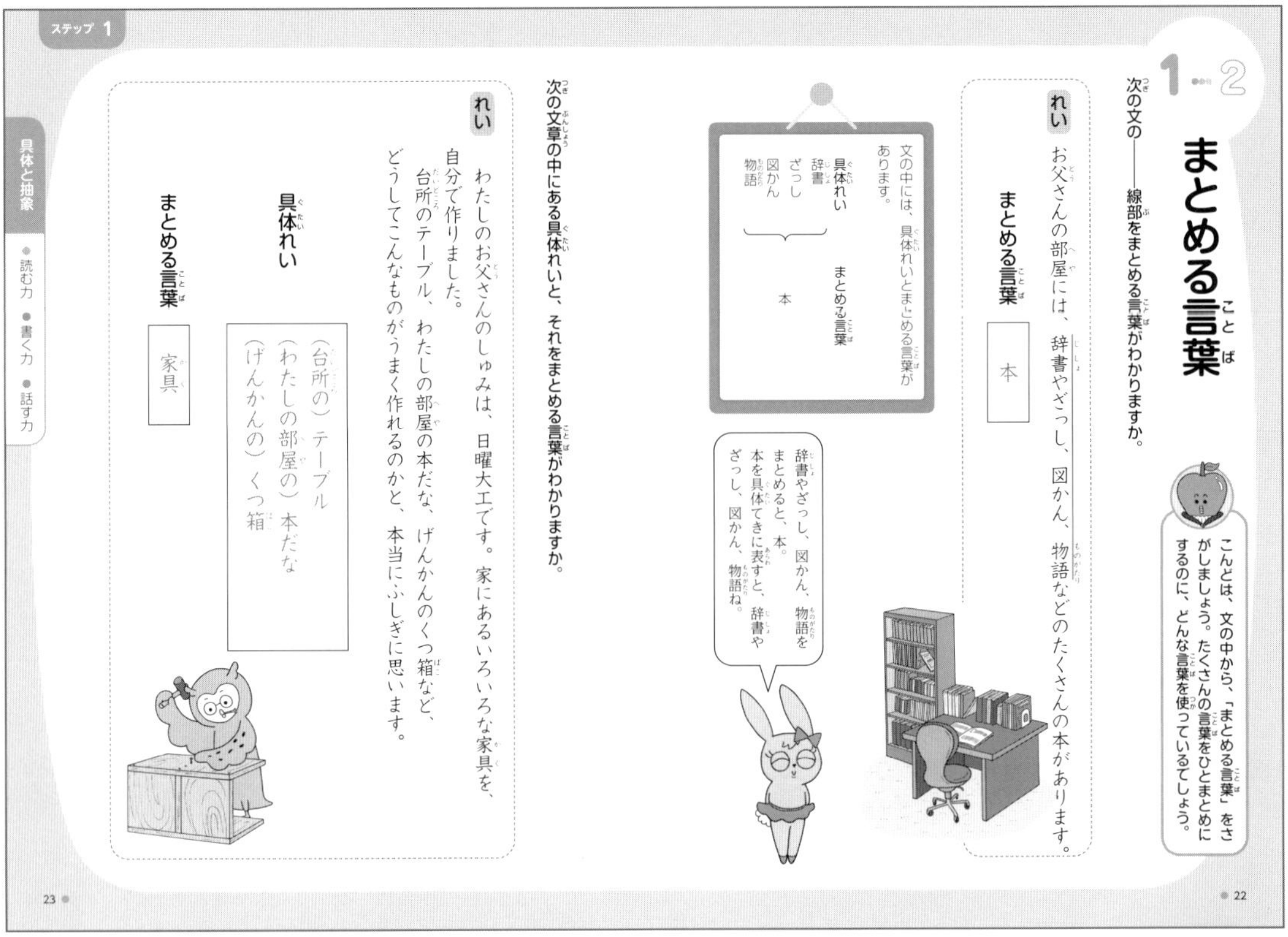
1…2 まとめる言葉《ことば》

次《つぎ》の文の――線部《ぶ》をまとめる言葉《ことば》がわかりますか。

こんどは、文の中から、「まとめる言葉《ことば》」をさがしましょう。たくさんの言葉《ことば》をひとまとめにするのに、どんな言葉《ことば》を使《つか》っているでしょう。

れい

お父《とう》さんの部屋《へや》には、辞書《じしょ》やざっし、図かん、物語《ものがたり》などのたくさんの本があります。

まとめる言葉《ことば》

本

文の中には、具体《ぐたい》れいとまとめる言葉《ことば》があります。

具体《ぐたい》れい
辞書《じしょ》
ざっし
図かん
物語《ものがたり》

まとめる言葉《ことば》
本

22

ステップ 1

具体と抽象

読む力　書く力　話す力

次《つぎ》の文章《ぶんしょう》の中にある具体《ぐたい》れいと、それをまとめる言葉《ことば》がわかりますか。

れい

わたしのお父《とう》さんのしゅみは、日曜大工です。家にあるいろいろな家具《かぐ》を、自分で作りました。

台所《だいどころ》のテーブル、わたしの部屋《へや》の本だな、げんかんのくつ箱《ばこ》など、どうしてこんなものがうまく作れるのかと、本当にふしぎに思います。

具体《ぐたい》れい

（台所の）テーブル
（わたしの部屋《へや》の）本だな
（げんかんの）くつ箱

まとめる言葉《ことば》

家具

23

ステップ 1…2 まとめる言葉

学習のねらい

抽象→具体という頭の使い方を演繹《えんえき》法といいます。

たとえば、数学の公式（抽象）に、具体的な数値（具体）を当てはめて答えを求めたり、物理の公式（抽象）から具体的な事象（具体）を説明したりするのが抽象→具体という頭の使い方です。

実は論理国語も同じで、論理という法則（抽象）を使って、個々の具体的な設問を解いていくのですから、やはり演繹《えんえき》的な頭の使い方をします。

逆に、具体→抽象といった頭の使い方が帰納《きのう》法です。たとえば、振り子の運動、物が地面に落ちる現象から、すべての物と物とが引っ張り合っていること（万有引力の法則）を発見する頭の使い方です。

さて、具体から抽象を求める問題です。文の中から答えを見つけるようにしましょう。国語の問題では必ず答えは文中にあります。

最初の例文では「辞書やざっし、図かん、物語」をまとめた言葉は「本」です。

次の例文は「台所のテーブル」「わたしの部屋の本だな」「げんかんのくつ箱」をまとめる言葉が「家具」。具体例として「テーブル」「本だな」「くつ箱」でも正解です。

まとめる言葉として、「日曜大工」は不正解です。これは日曜日に家具を作ることで、「テーブル」「本だな」「くつ箱」とイコールではありません。

1-2

まとめる言葉《ことば》

練《れん》習《しゅう》

次《つぎ》の文章《ぶんしょう》の中にある具体《ぐたい》れいと、それをまとめる言葉《ことば》を、それぞれます目に合うように答えましょう。

1 病院《びょういん》ではたらく人は、たとえば、医《い》しやかんごしのほかにも、たくさんいます。レントゲンをとるレントゲンぎし、薬《くすり》をとりあつかう薬《やく》ざいし、お金の計算などをする事《じ》む員《いん》など、それぞれがせん門的《てき》な仕事《しごと》をすることによって、かん者《じゃ》さんのちりょうをささえているのです。

具体《ぐたい》れい　医し／かんごし／レントゲンぎし／薬ざいし／事む員

まとめる言葉《ことば》　病院ではたらく人

24

2 世界《せかい》の人々《ひとびと》が毎日の食事《しょくじ》でいちばんたくさん食べる食べ物《もの》に、こく物《もつ》があります。たとえば、お米はもっとも食べられていて、世界《せかい》の半数の人が食べています。その次《つぎ》に小麦がパンやパスタとして食べられています。とうもろこしもメキシコや南アメリカなどで、よく食べられています。これらは三大こく物《もつ》と言われています。

具体《ぐたい》れい　米／小麦／とうもろこし

まとめる言葉《ことば》　こく物

ステップ 1

具体と抽象　●読む力　●書く力　●話す力

●おうちのかたへ●
文章の中で、具体・抽象を探す問題です。「たとえば」という接続語に着目します。「たとえば」のあとに書いてあることが、具体的内容です。「たとえば」という接続語がない場合もあるので、そのときは文章の中から自分で具体例を見つけ出す力が必要となります。

25

苦手な子はスパイラル
小2レベル・ステップ1で復習しよう

練習

1 冒頭に「病院ではたらく人」とあり、次に「たとえば」とあります。この「たとえば」が、次に具体例が来ることを示す論理語で、問題を解く時の文法的根拠となる重要な鍵です。もちろん、具体例はその後に示されている「医しやかんごし」です。さらに「ほかにも、たくさんいます」とあるので、その後の「レントゲンぎし」「薬をとりあつかう薬ざいし」「お金の計算などをする事む員」も具体例だとわかります。

もしも「医しやかんごし」だけしか答えることができなかったなら、問題文中に「ほかにも、たくさんいます」と書いてあることを指摘してください。子どもは直感的に答えがちですが、文章を正確に読むことを今から心がけて欲しいのです。

これらをまとめる言葉は、文章の冒頭にある「病院ではたらく人」です。

2 「世界の人々が毎日の食事でいちばんたくさん食べる食べ物に、こく物があります」と、話題を述べた文から始まっています。その具体例として、お米、小麦、とうもろこしが挙げられており、これらをまとめる言葉を、ます目にあてはまるように考えると「こく物」です。

2…1

対立《たいりつ》する言葉《ことば》

図書館《としょかん》に行くなら、
バスか電車か
どちらがいいですか。

対立《たいりつ》する言葉《ことば》は、ある言葉《ことば》と反対《はんたい》の意味《いみ》で使《つか》われている言葉《ことば》だけではありません。

左の文の中で、「バス」と「電車」のことを対立《たいりつ》する言葉《ことば》といいます。

図書館《としょかん》に行くなら、
バスか電車か、どちらがいいですか。

バスと電車は、反対《はんたい》の意味《いみ》の言葉《ことば》ではありませんが、この場合《ばあい》のように「どちらか一方」という意味《いみ》で使《つか》われるときには、対立《たいりつ》する言葉《ことば》になるのです。

次《つぎ》のように、二つのものをくらべるときも対立《たいりつ》する言葉《ことば》となります。

日本では車は左がわを通ります。
アメリカでは車は右がわを通ります。

26

ステップ 2

練《れん》習《しゅう》① 次《つぎ》の文の中で、対立《たいりつ》する言葉《ことば》はどれとどれでしょう。

① リンダとフクちゃんをくらべると、リンダのほうがせが高い。

リンダ　フクちゃん

② 夏休みに出かけるなら、北海道に行ってみたい。九州《きゅうしゅう》にも行ってみたいが、北海道は夏でもすずしいので、夏に遊《あそ》ぶにはよいと思うからだ。

北海道　九州

③ 台風がいつ近づいてくるのか、天気予報《よほう》であるていど知ることができる。しかし、地しんはいつ起《お》こるかまったくわからない。

台風　地しん

対立関係　●読む力　●書く力　●話す力

27

ステップ 2…1

対立する言葉

学習のねらい

今回は反対の意味の言葉を探すのではなく、文の中でどの言葉とどの言葉が「対立する言葉」なのかを探し出します。論理的な頭の使い方の第一歩であり、同時にまず論理を意識して、それから一文を分析していく訓練でもあります。

「対立する言葉」の使われ方の一つに、「どちらか一方（選択）」があります。「バスか電車」は二つの中どちらかを選ぶので、「バス」と「電車」が「対立する言葉」と言えます。

もう一つは、「二つのものを比べる（比較）」です。例文では、「日本」と「アメリカ」を比べて、車が道のどちら側を走るのかを指摘しています。このとき、「日本」と「アメリカ」が「対立する言葉」です。

このように言葉自体に反対の意味がなくても、文の中では「対立の言葉」として使われていることに注目します。そのことはやがてまとまった文章を読んでいくとき、論理的な読解に必要となる頭の使い方なのです。

練習①

①「リンダ」と「フクちゃん」を比べています。何で比べているかというと、「せの高さ」です。

②夏休みに出かけるならどこがいいかで、「北海道」と「九州」を比べています。

③いつ近づいてくるか（起こるか）で、「台風」と「地しん」とを比べています。

苦手な子はスパイラル
小1レベル・ステップ2、小2レベル・ステップ2で復習しよう

ステップ 2

2—1

対立《たいりつ》する言葉《ことば》

練《れん》習《しゅう》②

次《つぎ》の文の中で、対立《たいりつ》する言葉《ことば》はどれとどれでしょう。

①最近《さいきん》は、インターネットでニュースを見る人がふえている。その日に何が起《お》きたかを知るだけであれば、それで十分かもしれない。しかし、そのニュースの内ようは、新聞のほうがしん用できる。

［インターネット］［新聞］

②わたしたちの体は食べ物《もの》によって作られています。肉は体を作るためにひつようですが、体の調子《ちょうし》をととのえるためには野さいを欠《か》かすこともできません。

［肉］［野さい］

③一日は二十四時間。これは、だれにとっても同じです。そこから、学校にいる時間、ねている時間、食事《しょくじ》やおふろの時間などを引いたものが自由《じゆう》時間です。この時間に、テレビを見る人と、読書をする人とでは、知っている言葉《ことば》の数に大きく差《さ》がつくでしょう。

［テレビを見る人］［読書をする人］

④旅《たび》をするなら車がいい。自分のすきなところに車をとめて、気ままに動《うご》くことができる。何よりも、車に荷物をおいておけるので、身軽《みがる》なかっこうで歩き回ることができるからだ。電車だと時間を気にしなければならないし、重《おも》いにもつを持《も》ち歩かなければならない。

［車］［電車］

●おうちのかたへ●
実際の文章では、「上と下」といった反対語を使った明確な対立関係以外にも、たくさんの対立関係が出てきます。何と何を選択・比較・対立させているのかをきちんと捉えることができるようになることが目標です。これは、説明的文章を読解する際の大切な考え方の一つです。

対立関係　●読む力　●書く力　●話す力

28　29

練習②

まとまった文章の中から、「対立する言葉」を読み取る練習ですが、今度は少し長い文章です。ただ読み流すのではなく、「対立関係」を意識して読むことに注意します。それが筆者の立てた筋道に従って読む訓練になります。

①単純に言葉の意味だけ考えていると、正解を導くことはできません。私たちが情報を得るためのメディアとして、「インターネット」と「新聞」とを比較しているのです。「内ようを信用できる」という点で筆者は新聞の方を評価しています。また逆接の「しかし」の後に、筆者の主張が来ることにも注意してください。

②この文では、逆接の接続助詞「が」に着目します。「肉」と「野さい」を逆接でつなげているということは、筆者は両者を対立するものとして書いているということです。体を作るために必要な「肉」と、体の調子をととのえるために必要な「野さい」とを比較しています。

③自由時間をどう過ごすかで、「テレビを見る人」と「読書をする人」とを比較しています。そして、筆者は「読書をする人」の方が言葉を多く知っているとしています。

④旅をするには「車」と「電車」のどちらがよいかと比較して、「車」の方が適していると指摘しています。

苦手な子はスパイラル

小1レベル・ステップ2、小2レベル・ステップ2で復習しよう

ステップ 3

3-1

理由《りゆう》とけっか

なにかが起きるときには理由《りゆう》があります。文章《ぶんしょう》に書かれている「起《お》きること（けっか）」と、その「理由《りゆう》」を見つけましょう。

文章《ぶんしょう》の中から「理由《りゆう》」と「けっか」をさがしましょう。理由《りゆう》を見つけるのに大切な言葉《ことば》は何でしたか。

たしか、「だから」の前が「理由《りゆう》」だったね。

次の文章《ぶんしょう》の中にある理由《りゆう》とけっかがわかりますか。

れい　ミミちゃんは、明るくて元気な女の子です。ミミちゃんのゆめは、歌手になることです。だから、いつも、ピアノと歌の練習《れんしゅう》をしています。

理由《りゆう》　ゆめは歌手になることです。

けっか　いつも、ピアノと歌の練習《れんしゅう》をしています。

「なぜなら」のあとが「理由《りゆう》」よ。「〜から」がつくこともわすれないでね。
理由《りゆう》は一つとはかぎらないんだ！

次《つぎ》の文章《ぶんしょう》の中にある理由《りゆう》とけっかがわかりますか。

れい　フクちゃんは、ゲームとサッカーがすきです。フクちゃんは、ゲームをするのを一日に一時間までと決《き》めています。なぜなら、お母《かあ》さんとやくそくしたからです。また、サッカーをする時間もいるからです。

理由《りゆう》　・お母《かあ》さんとやくそくしたから
・サッカーをする時間もいるから

けっか　ゲームをするのは一日に一時間までと決《き》めています。

● おうちのかたへ ●
物事の原因と結果を見つける練習をします。この因果関係を見きわめる力は、論理的な文書を書いたり、思考力を養うために大事な力です。今のうちから、「なぜ？」という問いかけと「〜だから」と理由づける思考ができるように、つねに意識する習慣をつけましょう。

因果関係　● 書く力　● 話す力　● 思考力

30　31

ステップ 3-1

理由とけっか

学習のねらい

論理の基本は、具体と抽象、つまり、「イコールの関係」と、「対立関係」、そして、「因果関係」です。今回はその「因果関係」の学習です。

日本は「察する文化」なので、子どもたちは、何かを主張すれば相手がそれを察してくれると、疑いもしません。実際、子どもたちは、察してくれる家族や友達などに囲まれて生活しているのです。

国語の学習は、察してくれない他者に対してどのように自分の意見や感情を伝えるかが、その第一歩です。そのためには、意見を主張するときには必ず理由が必要であることを知り、それを話すことや書くことを習慣づけることが大切です。

接続語の「だから」「なぜなら」に着目しましょう。「だから」があれば、その前が理由で、その後が結果です。「なぜなら」があれば、その前が結果、その後が理由になります。

「理由（原因）」　だから　「結果」。

「結果」　なぜなら　「理由（原因）」。

ステップ 3

3-1 理由《りゆう》とけっか

練習《れんしゅう》

次《つぎ》の文章《ぶんしょう》の中にある理由《りゆう》とけっかがわかりますか。

1 リンダは、絵をかくのが上手です。リンダの絵を見て、ミミちゃんがほめました。だから、リンダは、絵をミミちゃんにあげました。ミミちゃんは、とてもよろこびました。

理由《りゆう》 （リンダの絵を見て、）ミミちゃんがほめました。

けっか （リンダは、）絵をミミちゃんにあげました。

2 運動会《うんどうかい》の前の日、ノンタがビッキーに早く走る方ほうを聞きました。なぜなら、走るのが苦手《にがて》だからです。ビッキーは少し考えて「まほうのくつをはけばいいよ。」と言いました。

理由《りゆう》 走るのが苦手だから（です。）

けっか （ノンタがビッキーに）早く走る方ほうを聞きました。

3 かんきょうを守《まも》るため、ごみをへらす取《と》り組《く》みがいろいろ行われています。その一つに、ごみぶくろを有《ゆう》りょうにすることがあります。有《ゆう》りょうにするのは、そのことでごみのりょうをへらすことを考えてもらえるからです。また、ごみぶくろを売ったお金を、ごみしょ理にかかるお金に当てることができるからです。

理由《りゆう》 ごみのりょうをへらすことを考えてもらえるから（です。）

けっか ごみぶくろを有りょうにする。

ごみぶくろを売ったお金を

理由《りゆう》 ごみしょ理にかかるお金に当てることができるから（です。）

因果関係 ●書く力 ●話す力 ●思考力

33 32

練習

1 「だから」に着目します。その後の「リンダは、絵をミミちゃんにあげました」が結果で、その前の「リンダの絵を見て、ミミちゃんがほめました」がその理由です。

2 「なぜなら」に着目します。その前の「ノンタがビッキーに早く走る方ほうを聞きました」が結果で、その理由が「なぜなら」の後の「走るのが苦手だからです」となります。「なぜなら」の後には「から」がくるという呼応関係にも注意しましょう。

3 理由を表す「〜から」に着目します。何となく理由を答えている場合は、その根拠を確かめてください。

結果は「ごみぶくろを有りょうにする」。その理由が二つあるのですが、なぜ「二つ」なのかを問いかけてください。その答えは「また」という並列の接続語があるからです。そこで、「また」を挟んだ、「ごみのりょうをへらすことを考えてもらえるから」と、「売ったお金をごみしょ理にかかるお金に当てることができるから」が理由となります。どちらも「〜から」を使っていることにも注目しましょう。

4…1
主語《しゅご》とじゅつ語
ビッキーが大きな声で楽しそうにわらいました。
どれが大切な言《こと》葉《ば》なのかな？
主《しゅ》語《ご》とじゅつ語をぬき出すことができる？
文の要点《ようてん》（大切なところ）は、主語《しゅご》とじゅつ語です。まずは、この二つをしっかりと見つけましょう。見つける順番《じゅんばん》はじゅつ語から。その次《つぎ》に主語《しゅご》です。
まず、じゅつ語からさがすのね。
「だれが（は）」「なにが（は）」に当たるものを主語《しゅご》といいます。文の主《あるじ》、つまり主人《しゅじん》となる「人・もの」を表す言葉《ことば》です。この文では「ビッキーが」が主語《しゅご》です。
「どうする」「どんなだ」「何だ」に当たるものをじゅつ語といいます。動《うご》きやようすを表《あらわ》す言葉《ことば》です。
この文では、「わらいました」がじゅつ語です。
一文の中から大切なところを見つけるには、まずじゅつ語、それから主《しゅ》語《ご》を見つけましょう。すると、一文の要点《ようてん》が見えてきます。
一文の要点《ようてん》
主語《しゅご》 ビッキーが
じゅつ語 わらいました
34
ステップ4
練《れん》習《しゅう》 じゅつ語に ── 線を、主語《しゅご》に 〰 線を引きましょう。
①山の　むこうで　かみなりが　なっています。
②あさから　フクちゃんが　自分の　ベッドで　ねています。
③小さな　鳥たちが　いっせいに　大空へと　とんだ。
④ぼくは　これ　いじょう　もう　走れない。
⑤あなたの　意見《いけん》に　わたしは　心から　さんせいです。
おうちのかたへ
一文の要点をつかむ際に、まずポイントとなるのが主語と述語です。この二つをきちんと捉えるようにしましょう。また、主語は省略されることがあるので、述語から見つけることが基本です。
文の要点の理解
読む力　書く力
35

ステップ 4…1 主語とじゅつ語

学習のねらい

一文の要点である、主語と述語を読み取る練習です。

「誰が」「何が」に当たるのが、主語。

「どうする」「どんなだ」「何だ」に当たるのが、述語です。

そして、述語を先に探すことが手順なのです。なぜなら、日本語においては、主語が省略されることが多いからです。そこで、先に述語を探して、省略された主語を補います。

逆に、英語では主語は基本的に省略されません。主語を省略すると、命令文になってしまうからです。そういった意味では、英語は主語を中心とした言語と言えます。まず明確な「私」があって、その「私」がどうしたのか、何を考えたのか、なぜなのか、といった発想で文ができているのです。

日本語は逆に主語をなるべく明らかにせず、曖昧にぼかしがちです。ここには日本特有の文化的背景があるのです。

日本語は述語を中心とした言語だと言えるでしょう。

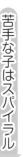

練習

①述語は、「なっています」。そこから主語は、「かみなりが」とわかります。
②述語は、「ねています」。そこから主語は、「フクちゃんが」とわかります。
③述語は、「とんだ」。そこから主語は、「鳥たちが」とわかります。
④述語は、「走れない」。そこから主語は、「ぼくは」とわかります。
⑤述語は、「さんせいです」。そこから主語は、「わたしは」とわかります。

苦手な子はスパイラル
小2レベル・ステップ4－1、5－1、5－3（さらに戻るときは小1レベル・ステップ4－4〜4－7）で復習しよう

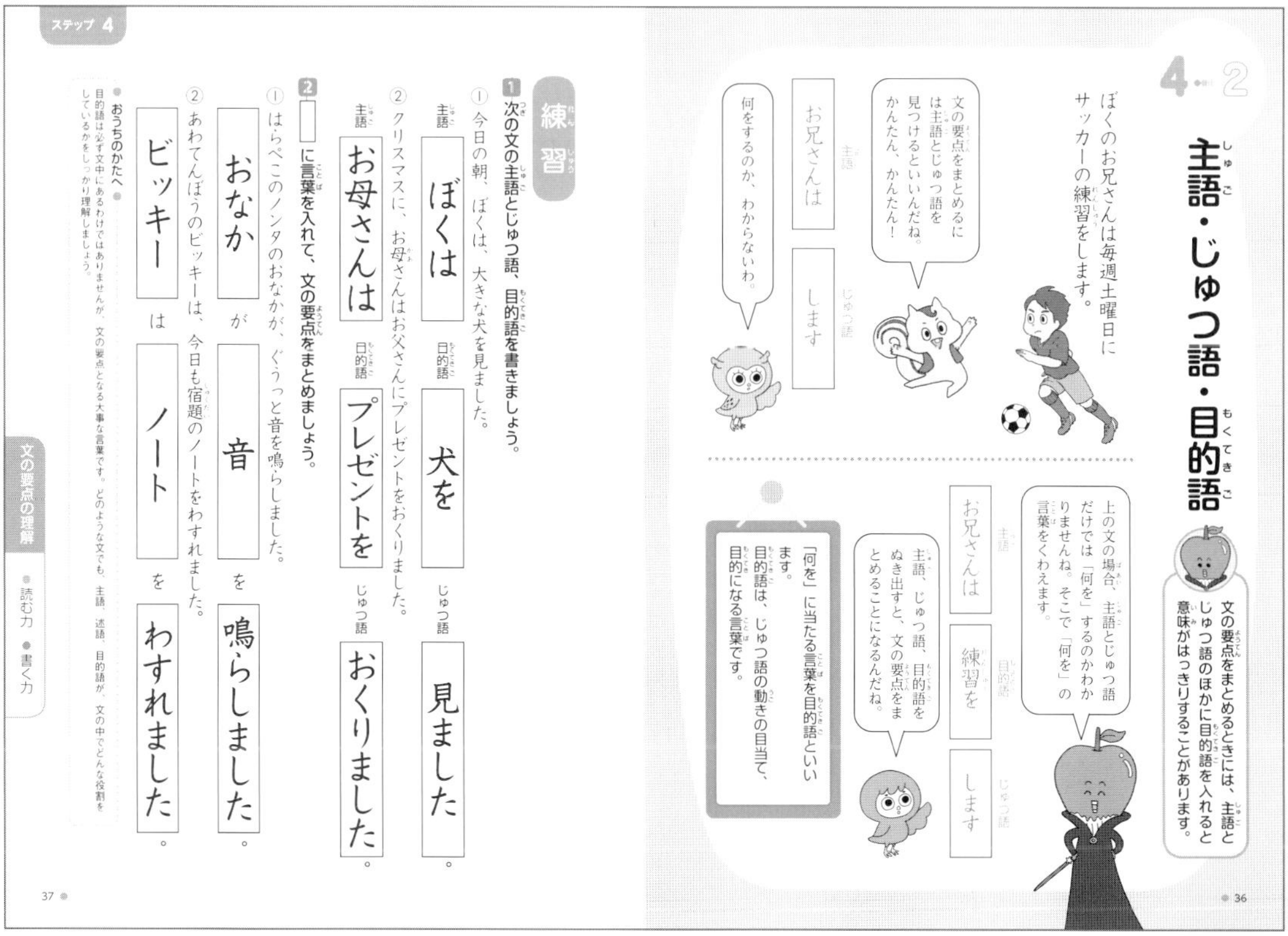
ステップ 4

4-2

主語《しゅご》・じゅつ語・目的語《もくてきご》

ぼくのお兄さんは毎週土曜日にサッカーの練習《れんしゅう》をします。

主語《しゅご》 お兄さんは　じゅつ語 します

文の要点《ようてん》をまとめるときには、主語《しゅご》とじゅつ語のほかに目的語《もくてきご》を入れると意味《いみ》がはっきりすることがあります。

主語《しゅご》 お兄さんは　目的語《もくてきご》 練習《れんしゅう》を　じゅつ語 します

「何を」に当たる言葉《ことば》を目的語《もくてきご》といいます。
目的語《もくてき》は、じゅつ語の動《うご》きの目当て、目的《もくてき》になる言葉《ことば》です。

36

練《れん》習《しゅう》

1 次《つぎ》の文の主語《しゅご》とじゅつ語、目的語《もくてきご》を書きましょう。

(1) 今日の朝、ぼくは、大きな犬を見ました。
主語《しゅご》 ぼくは　目的語《もくてきご》 犬を　じゅつ語 見ました。

(2) クリスマスに、お母《かあ》さんはお父さんにプレゼントをおくりました。
主語《しゅご》 お母さんは　目的語《もくてきご》 プレゼントを　じゅつ語 おくりました。

2 □に言葉《ことば》を入れて、文の要点《ようてん》をまとめましょう。

(1) はらぺこのノンタのおなかが、ぐうっと音を鳴らしました。
おなか が 音 を 鳴らしました。

(2) あわてんぼうのビッキーは、今日も宿題《しゅくだい》のノートをわすれました。
ビッキー は ノート を わすれました。

● おうちのかたへ ●
目的語は必ず文中にあるわけではありませんが、文の要点となる大事な言葉です。どのような文でも、主語、述語、目的語が、文の中でどんな役割をしているかをしっかり理解しましょう。

文の要点の理解　● 読む力 ● 書く力

37

ステップ 4-2

主語・じゅつ語・目的語

学習のねらい

今度は主語と述語に加えて、目的語を含む文を扱っていきます。「何を」に当たるのが目的語ですが、動詞にはこうした目的語を必要とするものと、必要としないものとがあります。

「私は笑った。」この文は主語と述語だけで成り立ち、目的語は必要としません。「私は買った。」この文では何を買ったのかわからないので、主語と述語だけでは成立しません。そこで、たとえば、「私は本を買った。」と、目的語を補う必要があります。このとき、目的語も一文の要点となります。こうした考え方は将来、英語を学ぶときにも必要となるのです。

練習

1 ①述語が「見ました」で、主語は「ぼくは」。何を見たのかというと、「犬を」で、これが目的語。

②述語が「おくりました」で、主語は「お母さんは」。何を送ったのかというと、目的語は「プレゼントを」。

2 ①主語は「おなかが」で「はらぺこのノンタの」と、説明の言葉がついています。述語は「鳴らしました」。目的語は「音を」です。

②主語は「ビッキーは」で、「あわてんぼうの」という説明の言葉がついています。述語は「わすれました」、目的語は「ノートを」。「今日も」→「わすれました」、「宿題の」→「ノートを」とそれぞれに説明の言葉がついています。

苦手な子はスパイラル

小2レベル・ステップ4－2（さらに戻るときは小1レベル・ステップ4－2、4－3）で復習しよう

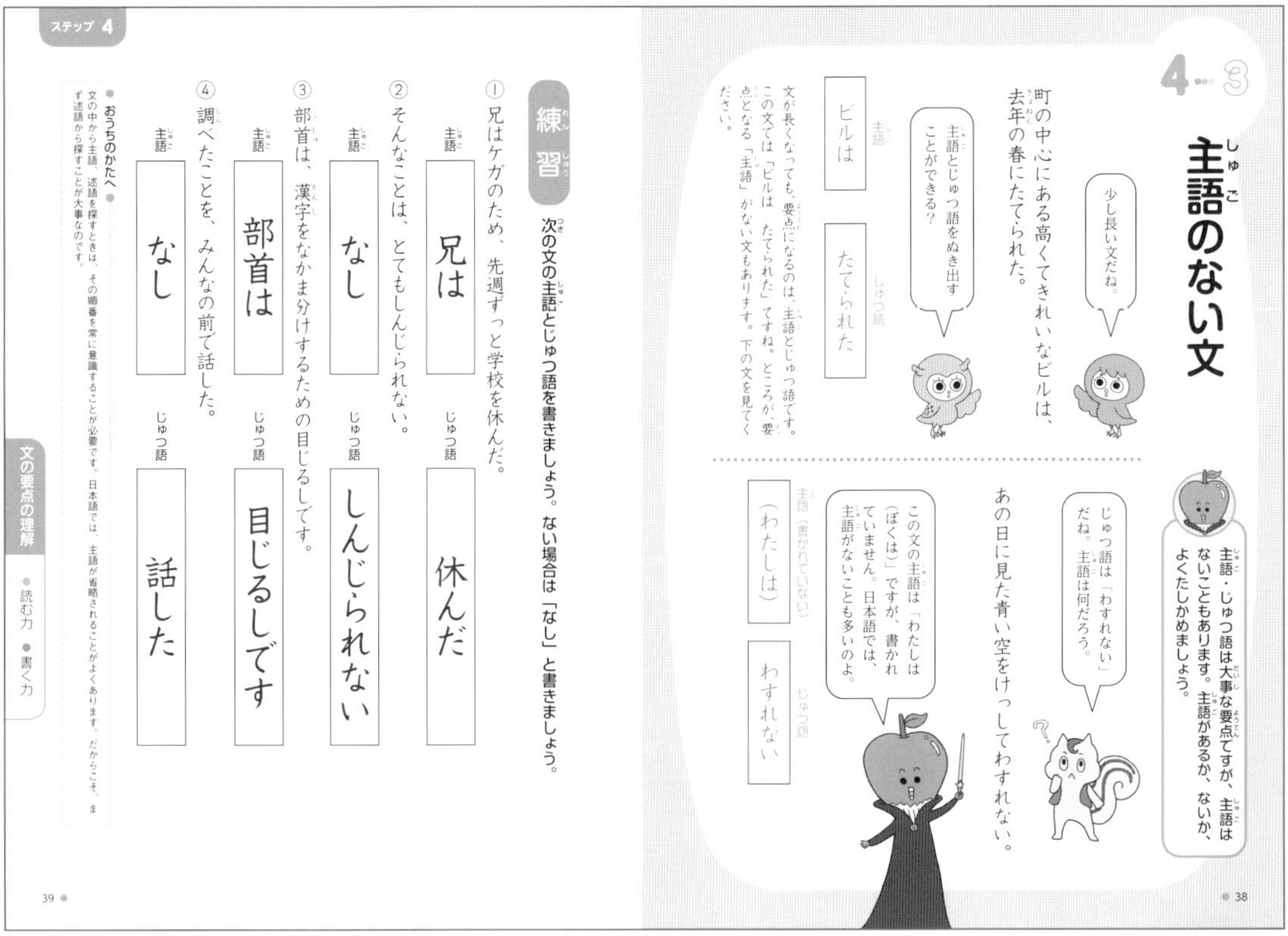

4…3 主語《しゅご》のない文

主語《しゅご》・じゅつ語は大事《だいじ》な要点《ようてん》ですが、主語《しゅご》はないこともあります。主語《しゅご》があるか、ないか、よくたしかめましょう。

町の中心にある高くてきれいなビルは、去年《きょねん》の春にたてられた。

主語	じゅつ語
ビルは	たてられた

文が長くなっても、要点《ようてん》になるのは、主語とじゅつ語です。この文では「ビルは　たてられた」ですね。ところが、要点《よう》となる「主語」がない文もあります。下の文を見てください。

あの日に見た青い空をけっしてわすれない。

主語（書かれていない）	じゅつ語
（わたしは）	わすれない

練習《れんしゅう》　次《つぎ》の文の主語《しゅご》とじゅつ語を書きましょう。ない場合は「なし」と書きましょう。

①兄はケガのため、先週ずっと学校を休んだ。
主語《しゅご》 兄は　じゅつ語 休んだ

②そんなことは、とてもしんじられない。
主語《しゅご》 なし　じゅつ語 しんじられない

③部首《ぶしゅ》は、漢字《かんじ》をなかま分けするための目じるしです。
主語《しゅご》 部首は　じゅつ語 目じるしです

④調《しら》べたことを、みんなの前で話した。
主語《しゅご》 なし　じゅつ語 話した

おうちのかたへ
文の中から主語、述語を探すときは、その順番を常に意識することが必要です。日本語では、主語が省略されることがよくあります。だからこそ、まず述語から探すことが大事なのです。

文の要点の理解　読む力　書く力

ステップ 4…3 主語のない文

学習のねらい

日本語においては主語が省略されることが多いのです。そこにも規則があります。前文と主語が同じときに限って、主語は省略されます。前文と主語が異なる場合は、逆に主語は省略できません。

主語が省略されている場合（とくに「わたし」「ぼく」の省略が多い）、述語から主語を補って考えましょう。

英語の場合には基本的に主語は省略できません。「私」を省略しない英語と、「私」を省略することが一般的な日本語とでは、人々の意識が大きく異なります。英語圏の人々はまず明確な「私」というものがあり、その「私」がどうしたのかという発想をします。それに対して、日本人はなるべく「私」を強調せずに、「みんな」という発想を重んじるのです。

練習

①述語は「休んだ」で、誰が休んだかというと、「兄は」です。後の言葉はすべて説明の言葉に過ぎません。

②「しんじられない」が述語です。「誰が」に当たるのは「わたし」で、省略されています。

③「目じるしです」が述語で、「何が」に当たるのは「部首は」です。

④「話した」が述語です。「誰が」に当たるのは「わたし」で、省略されています。

苦手な子はスパイラル
小2レベル・ステップ4で復習しよう

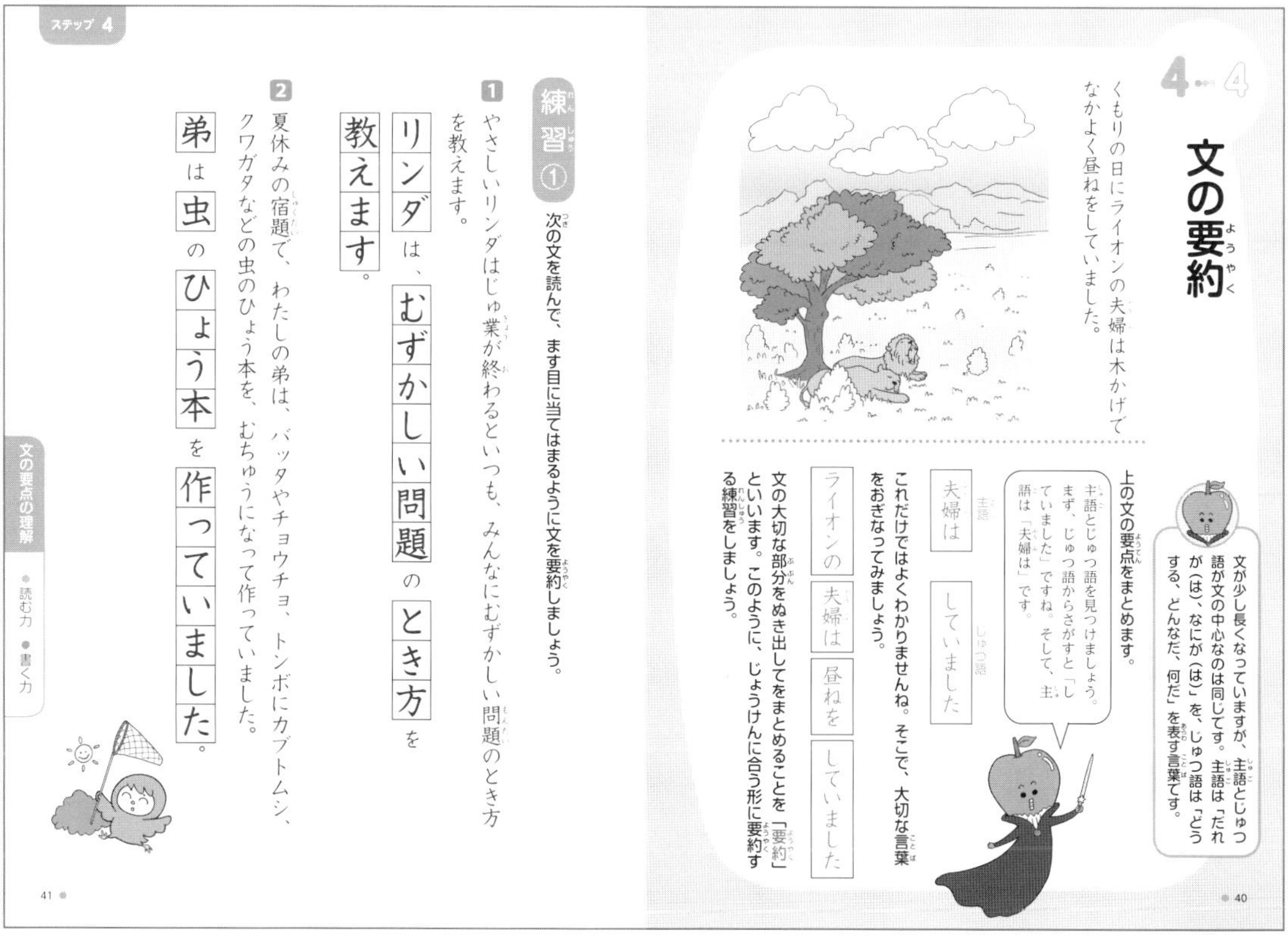
4…4

文の要約《ようやく》

くもりの日にライオンの夫婦は木かげでなかよく昼ねをしていました。

文が少し長くなっていますが、主語《しゅご》とじゅつ語が文の中心なのは同じです。主語《しゅご》は「だれが(は)、なにが(は)」を、じゅつ語は「どうする、どんなだ、何だ」を表《あらわ》す言葉《ことば》です。

上の文の要点《ようてん》をまとめます。

主語とじゅつ語を見つけましょう。まず、じゅつ語からさがすと「していました」ですね。そして、主語は「夫婦は」です。

主語　夫婦は
じゅつ語　していました

これだけではよくわかりませんね。そこで、大切な言葉《ことば》をおぎなってみましょう。

ライオンの　夫婦は　昼ねを　していました

文の大切な部分《ぶぶん》をぬき出してをまとめることを「要約《ようやく》」といいます。このように、じょうけんに合う形に要約《ようやく》する練習《れんしゅう》をしましょう。

40

ステップ4

練習《れんしゅう》①　次《つぎ》の文を読んで、ます目に当てはまるように文を要約《ようやく》しましょう。

1　やさしいリンダはじゅ業《ぎょう》が終《お》わるといつも、みんなにむずかしい問題《もんだい》のとき方を教えます。

リンダは、むずかしい問題のとき方を教えます。

2　夏休みの宿題《しゅくだい》で、わたしの弟は、バッタやチョウチョ、トンボにカブトムシ、クワガタなどの虫のひょう本を、むちゅうになって作っていました。

弟は虫のひょう本を作っていました。

文の要点の理解　●読む力　●書く力

41

ステップ
4…4

文の要約

学習のねらい

国語の試験問題で頻出するのが要約問題です。

要約問題とは、文章の要点を整理して、論理の順番に組み立て直し、まとめる問題です。まず一文を要約することから始めましょう。そのとき、ただ恣意的に文章をまとめるのではなく、日本語の規則や論理に従ってまとめることが必要です。そのために、一文の要点である主語、述語、目的語を読み取る練習をしてきたのです。

主語は「夫婦は」述語は「していました」なので、一文の要点は「夫婦はしていました」となります。しかし、これだけでは何のことかわかりません。意味が通じるように四つの空所に当てはめて「ライオンの」→「夫婦は」、「昼ねを」→「していました」と言葉を補います。

練習①

1　主語は「リンダは」で、「やさしい」が説明の言葉。述語は「教えます」で、これが一文の要点になります。これだけでは、何を教えたのかがわからないので、ます目にあてはまる言葉をを補って、要約文を作成します。目的語は「とき方を」で、何の解き方かというと、「むずかしい問題」です。

2　「具体」→「抽象」の関係を読み取ったかどうかです。主語は「弟は」で、「わたしの」が説明の言葉。述語が「作っていました」。「むちゅうになって」が説明の言葉。目的語が「ひょう本を」です。これだけだと「弟はひょう本を作っていました」となります。ます目から何の標本かを入れなければならないのですが、「バッタやチョウチョ、トンボにカブトムシ、クワガタ」(具体)→「虫」(抽象)という関係を読み取る必要があります。そこで、「虫」が要点だとわかります。

苦手な子はスパイラル
小2レベル・ステップ4で復習しよう

ステップ4

4-4 文の要約《ようやく》 練《れん》習《しゅう》②

次《つぎ》の文を読んで、後の問題《もんだい》に答えましょう。

1 買物《かいもの》ずきのお父さんが休みにいろいろなものを買ってくると、いつもお母《かあ》さんはうれしそうにその荷物《にもつ》を受《う》けとります。

① 次《つぎ》のます目に当てはまるようにして、文を要約《ようやく》しましょう。

お母さんは、荷物を受けとります。

② 次《つぎ》のます目に当てはまるようにして、文を要約《ようやく》しましょう。

お父さんが、いろいろなものを買ってくると、お母さんは、荷物を受けとります。

2 わたしが夏休みの宿題《しゅくだい》で、みんなでよく遊《あそ》びに行く公園の花の絵をかいたところ、先生がうまくかけたわたしをとてもほめてくれました。

① 次《つぎ》のます目に当てはまるようにして、文を要約《ようやく》しましょう。

先生がわたしをほめてくれました。

② 次《つぎ》のます目に当てはまるようにして、文を要約《ようやく》しましょう。

わたしが絵をかいたら、先生がわたしをほめてくれました。

● おうちのかたへ ●
主語と述語をしっかり理解することが、そのまま文の要点を理解することにつながります。そして、目的語を加えることによって、さらに情報を追加することができます。一文の骨格をしっかりとらえることができるようになるのが目標です。

文の要点の理解
● 読む力 ● 書く力

42

43

練習②

1 ①「買物ずきのお父さんが休みにいろいろなものを買ってくる」と、「いつもお母さんはうれしそうにその荷物を受けとります」という二つの文をつなげた文ですが、全体の主張は後半の文になります。主語が「お母さんは」、述語が「受けとります」。目的語の「荷物を」を補って、後半の文の要点をまとめます。

②前半の主語は「お父さんは」。前半の述語は「買ってきます」ですが、これだけでは何のことかわからないので、「いろいろなものを」と目的語を補います。後半の文の要点と、接続助詞「と」でつないで要点をまとめます。

2 ①要点となる筆者の主張は後半の文に書かれています。主語が「先生が」で、述語が「ほめてくれました」、目的語が「わたしを」です。

②前半の主語が「わたしが」で、述語が「かいた」、目的語が「絵を」。後半の要点とつないでまとめます。

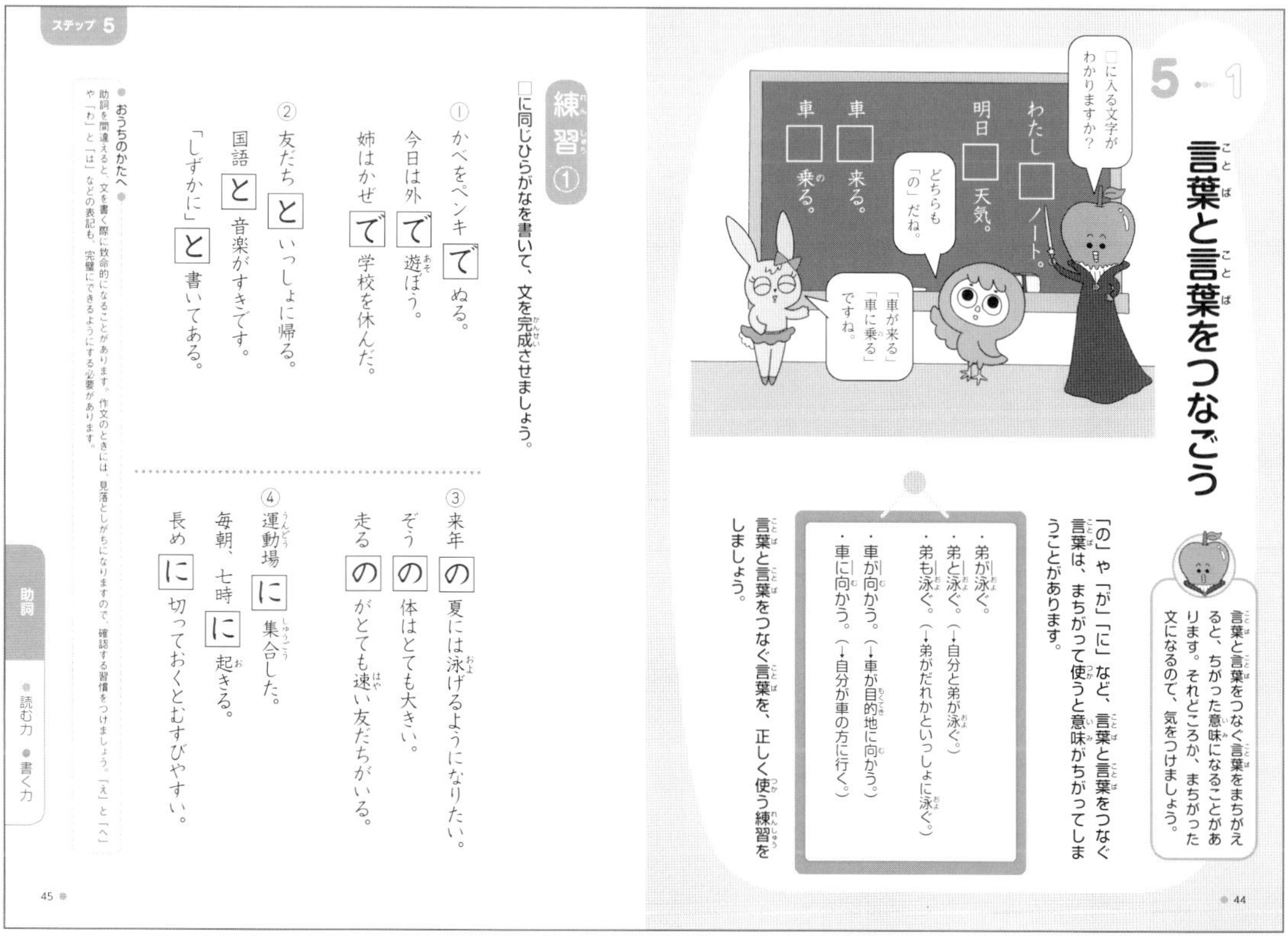
ステップ5

練《れん》習《しゅう》①

□に同じひらがなを書いて、文を完成《かんせい》させましょう。

①かべをペンキ［で］ぬる。
今日は外［で］遊《あそ》ぼう。
姉はかぜ［で］学校を休んだ。

②友だち［と］いっしょに帰る。
国語［と］音楽がすきです。
「しずかに」［と］書いてある。

③来年［の］夏には泳《およ》げるようになりたい。
ぞう［の］体はとても大きい。
走る［の］がとても速《はや》い友だちがいる。

④運動場《うんどうじょう》［に］集合《しゅうごう》した。
毎朝、七時［に］起《お》きる。
長め［に］切っておくとむすびやすい。

●おうちのかたへ●
助詞を間違えると、文を書く際に致命的になることがあります。作文のときには、見落としがちになりますので、確認する習慣をつけましょう。「え」と「へ」や「わ」と「は」などの表記も、完璧にできるようにする必要があります。

助詞　●読む力　●書く力

45

5-1

言葉《ことば》と言葉《ことば》をつなごう

□に入る文字がわかりますか？
わたし□ノート。
明日□天気。
車□来る。
車□乗《の》る。
どちらも「の」だね。
「車が来る」「車に乗《の》る」ですね。

言葉《ことば》と言葉《ことば》をつなぐ言葉《ことば》をまちがえると、ちがった意味《いみ》になることがあります。それどころか、まちがった文になるので、気をつけましょう。

「の」や「が」「に」など、言葉《ことば》と言葉《ことば》をつなぐ言葉《ことば》は、まちがって使《つか》うと意味《いみ》がちがってしまうことがあります。

・弟が泳《およ》ぐ。
・弟と泳《およ》ぐ。（→自分と弟が泳《およ》ぐ。）
・弟も泳《およ》ぐ。（→弟がだれかといっしょに泳《およ》ぐ。）
・車が向《む》かう。（→車が目的《もくてき》地に向《む》かう。）
・車に向《む》かう。（→自分が車の方に行く。）

言葉《ことば》と言葉《ことば》をつなぐ言葉《ことば》を、正しく使《つか》う練習《れんしゅう》をしましょう。

44

ステップ 5-1 言葉と言葉をつなごう

学習のねらい

付属語で活用しない助詞の使い方の学習です。

単語が集まっても、一文を作ることはできません。自立語に付属語がくっついて、あるいは自立語だけで文節を作り、その文節が集まって一文ができるからです。

助詞は基本的に言葉と言葉をつなぐ役割をします。様々な助詞の使い方を一つひとつ練習しますが、あまり文法的な意味にはこだわる必要はありません。なぜなら、私たちは助詞の働きを知らなくても話をしたり、文章を読んだり書いたりしているからです。もし、助詞を使うことができないのなら、話をすることもできないということになります。ただし、間違った使い方をしていれば、それに気づき、修正しない限り、生涯間違ったまま使い続けることになり、大きな損失を被ることになります。さらに助詞のより効果的な使い方がわかると、一ランク上の文章力を修得することができるのです。

練習①

①「ペンキで」と、ぬる方法を表します。「外で」と遊ぶ場所を表します。「かぜで」と、休んだ理由を表します。

②「友だちと」と、帰るという動作の相手を表します。「国語と音楽」と、二つ以上のものを並べます。「しずかにと」と、書いてある内容を表します。

③「来年の夏」「ぞうの体」と、名詞を修飾します（連体修飾）。「走るの（こと）が」と、「走る」という動詞を名詞化します（準体助詞）。

④「運動場に」と、集合する場所を表します。「七時に」と、起きる時間を表します。「長めに」と、「切っておく」動作の行われ方を表します。

苦手な子はスパイラル
小1レベル・ステップ7、小2レベル・ステップ7で復習しよう

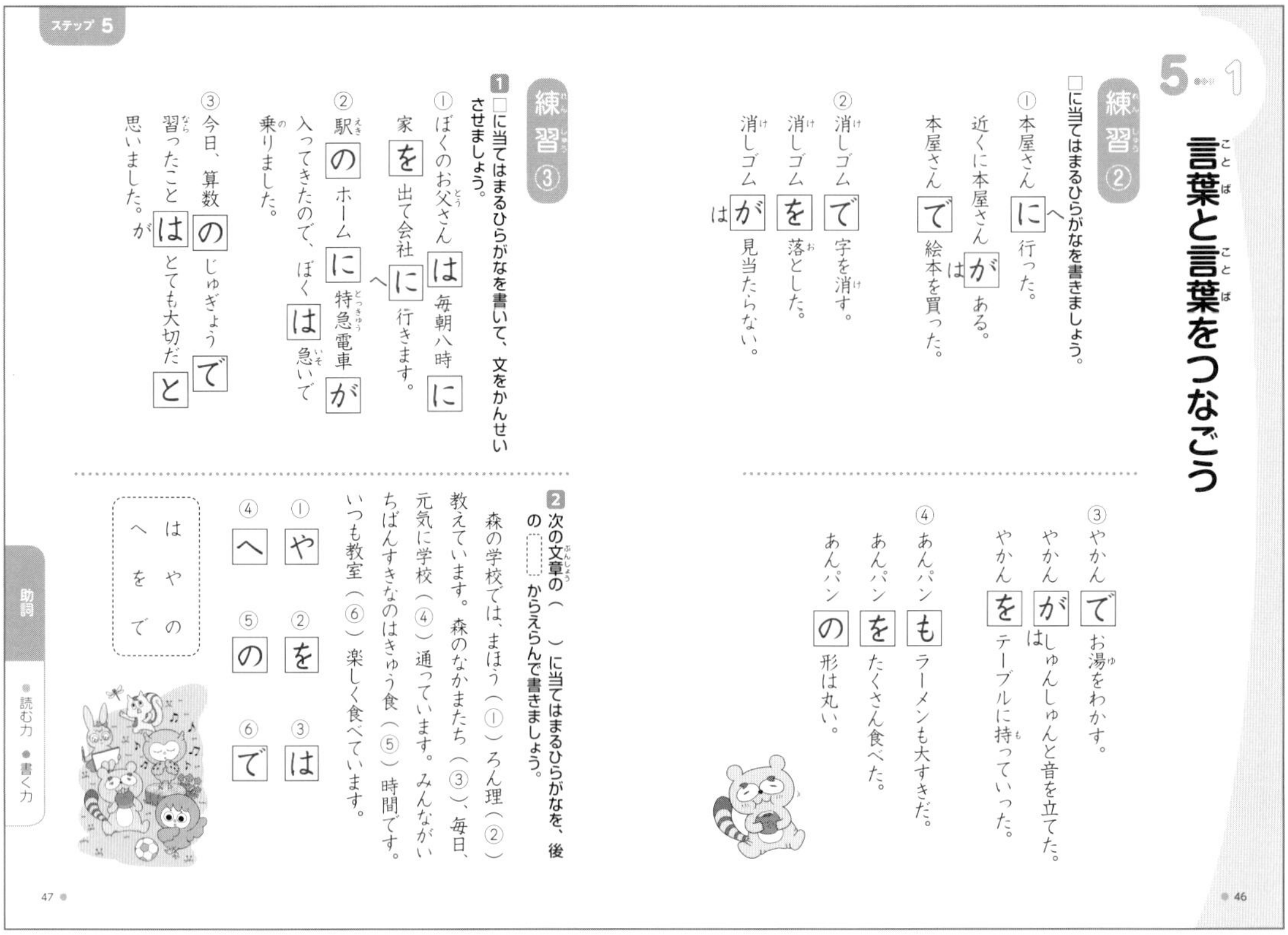

5-1 言葉《ことば》と言葉《ことば》をつなごう

練《れん》習《しゅう》②

□に当てはまるひらがなを書きましょう。

①本屋さん［に］（へ）行った。
近くに本屋さん［が］（は）ある。
本屋さん［で］絵本を買った。

②消《け》しゴム［で］字を消《け》す。
消《け》しゴム［を］落《お》とした。
消《け》しゴム［が］（は）見当たらない。

③やかん［で］お湯《ゆ》をわかす。
やかん［が］（は）しゅんしゅんと音を立てた。
やかん［を］テーブルに持《も》っていった。

④あんパン［も］ラーメンも大すきだ。
あんパン［を］たくさん食べた。
あんパン［の］形は丸い。

46

ステップ 5

練《れん》習《しゅう》③

1 □に当てはまるひらがなを書いて、文をかんせいさせましょう。

①ぼくのお父《とう》さん［は］毎朝八時［に］家［を］出て会社［に］（へ）行きます。

②駅《えき》［の］ホーム［に］特急電車《とっきゅうでんしゃ》［が］入ってきたので、ぼく［は］急《いそ》いで乗《の》りました。

③今日、算数［の］じゅぎょう［で］習《なら》ったこと［は］（が）とても大切だ［と］思いました。

2 次の文章《ぶんしょう》の（　）に当てはまるひらがなを、後の［　］からえらんで書きましょう。

森の学校では、まほう（①）ろん理（②）教えています。森のなかまたち（③）、毎日、元気に学校（④）通っています。みんながいちばんすきなのはきゅう食（⑤）時間です。いつも教室（⑥）楽しく食べています。

①［や］　②［を］　③［は］
④［へ］　⑤［の］　⑥［で］

は　や　の
へ　を　で

助詞
読む力　書く力

47

助詞の使い方をチェックしましょう。

練習②

①一つ目は目標の対象を表す「に」。どこに行くのかというと、「本屋さんに」。「へ」でも正解です。二つ目は主語の「が」。「は」でも正解です。三つ目は場所を表す「で」。

②一つ目は手段、材料を表す「で」。二つ目は目的語の「を」。三つ目は主語の「が」。「は」でも正解です。

③一つ目は手段、材料を表す「で」。二つ目は主語の「が」。「は」でも正解です。三つ目は目的語の「を」。

④一つ目は並立を表す「も」。二つ目は目的語の「を」。三つ目は名詞を修飾する「の」。

練習③

1 ①「お父さんは」は主語。「毎朝八時に」の「に」は時間、「家を」の「を」は目的語。「会社に」は場所を表します。「へ」でも正解です。

②「駅の」は下の名詞を修飾します。「ホームに」は「入ってきた」につながります。「に」は目標の対象を表します。「電車が」「ぼくは」は主語を表します。

③「算数の」は下の名詞を修飾します。「じゅぎょうで」は場面。「ことは」は主語。「が」でも正解です。「大切だと」は、引用の「と」。「〜と言う」「〜と思う」という使い方をします。

2 ①並列を表す「や」。②目的語の「を」。③主語の「は」。④帰着点を表す「へ」。⑤名詞を修飾する「の」。⑥場所を表す「で」。

一応、指導者用に文法的な説明をしましたが、小学三年レベルでは普段の日本語の使い方の中で、正しく助詞が使えているかどうかの確認で十分です。

苦手な子はスパイラル
小1レベル・ステップ7、小2レベル・ステップ7で復習しよう

苦手な子はスパイラル
小2レベル・ステップ8で復習しよう

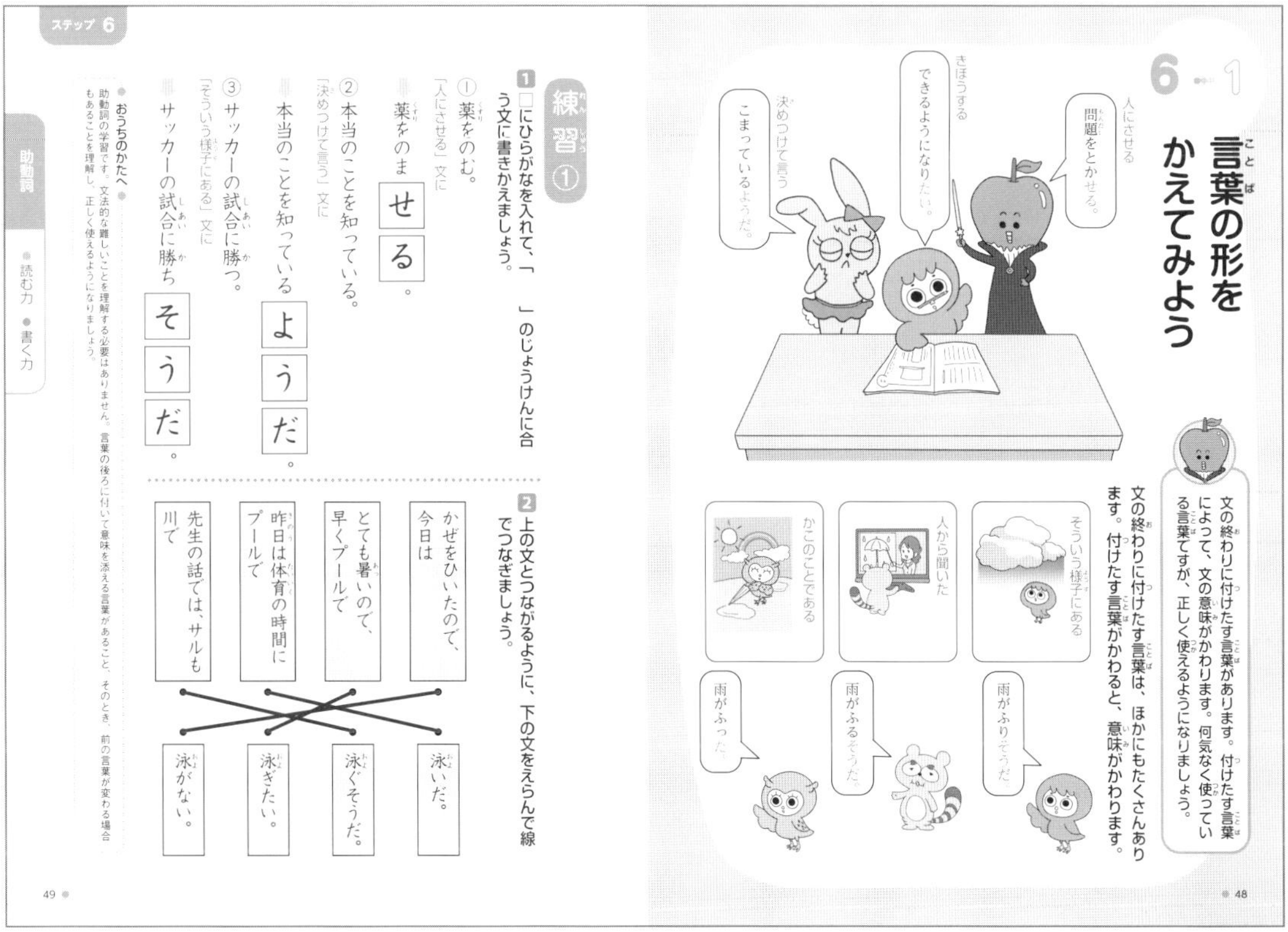
6…1
言葉《ことば》の形をかえてみよう

人にさせる
問題《もんだい》をとかせる。
きぼうする
できるようになりたい。
決めつけて言う
こまっているようだ。

文の終《お》わりに付《つ》けたす言葉《ことば》があります。付《つ》けたす言葉《ことば》によって、文の意味《いみ》がかわります。何気なく使《つか》っている言葉《ことば》ですが、正しく使《つか》えるようになりましょう。

文の終《お》わりに付《つ》けたす言葉《ことば》は、ほかにもたくさんあります。付《つ》けたす言葉《ことば》がかわると、意味《いみ》がかわります。

そういう様子《ようす》にある
雨がふりそうだ。
人から聞いた
雨がふるそうだ。
かこのことである
雨がふった。

48

ステップ6

練《れん》習《しゅう》①

1 □にひらがなを入れて、「　」のじょうけんに合う文に書きかえましょう。

① 薬《くすり》をのむ。
「人にさせる」文に
薬《くすり》をのま せ る 。

② 本当のことを知っている。
「決《き》めつけて言う」文に
本当のことを知っている よ う だ 。

③ サッカーの試合《しあい》に勝《か》つ。
「そういう様子《ようす》にある」文に
サッカーの試合《しあい》に勝《か》ち そ う だ 。

2 上の文とつながるように、下の文をえらんで線でつなぎましょう。

上の文	下の文
かぜをひいたので、今日は	泳《およ》がない。
とても暑《あつ》いので、早くプールで	泳《およ》ぎたい。
昨日《きのう》は体育《たいいく》の時間にプールで	泳《およ》いだ。
先生の話では、サルも川で	泳《およ》ぐそうだ。

おうちのかたへ
助動詞の学習です。文法的な難しいことを理解する必要はありません。言葉の後ろに付いて意味を添える言葉があること、そのとき、前の言葉が変わる場合もあることを理解し、正しく使えるようになりましょう。

助動詞
読む力　書く力

49

ステップ
6…1
言葉の形をかえてみよう

学習のねらい

助動詞の学習です。助動詞は、動詞を助けるという意味です。助動詞の学習ポイントは、次の二つです。

- 用言（述語になる品詞）に意味を加えること。
- 上の動詞などの形を変えてしまうこと。

この二つを頭に置いて、問題を解いていきましょう。

練習①

1 ①「せる」は、人に何かをさせるという使役の意味です。「せる」がつくと、動詞の「のむ」が「のま＋せる」となります。

②「ようだ」は決めつけていう(不確かな断定)ときに使います。「知っている」は「ようだ」がついても形は変わりません。

③「そうだ」はそういう様子にあるときに使います。「そうだ」がつくと動詞の「勝つ」が「勝ち＋そうだ」となります。また、人から聞いたときも「そうだ」を使いますが、上の用言の形は変わりません。

2「かぜをひいたので」とあることから、打ち消しの「ない」。
「とても暑いので」とあることから、希望の「たい」。
「昨日は」とあることから、過去の「だ」。
「先生の話では」とあることから、人から聞いた「そうだ」。

苦手な子はスパイラル

小2レベル・ステップ8で復習しよう

6-1

言葉《ことば》の形をかえてみよう

練《れん》習《しゅう》②

じょうけん に合う文をえらび、記号《きごう》に○をつけましょう。

① じょうけん　そういう様子《ようす》にある場合

(ア) 今にも雪がふりそうだ。
イ　もう雪がふった。
ウ　明日は雪がふるようだ。

② じょうけん　人から聞いた場合

ア　水泳《すいえい》大会はえんきになりそうだ。
イ　水泳《すいえい》大会はえんきになった。
(ウ) 水泳《すいえい》大会はえんきになるそうだ。

③ じょうけん　かこのことである場合

ア　おやつにゼリーを食べたい。
(イ) おやつにゼリーを食べた。
ウ　おやつにゼリーを食べるそうだ。

④ じょうけん　きぼうする場合

ア　冬休みに温泉《おんせん》に行くようだ。
イ　冬休みに温泉《おんせん》に行きます。
(ウ) 冬休みに温泉《おんせん》に行きたい。

⑤ じょうけん　人にさせる場合

ア　ノートに漢字《かんじ》を書いた。
(イ) ノートに漢字《かんじ》を書かせる。
ウ　ノートに漢字《かんじ》を書かない。

⑥ じょうけん　しない場合

(ア) リンダはにんじんを食べない。
イ　リンダはにんじんを食べたい。
ウ　リンダはにんじんを食べそうだ。

⑦ じょうけん　決《き》めつけて言う場合

ア　ビッキーは宿題《しゅくだい》をわすれるそうだ。
イ　ビッキーは宿題《しゅくだい》をわすれます。
(ウ) ビッキーは宿題《しゅくだい》をわすれるようだ。

⑧ じょうけん　ていねいに言う場合

(ア) リンゴ先生がプリントをくばります。
イ　リンゴ先生がプリントをくばらせる。
ウ　リンゴ先生がプリントをくばらない。

● おうちのかたへ ●
助動詞は言葉の後ろに付いて意味を添える働きがあります。どのような意味を添えるのか、普段、何気なく使っていますが、問題を解くことで整理しましょう。

助動詞　● 読む力　● 書く力

練習②

①条件が「そういう様子にある」とあるので、様態のア「そうだ」。イは「過去」。ウは「不確かな断定」。

②条件が「人から聞いた」とあるので、伝聞のウ「そうだ」が答え。「そうだ」には、様態（自分で判断する）と伝聞と二つの意味があります。アは人から聞いた（伝聞）のではなく、自分で判断したことだから、様態。伝聞では「なるそうだ」、様態では「なりそうだ」と、「そうだ」の前の活用形が異なります。イは「過去」。

③条件が「かこのことである」とあるので、過去の助動詞イ「た」。アは「希望」。ウは「伝聞」。

④条件が「きぼうする」とあるので、希望の助動詞ウ「たい」。アは「様態」、イは「丁寧」。

⑤条件が「人にさせる」とあるので、使役のイ「せる」。アは「過去」。ウは「打ち消し」。

⑥条件が「しない」とあるので、打ち消しのア「ない」。イは「希望」。ウは「様態」。

⑦条件が「決めつけて言う」とあるので、不確かな断定のウ「ようだ」。アは「伝聞」。イは「丁寧」。

⑧条件が「ていねいに言う」とあるので、丁寧のア「ます」。イは「使役」。ウは「打ち消し」。

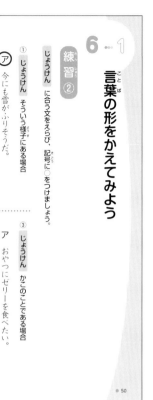

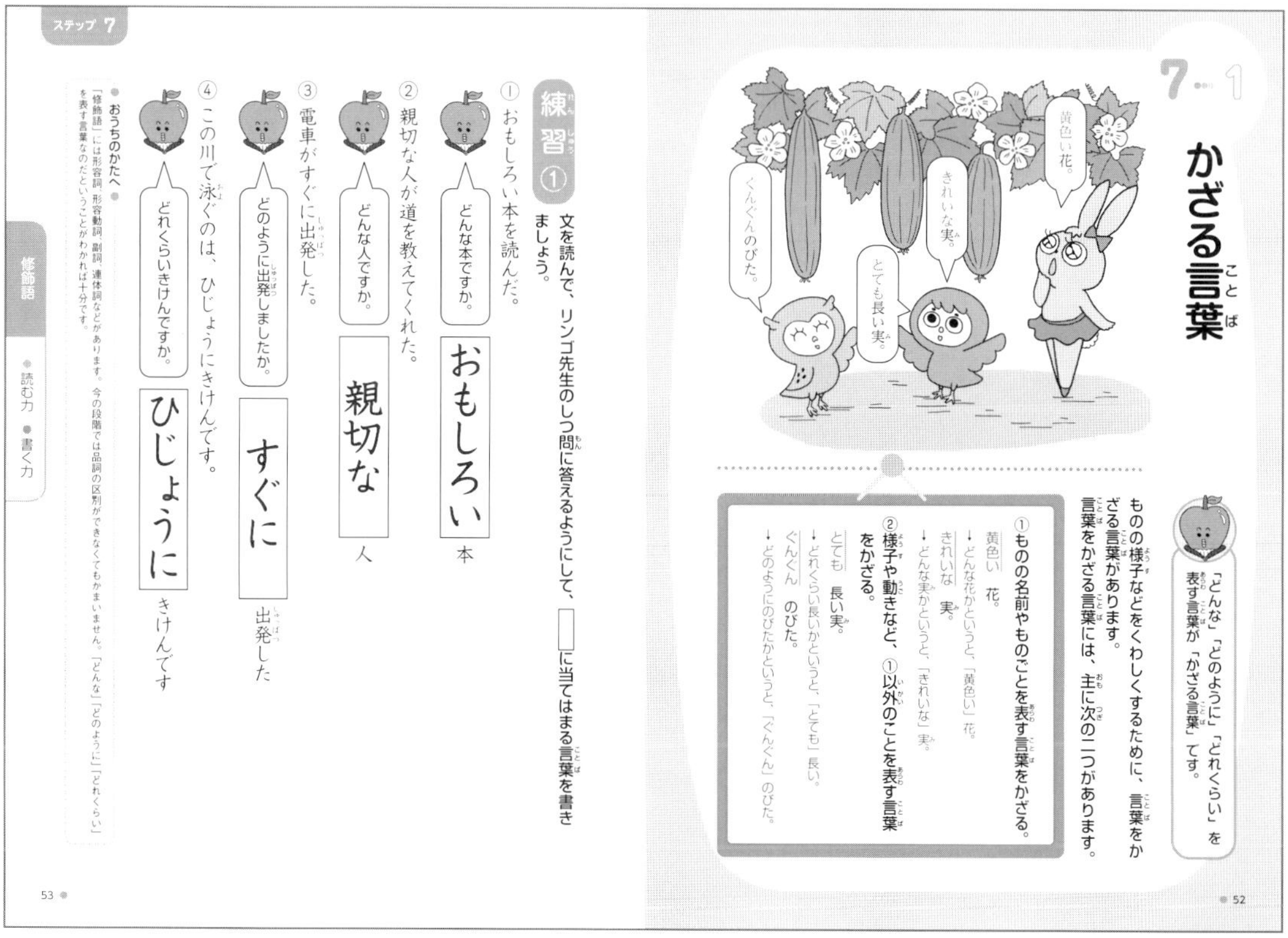

7…1

かざる言葉《ことば》

黄色い花。
きれいな実。
とても長い実。
ぐんぐんのびた。

「どんな」「どのように」「どれくらい」を表《あらわ》す言葉《ことば》が「かざる言葉《ことば》」です。

ものの様子《ようす》などをくわしくするために、言葉《ことば》をかざる言葉《ことば》があります。
言葉《ことば》をかざる言葉《ことば》には、主《おも》に次《つぎ》の二つがあります。

①ものの名前やものごとを表《あらわ》す言葉《ことば》をかざる。
黄色い　花。
↓どんな花かというと、「黄色い」花。
きれいな　実《み》。
↓どんな実《み》かというと、「きれいな」実《み》。

②様子《ようす》や動《うご》きなど、①以外《いがい》のことを表《あらわ》す言葉《ことば》をかざる。
とても　長い実《み》。
↓どれくらい長いかというと、「とても」長い。
ぐんぐん　のびた。
↓どのようにのびたかというと、「ぐんぐん」のびた。

52

ステップ 7

練習《れんしゅう》 ①　文を読んで、リンゴ先生のしつ問《もん》に答えるようにして、□に当てはまる言葉《ことば》を書きましょう。

① おもしろい本を読んだ。
どんな本ですか。
［おもしろい］本

② 親切な人が道を教えてくれた。
どんな人ですか。
［親切な］人

③ 電車がすぐに出発《しゅっぱつ》した。
どのように出発《しゅっぱつ》しましたか。
［すぐに］出発《しゅっぱつ》した

④ この川で泳《およ》ぐのは、ひじょうにきけんです。
どれくらいきけんですか。
［ひじょうに］きけんです

おうちのかたへ
「修飾語」には形容詞、形容動詞、副詞、連体詞などがあります。今の段階では品詞の区別ができなくてもかまいません。「どんな」「どのように」「どれくらい」を表す言葉なのだということがわかれば十分です。

修飾語
読む力　書く力

53

ステップ 7…1

かざる言葉

学習のねらい

名詞を修飾する言葉に形容詞があります。「どんな」と子どもに説明してください。

「赤い車」「白いリボン」「美しい空」など、名詞を説明する言葉で、それを「修飾する言葉」とも言います。

名詞を修飾する言葉には形容動詞もあります。これも「どんな」と子どもに説明してください。

「大きな箱」「しずかな海」「きれいな花」などで、今の段階では形容詞と形容動詞の明確な区別は必要がありません。飾る言葉と、飾られる言葉がわかれば十分です。

なお形容詞と形容動詞は、動詞と共に述語になることができます。名詞を修飾する言葉には、他にも連体詞があります。用言を飾る言葉が副詞と、動詞の連用形です。特に副詞は述語を飾る言葉として、大切な役割を果たします。

「きっとできる」「まるで子どもだ」「とても疲れた」など、述語を飾る言葉で、子どもには「どのように」「どれくらい」と説明してください。

練習①

①目的語の「本を」を「おもしろい」が飾っています。
②主語の「人が」を、「親切な」が飾っています。
③述語の「出発した」を、「すぐに」が飾っています。
④主語が「泳ぐのは」で、述語が「きけんです」。その述語を飾っているのが、「ひじょうに」。

苦手な子はスパイラル
小2レベル・ステップ6（さらに戻るときは小1レベル・ステップ6）で復習しよう

苦手な子はスパイラル
小2レベル・ステップ6（さらに戻るときは小1レベル・ステップ6）で復習しよう

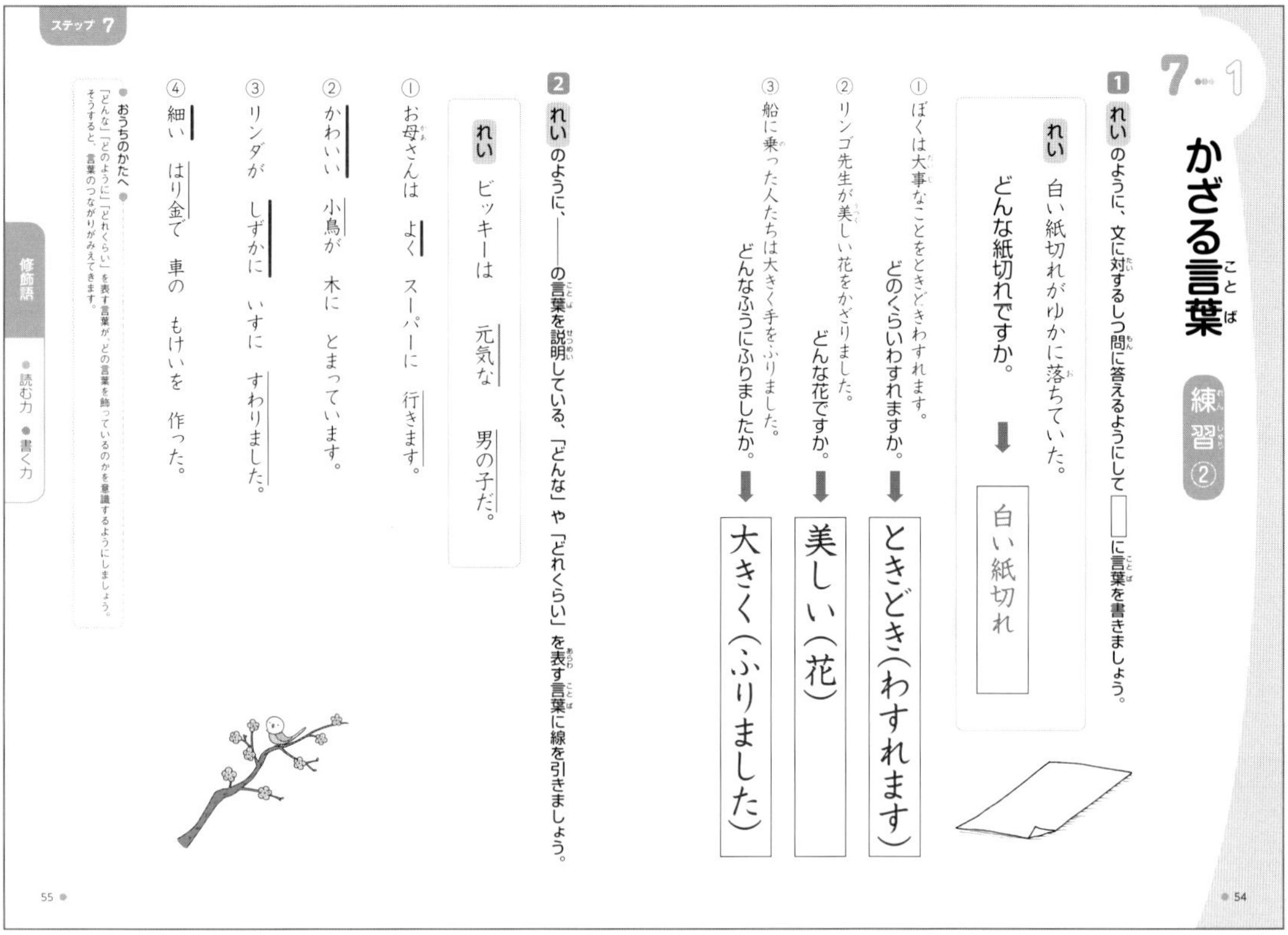
7-1

かざる言葉《ことば》 練《れん》習《しゅう》②

1 **れい** のように、文に対《たい》するしつ問《もん》に答えるようにして□に言葉《ことば》を書きましょう。

れい 白い紙切れがゆかに落《お》ちていた。
どんな紙切れですか。 ➡ 白い紙切れ

① ぼくは大事《だいじ》なことをときどきわすれます。
どのくらいわすれますか。 ➡ ときどき（わすれます）

② リンゴ先生が美《うつく》しい花をかざりました。
どんな花ですか。 ➡ 美しい（花）

③ 船に乗《の》った人たちは大きく手をふりました。
どんなふうにふりましたか。 ➡ 大きく（ふりました）

54

2 **れい** のように、――の言葉《ことば》を説明《せつめい》している、「どんな」や「どれくらい」を表《あらわ》す言葉《ことば》に線を引きましょう。

れい ビッキーは　元気な　男の子だ。

① お母《かあ》さんは　よく　スーパーに　行きます。

② かわいい　小鳥が　木に　とまっています。

③ リンダが　しずかに　いすに　すわりました。

④ 細い　はり金で　車の　もけいを　作った。

おうちのかたへ
「どんな」「どのように」「どれくらい」を表す言葉が、どの言葉を飾っているのかを意識するようにしましょう。そうすると、言葉のつながりがみえてきます。

ステップ 7
修飾語
読む力　書く力

55

練習②

1 ①「ぼくは大事なことをわすれます」が一文の要点で、「どのくらいわすれますか」というと、「ときどき」。

②「リンゴ先生が花をかざりました」が一文の要点で、どのような花かというと、「美しい」。

③「人たちは手をふりました」が一文の要点で、どんなふうにふったのかというと、「大きく」。

このように「ときどき」→「わすれます」、「美しい」→「花」、「大きく」→「ふりました」と、それぞれ述語を飾っています。

2 ここでは一文の中で「飾る言葉」と「飾られる言葉」とを読み取ります。

①「お母さんは行きます。」が一文の要点で、述語の「行きます」を飾っているのは「よく」。

②主語が「小鳥が」で、述語が「とまっています」。「小鳥が」をかざっているのは、「かわいい」。わからなかったら、「どんな小鳥？」と聞いてみてください。

③「リンダがすわりました」が一文の要点。どのように「すわりました」かというと、「しずかに」→「すわりました」。そこで、「しずかに」が「すわりました」を飾る言葉。

④述語が「作った」で、目的語が「もけいを」。主語は「わたしは」で、省略されています。「はり金を」を飾っているのは、「細い」。「どんなはり金？」と聞いてみてください。

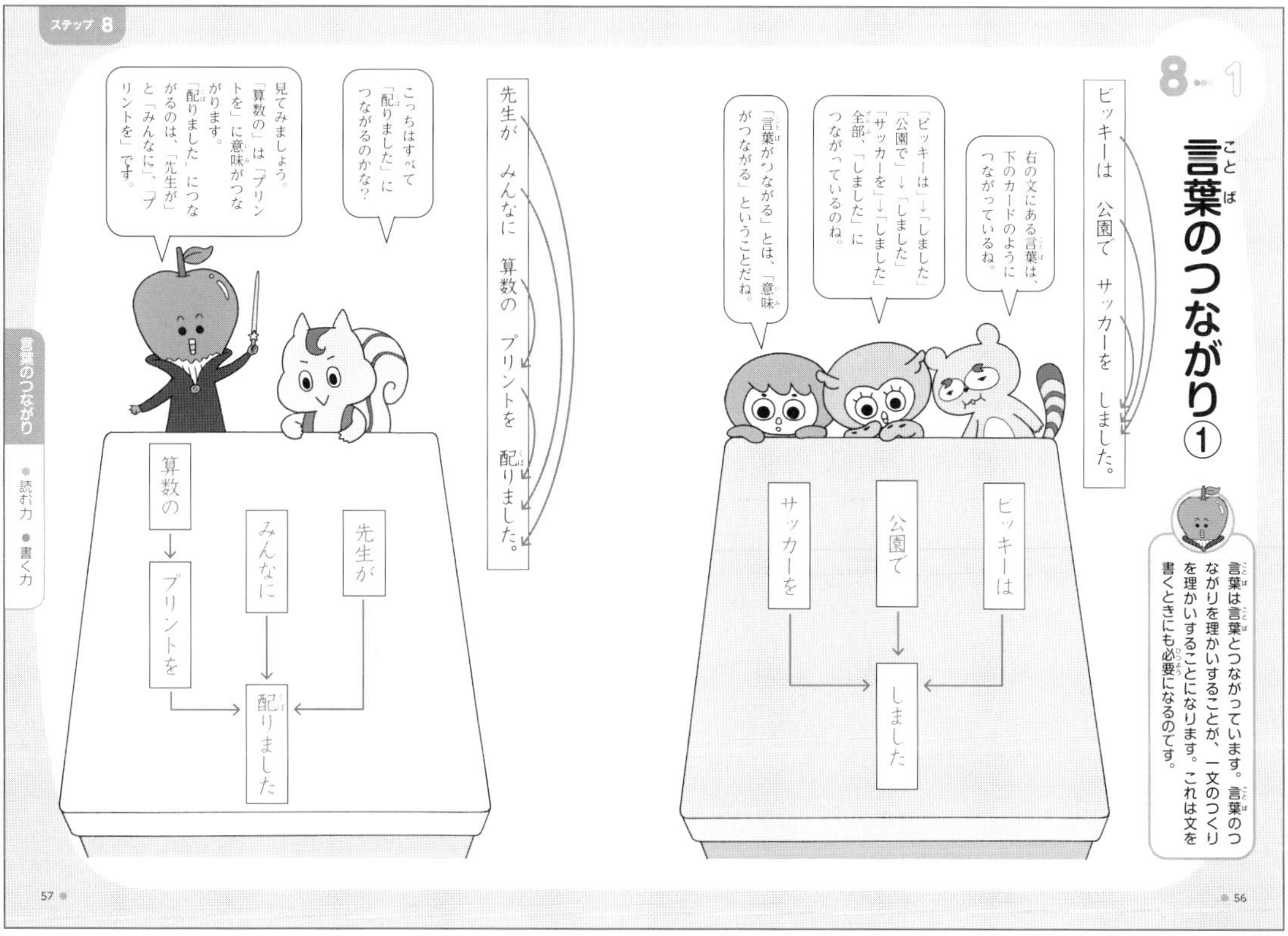

8…1

言葉《ことば》のつながり①

ビッキーは　公園で　サッカーを　しました。

言葉《ことば》は言葉《ことば》とつながっています。言葉《ことば》のつながりを理かいすることが、一文のつくりを理かいすることになります。これは文を書くときにも必要《ひつよう》になるのです。

右の文にある言葉《ことば》は、下のカードのようにつながっているね。

「ビッキーは」↓「しました」
「公園で」↓「しました」
「サッカーを」↓「しました」
全部《ぜんぶ》、「しました」につながっているのね。

「言葉《ことば》がつながる」とは、「意味《いみ》がつながる」ということだね。

ビッキーは
公園で
サッカーを
しました

56

ステップ 8

言葉のつながり

● 読む力　● 書く力

先生が　みんなに　算数の　プリントを　配《くば》りました。

こっちはすべて「配《くば》りました」につながるのかな？

見てみましょう。「算数の」は「プリントを」に意味《いみ》がつながります。「配《くば》りました」につながるのは、「先生が」と「みんなに」、「プリントを」です。

算数の
プリントを
みんなに
先生が
配《くば》りました

57

ステップ
8…1
言葉のつながり①

学習のねらい

一つ一つの言葉は他の言葉とつながっています。どの言葉がどの言葉とつながっているのか、丁寧に確認していきましょう。すると、言葉が集まって、どのように一文を形成しているのかがわかってきます。

例題では、カードに言葉（文節）が並べられています。しっかりと意味を考えて、言葉のつながりを確かめてください。

「ビッキーは」↓「しました」は主語と述語の関係でつながっています。「公園で」↓「しました」。「サッカーを」↓「しました」は目的語と述語の関係でつながっています。

「先生が」↓「配りました」が主語と述語の関係で、「プリントを」が目的語。「算数の」↓「プリントを」↓「配りました」とつながります。

苦手な子はスパイラル

小2レベル・ステップ5、ステップ6で復習しよう

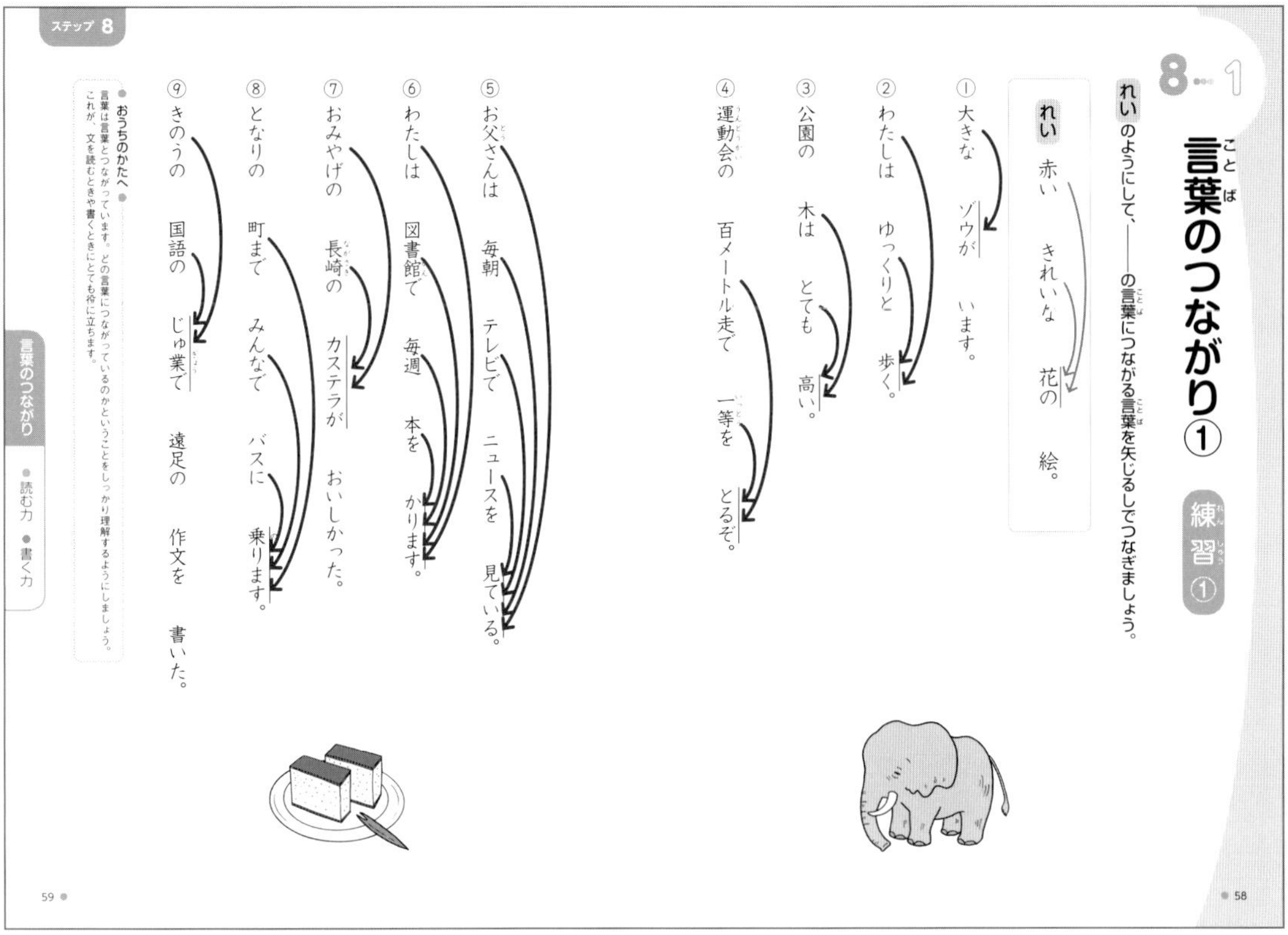

8-1

言葉《ことば》のつながり①

練《れん》習《しゅう》①

れいのようにして、――の言葉《ことば》につながる言葉《ことば》を矢じるしでつなぎましょう。

れい　赤い　きれいな　花の　絵。

① 大きな　ゾウが　います。

② わたしは　ゆっくりと　歩く。

③ 公園の　木は　とても　高い。

④ 運動会《うんどうかい》の　百メートル走で　一等《いっとう》を　とるぞ。

⑤ お父《とう》さんは　毎朝　テレビで　ニュースを　見ている。

⑥ わたしは　図書館《かん》で　毎週　本を　かります。

⑦ おみやげの　長崎《ながさき》の　カステラが　おいしかった。

⑧ となりの　町まで　みんなで　バスに　乗《の》ります。

⑨ きのうの　国語の　じゅ業《ぎょう》で　遠足の　作文を　書いた。

● おうちのかたへ ●
言葉は言葉とつながっています。どの言葉につながっているのかということをしっかり理解するようにしましょう。これが、文を読むときや書くときにとても役に立ちます。

ステップ8　言葉のつながり　●読む力　●書く力

58　59

「言葉のつながり」はとにかく数多くの練習を積むことでしだいにわかってくるものです。一つ一つ丁寧に、手を動かして、矢印を引いていきましょう。

練習①

傍線部とつながる言葉はどれか、じっくりと意味を考えていきましょう。

また、主語は述語につながっています。そのことが理解できると言葉のつながりがわかりやすくなります。

①「大きな」が「ゾウが」を説明しています。

②「わたしは」→「歩く」と、主語と述語がつながっています。「ゆっくりと」は「歩く」を説明する言葉です。

③「木は」→「高い」が主語と述語の関係です。「とても」は「高い」を説明する言葉です。

④「一等を」→「とるぞ」と目的語と述語の関係です。実は、目的語も述語につながっています。「百メートル走で」は「とるぞ」を説明する言葉です。

⑤「お父さんは」→「見ている」が主語と述語の関係です。「ニュースを」→「見ている」が目的語と述語の関係です。「毎朝」と「テレビで」は「見ている」を説明する言葉です。

⑥「わたしは」→「かります」が主語と述語の関係、「本を」→「かります」が目的語と述語の関係です。「図書館で」「毎週」はともに「かります」を説明する言葉です。

⑦「おみやげの」「長崎の」はともに「カステラが」を説明する言葉です。

⑧「となりの」は「町まで」を説明する言葉。それ以外の「町まで」「みんなで」「バスに」はすべて「乗ります」につながっています。

⑨述語は「書いた」で、主語は省略されています。「きのうの」と「国語の」は「じゅ業で」を説明する言葉です。「じゅ業で」は「書いた」につながっています。

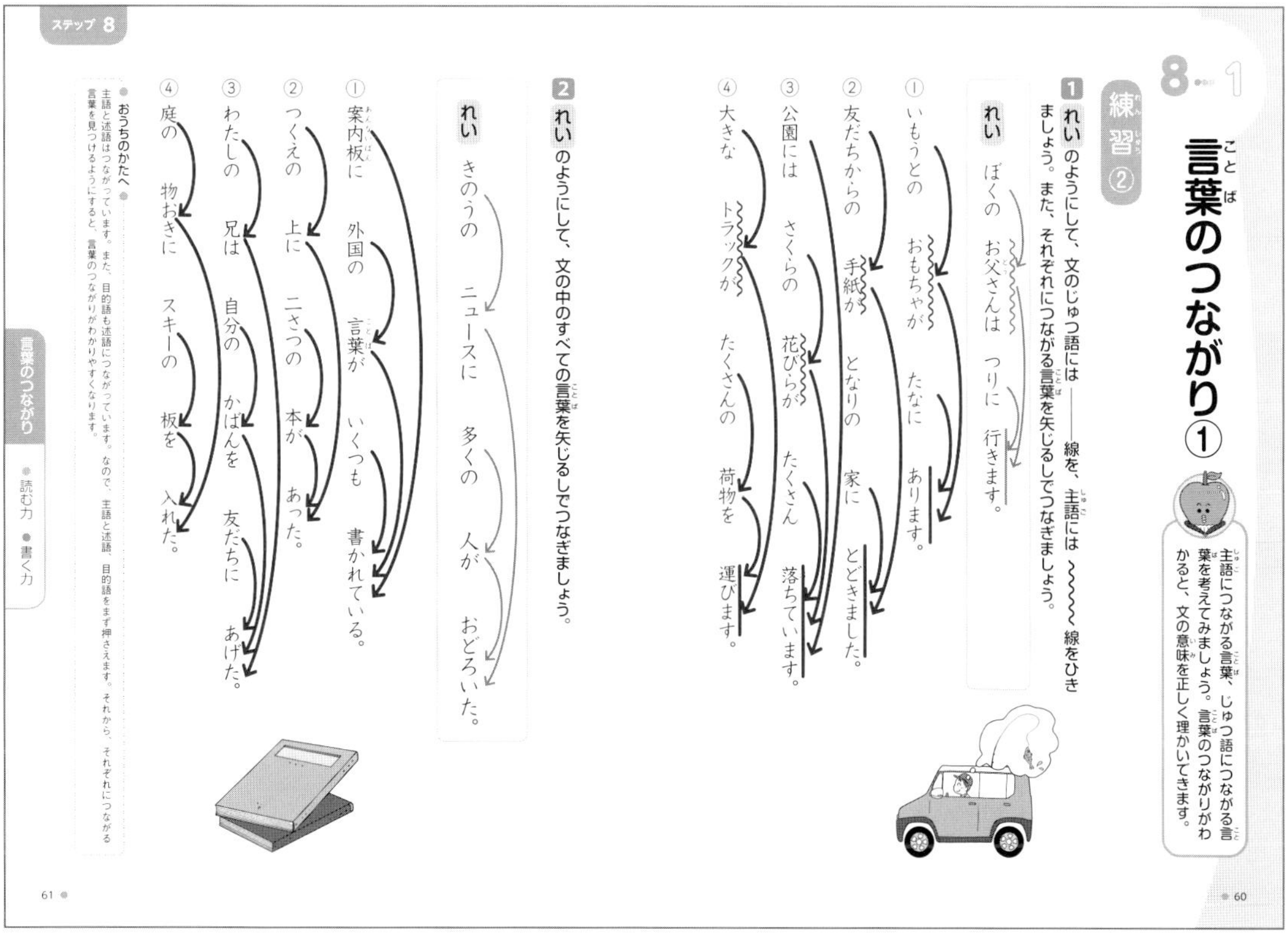

8-1

言葉《ことば》のつながり①

主語《しゅご》につながる言葉《ことば》、じゅつ語につながる言《こと》葉《ば》を考えてみましょう。言葉《ことば》のつながりがわかると、文の意味《いみ》を正しく理かいできます。

練《れん》習《しゅう》②

1 れい のようにして、文のじゅつ語には ―― 線を、主語《しゅご》には 〰〰 線をひきましょう。また、それぞれにつながる言葉《ことば》を矢じるしでつなぎましょう。

れい ぼくの お父《とう》さんは つりに 行きます。

① いもうとの おもちゃが たなに あります。

② 友だちからの 手紙が となりの 家に とどきました。

③ 公園には さくらの 花びらが たくさん 落ちています。

④ 大きな トラックが たくさんの 荷物を 運びます。

60

ステップ 8

2 れい のようにして、文の中のすべての言葉《ことば》を矢じるしでつなぎましょう。

れい きのうの ニュースに 多くの 人が おどろいた。

① 案内板《あんないばん》に 外国の 言葉《ことば》が いくつも 書かれている。

② つくえの 上に 二さつの 本が あった。

③ わたしの 兄は 自分の かばんを 友だちに あげた。

④ 庭の 物おきに スキーの 板を 入れた。

● おうちのかたへ ●

主語と述語はつながっています。また、目的語も述語につながっています。なので、主語と述語、目的語をまず押さえます。それから、それぞれにつながる言葉を見つけるようにすると、言葉のつながりがわかりやすくなります。

言葉のつながり

● 読む力 ● 書く力

61

練習②

1 「言葉のつながり」の練習ですが、さらに難易度がアップします。まず一文の要点である主語と述語をつかまえます。もちろん、主語は述語とつながっています。さらに主語と述語をどのような言葉が飾っているかを考えます。すると、主語につながる言葉、述語につながる言葉がわかります。

①「おもちゃが」↓「あります」が主語と述語の関係。「いもうとの」↓「おもちゃが」、「たなに」↓「あります」とつながります。

②「手紙が」↓「とどきました」が主語と述語の関係。「友だちからの」↓「手紙が」、「家に」↓「とどきました」とつながります。

③「花びらが」↓「落ちています」が主語と述語の関係。「さくらの」↓「花びらが」、「公園には」↓「落ちています」、「たくさん」↓「落ちています」とつながります。

④「トラックが」↓「運びます」が主語と述語の関係。「大きな」↓「トラックが」、「たくさんの」↓「荷物を」、「荷物を」↓「運びます」とつながります。

2 すべての言葉のつながりを確認しましょう。「はい」とか「やあ」といった独立語である感動詞以外、すべての言葉は必ず他の言葉とつながっていることがわかります。

①「言葉が」↓「書かれている」が主語と述語の関係。「外国の」↓「言葉が」、「案内板に」↓「書かれている」、「いくつも」↓「書かれている」とつながります。

②「本が」↓「あった」が主語と述語の関係。「つくえの」↓「上に」↓「あった」、「二さつの」↓「本が」とつながります。

③「兄は」↓「あげた」が主語と述語の関係。「かばんを」↓「あげた」が目的語と述語の関係。「わたしの」↓「兄は」、「じぶんの」↓「かばんを」、「ともだちに」↓「あげた」とつながります。

④述語は「入れた」で、主語は省略されています。「庭の」↓「物おきに」、「物おきに」↓「入れた」、「スキーの」↓「板を」↓「入れた」とつながります。

苦手な子はスパイラル

小2レベル・ステップ5、6−1、小3レベル・ステップ4−1で復習しよう

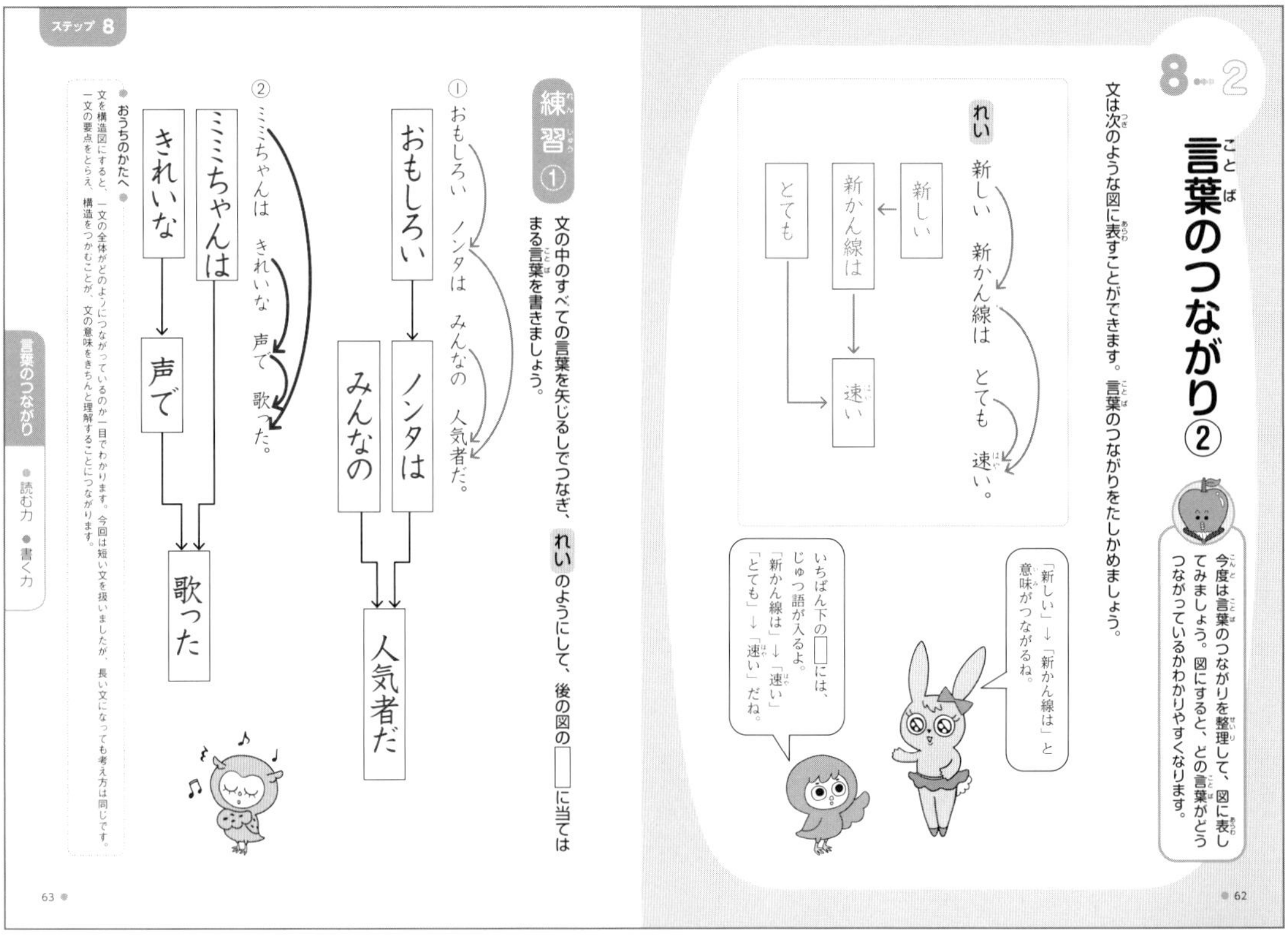

8・2

言葉《ことば》のつながり②

今度《こんど》は言葉《ことば》のつながりを整理《せいり》して、図に表《あらわ》してみましょう。図にすると、どの言葉《ことば》がどうつながっているかわかりやすくなります。

文は次《つぎ》のような図に表《あらわ》すことができます。言葉《ことば》のつながりをたしかめましょう。

れい　新しい　新かん線は　とても　速《はや》い。

新しい → 新かん線は → 速《はや》い
とても → 速《はや》い

「新しい」→「新かん線は」と意味《いみ》がつながるね。

いちばん下の□には、じゅつ語が入るよ。「新かん線は」→「速《はや》い」「とても」→「速《はや》い」だね。

62

ステップ 8

練《れん》習《しゅう》①　文の中のすべての言葉を矢じるしでつなぎ、れいのようにして、後の図の□に当てはまる言葉《ことば》を書きましょう。

①　おもしろい　ノンタは　みんなの　人気者だ。

おもしろい → ノンタは → 人気者だ
みんなの → 人気者だ

②　ミミちゃんは　きれいな　声で　歌った。

ミミちゃんは → 歌った
きれいな → 声で → 歌った

● おうちのかたへ ●
文を構造図にすると、一文の全体がどのようにつながっているのか一目でわかります。今回は短い文を扱いましたが、長い文になっても考え方は同じです。一文の要点をとらえ、構造をつかむことが、文の意味をきちんと理解することにつながります。

言葉のつながり　● 読む力　● 書く力

63

ステップ 8…2

言葉のつながり②

一つの文は要点となる主語と述語、目的語と、それらを説明する飾りの言葉とで成り立っています。さらに、すべての言葉は他の言葉とつながっています。今までに学習したことを踏まえて、一文の構造図を作成してみましょう。

一つの文がいかに日本語の規則によってできあがっているのか、一目でわかるようになります。

品詞の一つに感動詞があります。これは独立語、つまり、他の言葉とつながらない言葉のことで、「はい」や「やあ」などがそれに当たります。

逆にいうと、文中の言葉は、感動詞以外すべての言葉が他の言葉と意味上のつながりを持っているということです。

練習①

①「ノンタは」や「人気者だ」が、主語と述語のつながり。「おもしろい」は「ノンタは」を説明する言葉、「みんなの」は「人気者だ」を説明する言葉で、それぞれつながっています。

②「ミミちゃんは」→「歌った」が主語と述語のつながり。「きれいな」→「声で」が「歌った」を説明する言葉で、つながっています。

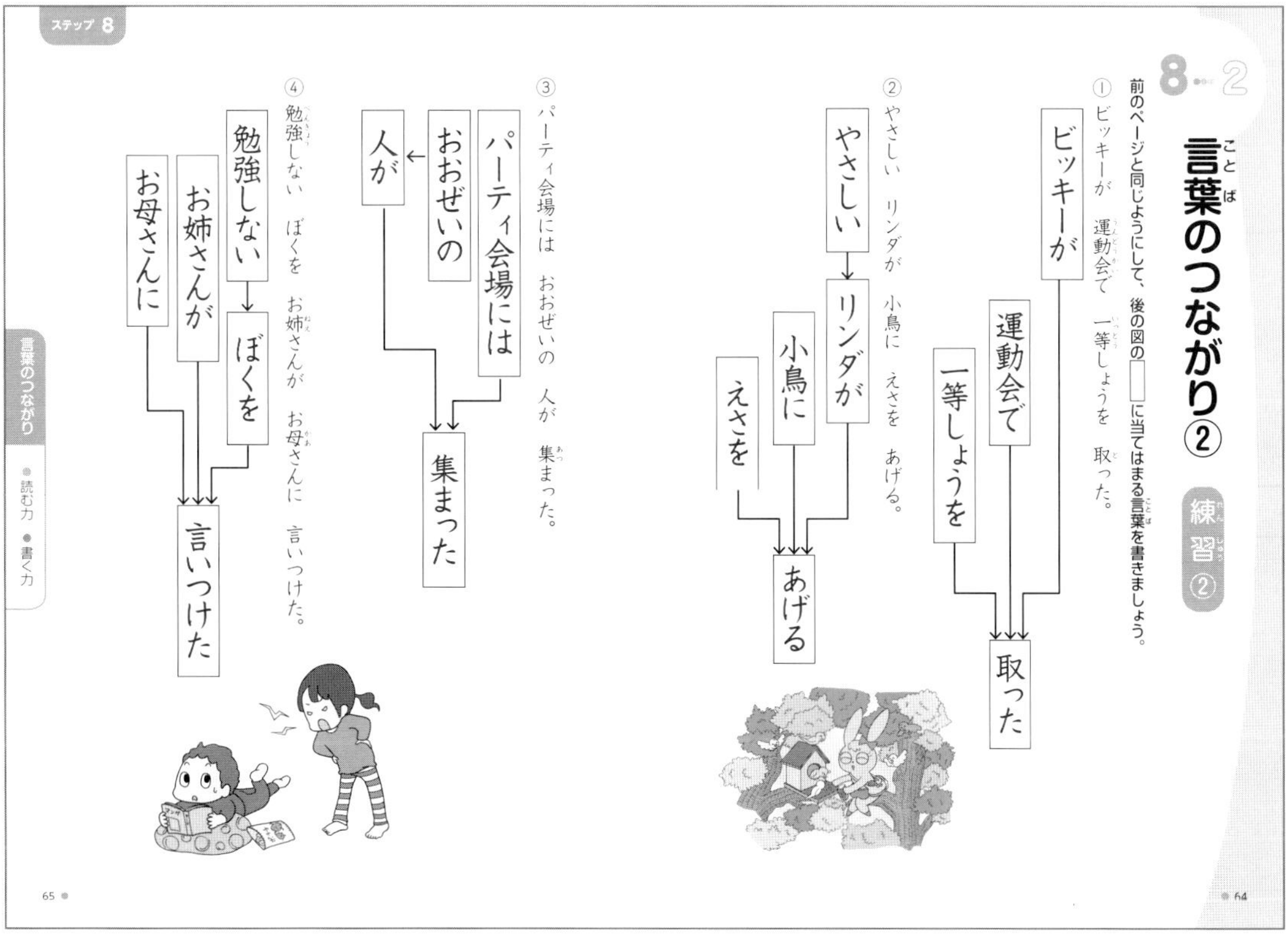

ステップ 8

8-2

言葉《ことば》のつながり②

練習②

前のページと同じようにして、後の図の□に当てはまる言葉《ことば》を書きましょう。

①ビッキーが　運動会《うんどうかい》で　一等《いっとう》しょうを　取《と》った。

ビッキーが／運動会で／一等しょうを　→　取った

②やさしい　リンダが　小鳥に　えさを　あげる。

やさしい　→　リンダが／小鳥に／えさを　→　あげる

③パーティ会場には　おおぜいの　人が　集《あつ》まった。

パーティ会場には／おおぜいの　→　人が　→　集まった

④勉強《べんきょう》しない　ぼくを　お姉《ねえ》さんが　お母《かあ》さんに　言いつけた。

勉強しない　→　ぼくを／お姉さんが／お母さんに　→　言いつけた

言葉のつながり

●読む力　●書く力

64　65

練習②

①主語が「ビッキーが」で、述語が「取った」。「運動会で」→「取った」、「一等しょうを」→「取った」とつながっています。

②主語が「リンダが」で、述語が「あげる」。「やさしい」はリンダを説明する言葉です。「やさしい」→「リンダが」、「小鳥に」→「あげる」、「えさを」→「あげる」とつながっています。

③主語が「人が」で、述語が「集まった」。「パーティ会場には」→「集まった」、「おおぜいの」→「人が」とつながります。矢印に従って読むと、「パーティ会場には」→「集まった」、「おおぜいの」→「人が」→「集まった」と、言葉がどのようにつながっているかがわかります。

④主語が「お姉さんが」で、述語が「言いつけた」。「勉強しない」→「ぼくを」→「言いつけた」、「お姉さんが」→「言いつけた」、「お母さんに」→「言いつけた」とつながります。

9…1

文を書きかえよう①

二つの文を一つにまとめたり、言葉《ことば》のじゅん番を入れかえたりできると、書く力がつきます。

● 二つの文を一つの文にまとめることができます。

ぼくは、ハンバーグとグラタンがすきです。

● 次《つぎ》のように文の主語《しゅご》をかえることもできます。

運動会《うんどうかい》が明日行われます。 ⇐ 明日行われるのは運動会《うんどうかい》です。

● 後の文に続《つづ》くように、□に文を入れるためには、最初《さいしょ》の文の形をかえる必要《ひつよう》があります。

お父《とう》さんが魚をつってきた。 ⇐ お父《とう》さんがつってきた魚 を料理《りょうり》した。

練《れん》習《しゅう》

1 文の主語《しゅご》をかえて、文を書きかえましょう。

① ぼくたちの学校は、高いおかにあります。 ⇐ 高いおかにあるのは、ぼくたちの学校です。

② 大きなトンボをお兄《にい》さんがつかまえた。 ⇐ お兄《にい》さんがつかまえたのは 大きなトンボです。

2 後の文に続《つづ》くように、最初《さいしょ》の文の形をかえて□に入れましょう。

① 学校で歌を習《なら》った。 ⇐ 学校で習った歌 がテレビで流《なが》れた。

② お母《かあ》さんがおいしいおべんとうを作った。 ⇐ お母さんが作ったおいしいおべんとう を家にわすれてきた。

● おうちのかたへ ●
文を書き換える練習は、主語・述語、助動詞・助詞の使い方、言葉のつながりの、より深い理解につながります。

文の書きかえ ● 書く力

ステップ

9…1 文を書きかえよう①

学習のねらい

文を書き換える練習ですが、その際、言葉の規則を意識しなければなりません。さらに文を変形することは、記述式問題の解答を作成するときや、作文を書く上で自由に表現する力となるのです。

二番目の例題は語順を入れ替える問題です。語順を入れ替えることで、強調するものが「運動会」になります。

次に、文を名詞化する練習です。実は、記述問題の答案作成では、問題文中の語句を抜き出して、それを名詞化することが多いのです。そこで、この名詞化する練習を今からしっかりしておきましょう。

練習

1 語順を入れ替える問題です。

①主語を入れ替えます。すると、「ぼくたちの学校」を強調した文になります。

②主語を「お兄さんがつかまえたのは」に変えることで、「大きなトンボ」を強調した文になります。

2 文を名詞化する練習です。

①あとの文から□に入る主語は「歌」だとわかります。

②あとの文から□に入る目的語は「おべんとう」だとわかります。

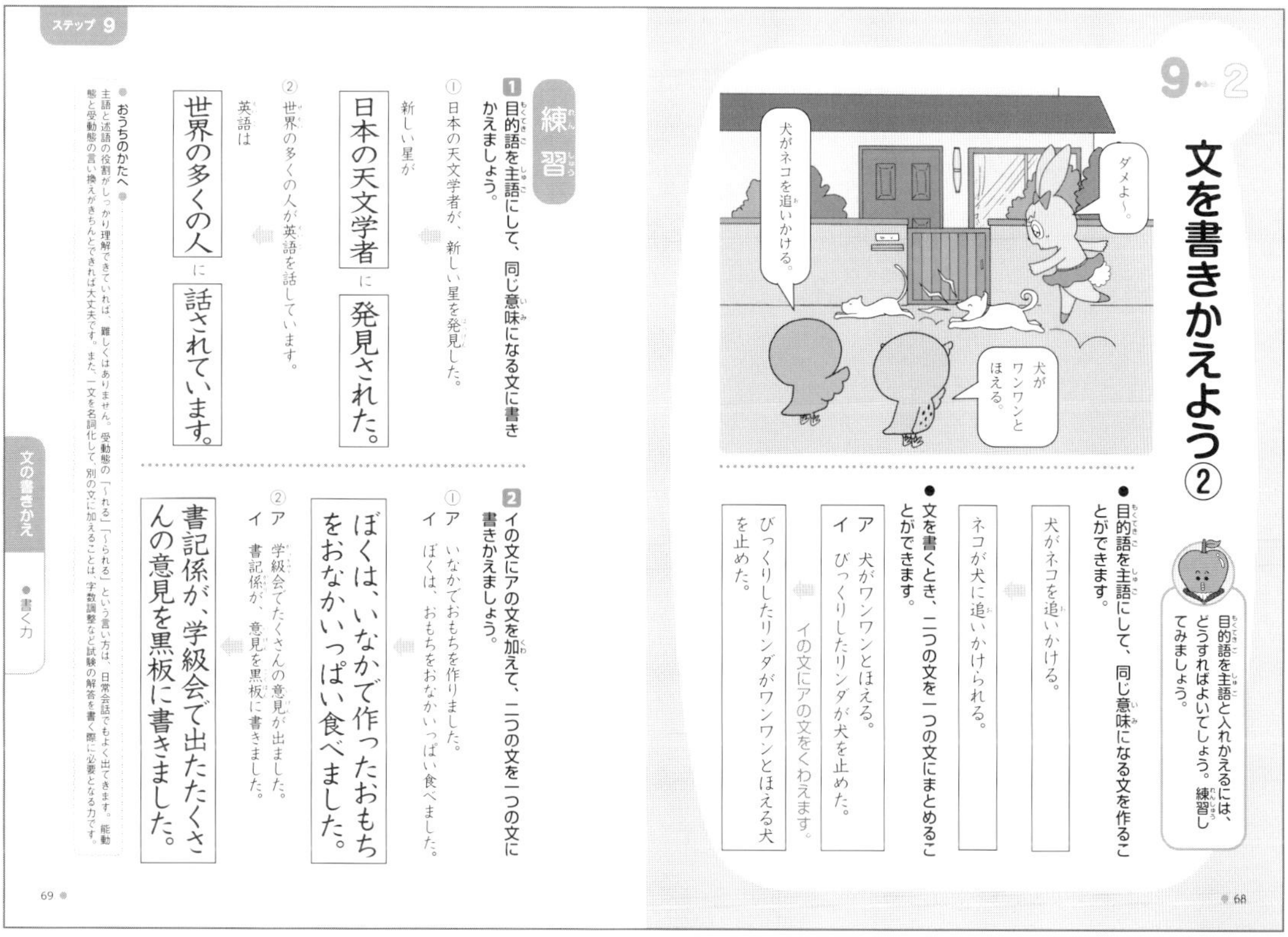

9-2

文を書きかえよう②

目的語《もくてきご》を主語《しゅご》と入れかえるには、どうすればよいでしょう。練習《れんしゅう》してみましょう。

● 目的語《もくてきご》を主語《しゅご》にして、同じ意味《いみ》になる文を作ることができます。

犬がネコを追《お》いかける。

⇦

ネコが犬に追《お》いかけられる。

● 文を書くとき、二つの文を一つの文にまとめることができます。

ア　犬がワンワンとほえる。
イ　びっくりしたリンダが犬を止めた。

⇦ イの文にアの文をくわえます。

びっくりしたリンダがワンワンとほえる犬を止めた。

68

ステップ 9

練《れん》習《しゅう》

1 目的語《もくてきご》を主語《しゅご》にして、同じ意味《いみ》になる文に書きかえましょう。

① 日本の天文学者が、新しい星を発見《はっけん》した。

新しい星が

⇦

日本の天文学者 に 発見された。

② 世界《せかい》の多くの人が英語《えいご》を話しています。

英語は

⇦

世界の多くの人 に 話されています。

2 イの文にアの文を加《くわ》えて、二つの文を一つの文に書きかえましょう。

① ア　いなかでおもちを作りました。
イ　ぼくは、おもちをおなかいっぱい食べました。

⇦

ぼくは、いなかで作ったおもちをおなかいっぱい食べました。

② ア　学級会《がっきゅうかい》でたくさんの意見《いけん》が出ました。
イ　書記係《かかり》が、意見《いけん》を黒板《こくばん》に書きました。

⇦

書記係が、学級会で出たたくさんの意見を黒板に書きました。

● おうちのかたへ ●
主語と述語の役割がしっかり理解できていれば、難しくはありません。受動態の「～れる」「～られる」という言い方は、日常会話でもよく出てきます。能動態と受動態の言い換えがきちんとできれば大丈夫です。また、一文を名詞化して、別の文に加えることは、字数調整など試験の解答を書く際に必要となる力です。

文の書きかえ　● 書く力

69

ステップ 9-2 文を書きかえよう②

学習のねらい

目的語を主語と入れ替える練習です。

目的語である「ネコ」を主語にすると、「ネコが」となります。すると、それに合わせて述語である「追いかける」を、「追いかけられる」と変えなければなりません。その時、受け身の助動詞「れる」を使います。

次の例文は二文を一文にするものです。**ア**を「犬」を説明する語句に変形して、**イ**に加えます。

練習

1 能動態→受動態の練習です。

① 「発見された」と受け身にするのですが、その際「日本の天文学者に」と助詞が「が」から「に」に変わることに注意。

② 「話されています」と受け身形にして、「世界の多くの人に」と助詞を変えます。

2 二文を一文にする問題です。

① 「**イ**の文に**ア**の文を加え」という指示に注意してください。**イ**の文の骨子を変えることはできません。まず**ア**と**イ**の共通する言葉に着目しましょう。「おもち」が共通なので、**ア**を「いなかで作ったおもちを」と、「おもち」を説明する語句に変形して、それを**イ**に加えます。

② 共通する言葉は、「意見」。そこで、**ア**を「学級会で出たたくさんの意見」と、「意見」を説明する語句に変形して、それを**イ**に加えます。「学級会でたくさん出た意見」とすると、学級会で出た意見の中のたくさんのものという意見になり、意味が少しずれます。

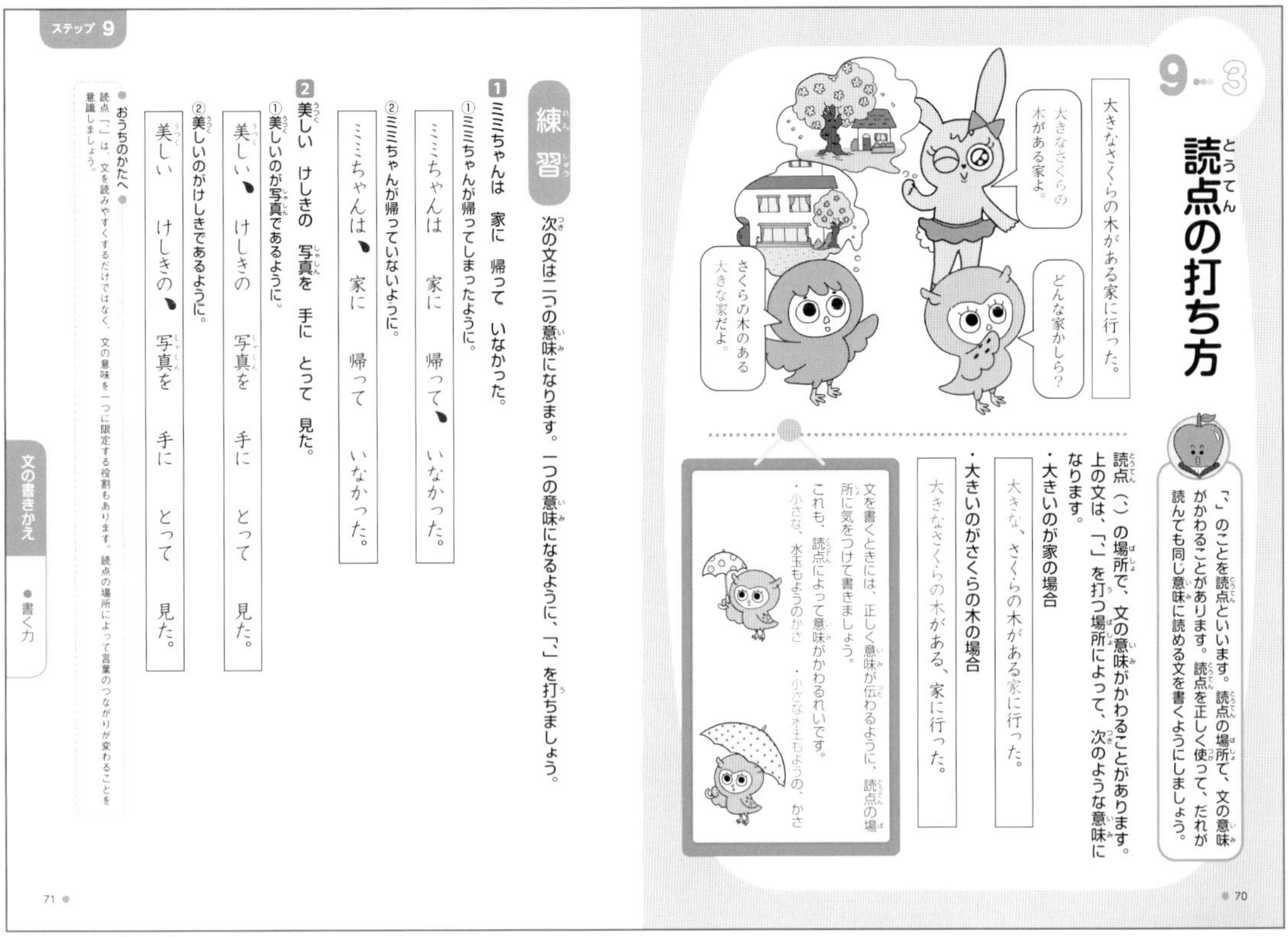

9…3

読点《とうてん》の打ち方

大きなさくらの木がある家に行った。

大きなさくらの木がある家よ。
どんな家かしら?
さくらの木のある大きな家だよ。

「、」のことを読点《とうてん》といいます。読点《とうてん》の場所《ばしょ》で、文の意味《いみ》がかわることがあります。読点《とうてん》を正しく使《つか》って、だれが読んでも同じ意味《いみ》に読める文を書くようにしましょう。

読点《とうてん》(、)の場所《ばしょ》で、文の意味《いみ》がかわることがあります。上の文は、「、」を打《う》つ場所《ばしょ》によって、次《つぎ》のような意味《いみ》になります。

・大きいのが家の場合

大きな、さくらの木がある家に行った。

・大きいのがさくらの木の場合

大きなさくらの木がある、家に行った。

文を書くときには、正しく意味《いみ》が伝《つた》わるように、読点《とうてん》の場所《ばしょ》に気をつけて書きましょう。

これも、読点《とうてん》によって意味《いみ》がかわるれいです。

・小さな、水玉もようのかさ　・小さな水玉もようの、かさ

70

ステップ 9

練《れん》習《しゅう》　次《つぎ》の文は二つの意味《いみ》になります。一つの意味《いみ》になるように、「、」を打《う》ちましょう。

1 ミミちゃんは　家に　帰って　いなかった。

①ミミちゃんが帰ってしまったように。

ミミちゃんは　家に　帰って、いなかった。

②ミミちゃんが帰っていないように。

ミミちゃんは、家に　帰って　いなかった。

2 美《うつく》しい　けしきの　写真《しゃしん》を　手に　とって　見た。

①美《うつく》しいのが写真《しゃしん》であるように。

美《うつく》しい、けしきの　写真《しゃしん》を　手に　とって　見た。

②美《うつく》しいのがけしきであるように。

美《うつく》しい　けしきの、写真《しゃしん》を　手に　とって　見た。

● おうちのかたへ ●

読点「、」は、文を読みやすくするだけではなく、文の意味を一つに限定する役割もあります。読点の場所によって言葉のつながりが変わることを意識しましょう。

文の書きかえ　●書く力

71

ステップ

9…3 読点の打ち方

学習のねらい

読点の役割は、言葉のつながりを切ることにあります。そのことで、意味をひとつに限定させることができるのです。

記述式問題や作文などで不明確な文章を書かないためにも、今から読点の打ち方をしっかりと学習しましょう。

例文では、「小さな、」と読点を打つことで、「小さな」と「水玉もよう」とのつながりが切れ、「小さな」は離れたところにある「かさ」とつながります。

一方、「小さな水玉もようの、」とあれば、「小さな」は直後の「水玉もよう」のことになります。

練習

1 ①「帰って」の後に読点を打つことによって、「帰って」と「いなかった」が分断され、ミミちゃんは家に帰って、もうここにはいないという意味になります。

②「帰って」と「いなかった」が連続するので、まだ帰っていないという意味になります。

2 ①「美しい」の後に読点を打つことによって、「美しい」と「けしきの」が分断されるため、「美しい」は「写真」を説明した言葉になります。

②「けしきの」の後に読点を打つことによって、「美しい」と「けしきの」は連続するので、「美しい」は「けしき」を説明した言葉になります。

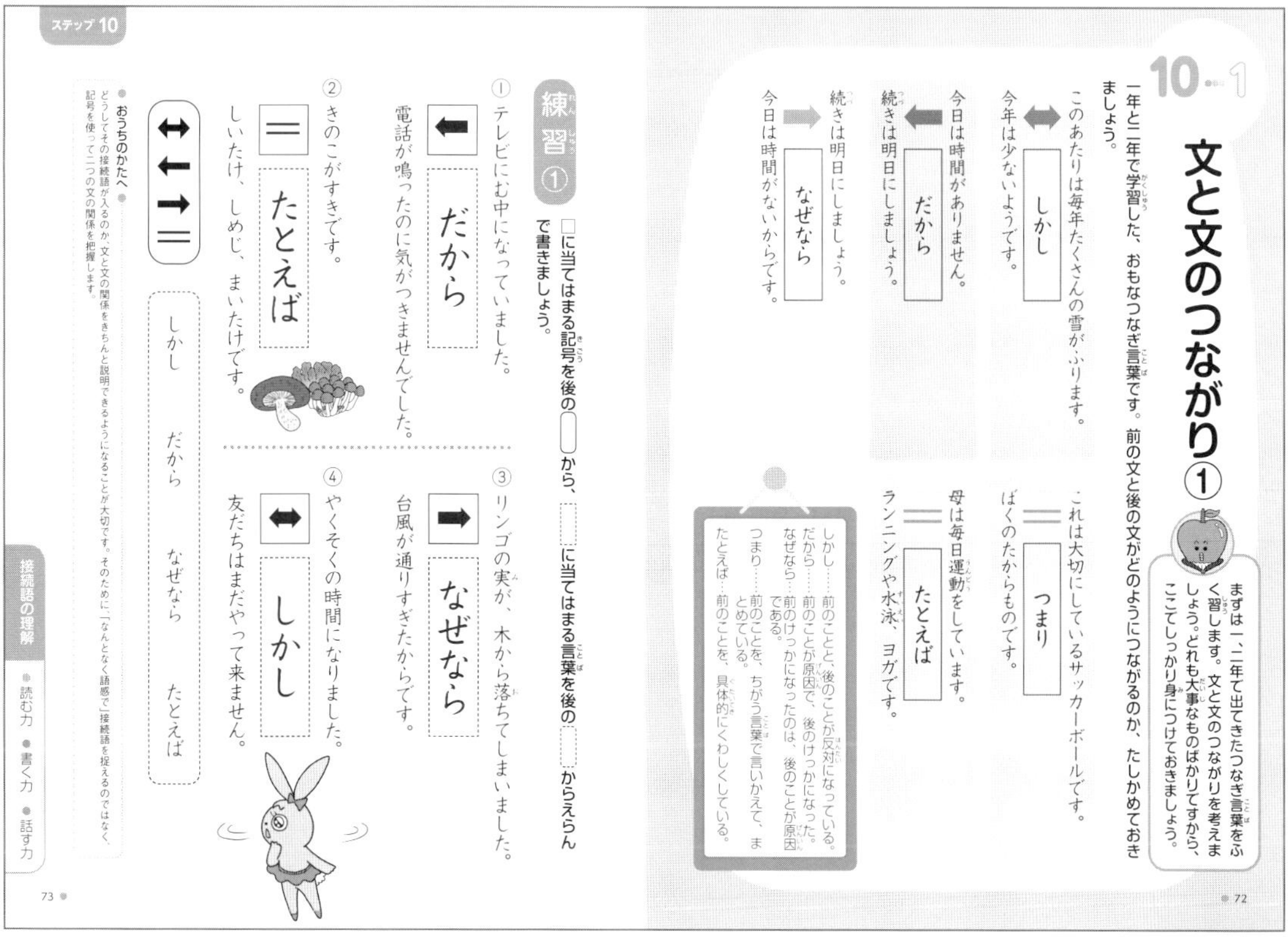

10…1 文と文のつながり①

一年と二年で学習《がくしゅう》した、おもなつなぎ言葉《ことば》です。前の文と後の文がどのようにつながるのか、たしかめておきましょう。

まずは一、二年で出てきたつなぎ言葉《ことば》をふく習《しゅう》します。文と文のつながりを考えましょう。どれも大事《だいじ》なものばかりですから、ここでしっかり身《み》につけておきましょう。

このあたりは毎年たくさんの雪がふります。
↔ しかし
今年は少ないようです。

今日は時間がありません。
← だから
続《つづ》きは明日にしましょう。

続きは明日にしましょう。
→ なぜなら
今日は時間がないからです。

これは大切にしているサッカーボールです。
＝ つまり
ぼくのたからものです。

母は毎日運動《うんどう》をしています。
＝ たとえば
ランニングや水泳《すいえい》、ヨガです。

しかし……前のことと、後のことが反対《はんたい》になっている。
だから……前のことが原因《げんいん》で、後のけっかになった。
なぜなら…前のけっかになったのは、後のことが原因《げんいん》である。
つまり……前のことを、ちがう言葉《ことば》で言いかえて、まとめている。
たとえば…前のことを、具体的《ぐたいてき》にくわしくしている。

72

ステップ10

練《れん》習《しゅう》①
□に当てはまる記号《きごう》を後の（　）から、[　]に当てはまる言葉《ことば》を後の[　]からえらんで書きましょう。

①テレビにむ中になっていました。
← だから
電話が鳴ったのに気がつきませんでした。

②きのこがすきです。
＝ たとえば
しいたけ、しめじ、まいたけです。

③リンゴの実《み》が、木から落《お》ちてしまいました。
→ なぜなら
台風が通りすぎたからです。

④やくそくの時間になりました。
↔ しかし
友だちはまだやって来ません。

（↔ ← → ＝）
[しかし　だから　なぜなら　たとえば]

おうちのかたへ
どうしてその接続語が入るのか、文と文の関係をきちんと説明できるようになることが大切です。そのために、「なんとなく語感で」接続語を捉えるのではなく、記号を使って二つの文の関係を把握します。

接続語の理解　読む力　書く力　話す力

73

ステップ 10…1 文と文のつながり①

学習のねらい

小学一年、二年レベルの復習です。一、二年レベルでは接続語の概念はまだ難しかったので、文と文との論理的関係を矢印を使って考えました。まずは代表的な接続語を一つずつ覚えましょう。

↔　前のことと、後のことが反対の内容（逆接）　しかし
←　前のことが原因で、後の結果になる（順接）　だから
→　前の結果になったのは、後のことが原因（理由）　なぜなら
＝　前のことを言い換えたり、まとめたりする（言い換え・要約）　つまり
＝　前のことを具体的に詳しくしている（例示）　たとえば

練習①

①テレビに夢中になった結果、電話の音に気がつかなかったので、「だから」。
②きのこを具体的に詳しくしているのが、「しいたけ、しめじ、まいたけ」だから、「たとえば」。
③リンゴの実が落ちた理由が、後の文である「台風が通りすぎたから」で、「なぜなら」。
④やくそくの時間になったのに、友だちが来なかったので、「しかし」。

苦手な子はスパイラル
小1レベル・ステップ8、小2レベル・ステップ10で復習しよう

ステップ 10

1 10 1

文と文のつながり①

練《れん》習《しゅう》②

1 □に当てはまるつなぎ言葉《ことば》を、後の□から、えらんで書きましょう。
ひろき君《くん》たちは、自分たちの住《す》んでいる町のゴミについて調《しら》べて、わかったことと感想《かんそう》を次《つぎ》のようにまとめました。

町全体《ぜんたい》を見ると、毎日たくさんのゴミが出ています。**だから**、なるべくゴミを出さないくふうがひつようだと思いました。

また、ゴミを出すときには、決《き》められた時間に出し、もえるゴミともえないゴミを分けなければいけません。**しかし**、きちんと分けていないものもあり、集《あつ》める人がこまることがあるそうです。

ゴミが出るのはしかたありませんが、出す時間や、ゴミをきちんと分けること、**つまり**、すてるときのルールをきちんと守《まも》ろうと思いました。

しかし　だから　つまり

2 前の文と、つなぎ言葉《ことば》に合うように、後の文をえらんで記号《きごう》を書きましょう。

① 母はとてもけんこうに気をつけています。だから、**イ**

② 野球《やきゅう》の練習《れんしゅう》をして、とてもおなかがへりました。しかし、**ウ**

③ いっしょにいた姉にココアを買ってもらいました。なぜなら、**ア**

ア　帰り道がとても寒《さむ》く、温《あたた》かいものが飲《の》みたかったからです。
イ　今朝《けさ》も野さいサラダをのこした弟をしかっていました。
ウ　家に帰ってもおやつがありませんでした。

● おうちのかたへ ●
接続語を理解して文と文の関係がわかるようになると、接続語を手がかりに、次にどのような文がくるか予想する力がつきます。

接続語の理解　● 読む力　● 書く力　● 話す力

74　75

練習②

空所に接続語を入れる問題を、大抵の子どもたちは何となく自分の言語感覚で処理しがちです。それをやっている限りは、何年たっても合ったり間違ったりの繰り返しで、ましてや論理的な読解力が養成されることなどはありえません。

1 今回は実際の文章の中で使われている接続語を考える問題です。
・前の文の内容を受けて、後の文の結果があるので、「だから」。
・前の文に対して、後の文が反対の内容だから、「しかし」。
・前の文の内容を、後の文で「すてるときのルール」とまとめているので、「つまり」。

2 接続語が文と文との論理的関係を示すものである限り、接続語を見れば、その先を予想することができます。その予想する力も、論理的思考力の一つです。

①「だから」は順接なので、「けんこうに気をつけ」た結果となる後の文は、**イ**「野菜サラダをのこした弟をしかっていました」。

②「しかし」は逆接なので、「おなかがへりました」と反対の内容になる後の文は、**ウ**「おやつがありませんでした」。

③「なぜなら」は理由なので、「ココアを買ってもらいました」の理由となる後の文は、**ア**「温かいものが飲みたかったから」。このとき理由を表す「から」に注意してください。「なぜなら〜から」という形をとります。

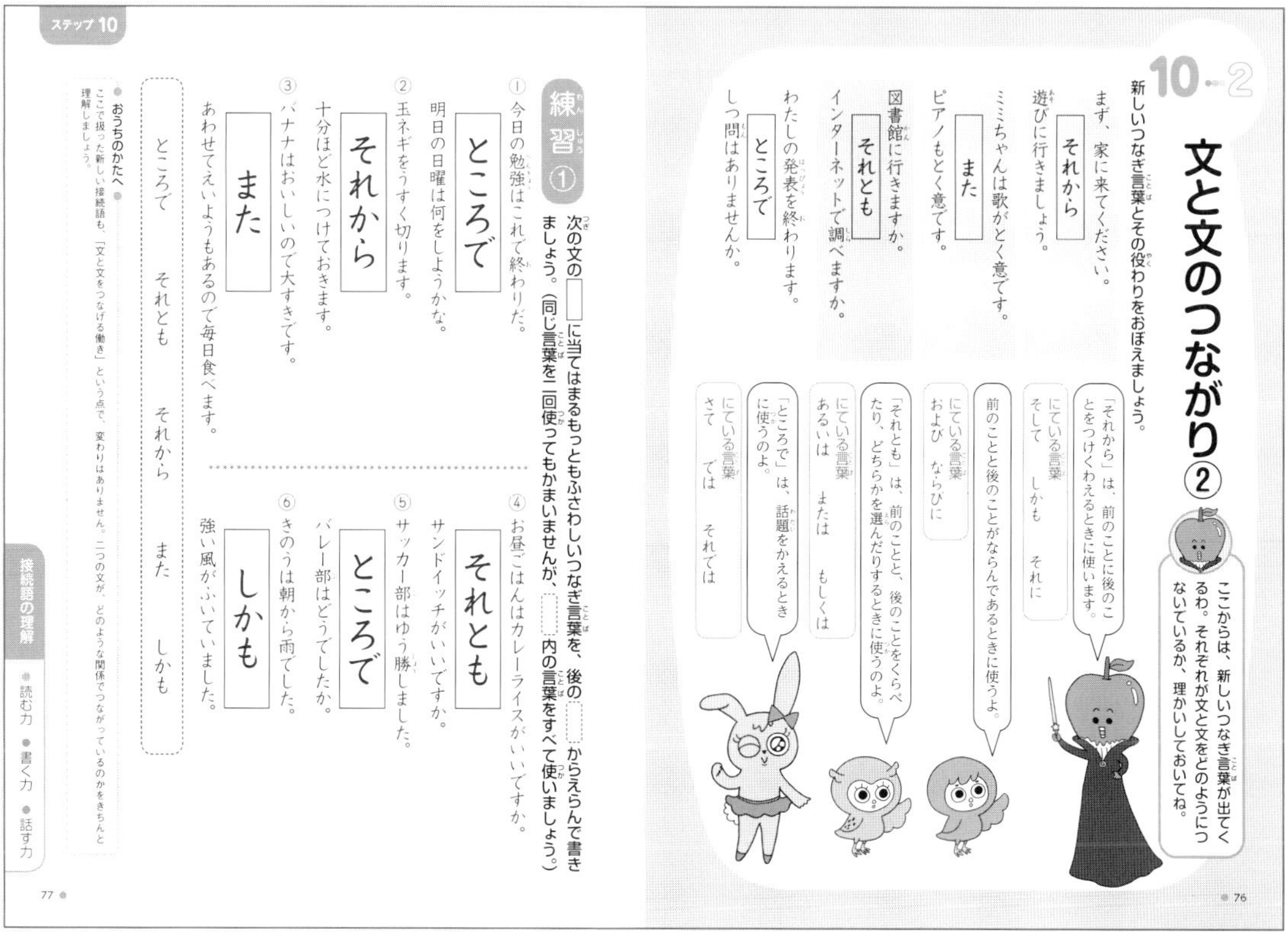

10…2

文と文のつながり②

新しいつなぎ言葉《ことば》とその役《やく》わりをおぼえましょう。

まず、家に来てください。

それから

遊《あそ》びに行きましょう。

ミミちゃんは歌がとく意です。

また

ピアノもとく意です。

図書館《かん》に行きますか。

それとも

インターネットで調《しら》べますか。

わたしの発表《はっぴょう》を終《お》わります。

ところで

しつ問《もん》はありませんか。

76

ステップ 10

練《れん》習《しゅう》①　次《つぎ》の文の□に当てはまるもっともふさわしいつなぎ言葉《ことば》を、後の⬚からえらんで書きましょう。（同じ言葉《ことば》を二回使《つか》ってもかまいませんが、⬚内の言葉《ことば》をすべて使《つか》いましょう。）

① 今日の勉強《べんきょう》はこれで終《お》わりだ。

ところで

明日の日曜は何をしようかな。

② 玉ネギをうすく切ります。

それから

十分ほど水につけておきます。

③ バナナはおいしいので大すきです。

また

あわせてえいようもあるので毎日食べます。

④ お昼ごはんはカレーライスがいいですか。

それとも

サンドイッチがいいですか。

⑤ サッカー部はゆう勝《しょう》しました。

ところで

バレー部はどうでしたか。

⑥ きのうは朝から雨でした。

しかも

強い風がふいていました。

ところで　それとも　それから　また　しかも

● おうちのかたへ ●
ここで扱った新しい接続語も、「文と文をつなげる働き」という点で、変わりはありません。二つの文が、どのような関係でつながっているのかをきちんと理解しましょう。

接続語の理解　● 読む力　● 書く力　● 話す力

77

ステップ 10…2

文と文のつながり②

学習のねらい

これまでは代表的な接続語の使い方を学習したのですが、他にも大切な接続語が色々とあります。ここでは「それから」「また」「それとも」「ところで」の使い方を学習します。

それから・そして・それに

前の物事に後の物事を付けくわえる。

また・および・ならびに

前のことと後のことが並列してある。

それとも・あるいは・または・もしくは

前のことと後のことを比べて、どちらかを選ぶ。

ところで・さて・では・それでは

話題を変える。

練習①

① 話題を変えているので、「ところで」。

② 玉ネギをうすく切って、その後に水につけるので、「それから」。

③ バナナが大すきなことと、そのバナナを毎日食べていることを並べて述べているので、「また」。

④ カレーライスかサンドイッチか、どちらかを選ぶので、「それとも」。

⑤ 話題を「サッカー部」から、「バレー部」に変えているので、「ところで」。

⑥ 雨が降っていたことに加えて、風も吹いていたので、「しかも」。「それから」でもおかしくありませんが「⬚内の言葉すべて使いましょう」という条件から、答えは「しかも」となります。

苦手な子はスパイラル
小1レベル・ステップ8、小2レベル・ステップ10で復習しよう

10-2

文と文のつながり②

つなぎ言葉《ことば》は、文と文をつなぐ言葉《ことば》です。ということは、二つの文がどのようなつながりになっているかを考えれば、どのつなぎ言葉《ことば》を使《つか》えばよいかがわかります。

練《れん》習《しゅう》②

次《つぎ》の文の□に当てはまるもっともふさわしいつなぎ言葉《ことば》を、後の□からえらんで書きましょう。（同じ言葉《ことば》を二回使《つか》うことはできません。）

① 学校の教科では国語や社会がすきですか。
［それとも］
算数や理科がすきですか。

② 計算プリントをまだしていない。
［しかも］
家にわすれて来てしまった。

③ リンダはとても親切でよく気がつく。
［だから］
学級委員《がっきゅういいん》にえらばれたのだと思う。

④ 国を代表《だいひょう》するせん手が集《あつ》まるスポーツの大会がある。
［たとえば］
オリンピックやワールドカップだ。

⑤ となりのお兄さんは英語《えいご》が話せます。
［また］
英語《えいご》と同じぐらいドイツ語が話せます。

⑥ 気づいたときには、もう手がつけられなかった。
［つまり］
手おくれだったのだ。

⑦ 今日は図書館《かん》に行くつもりだった。
［しかし］
おつかいをたのまれたので、明日にしよう。

⑧ 家を出て、バスで駅《えき》に向《む》かいました。
［それから］
電車に乗《の》りました。

⑨ 練習《れんしゅう》ではうまくできる。
［しかし］
本番になると、いつもしっぱいする。

⑩ やるからには、全力《ぜんりょく》をつくそう。
［なぜなら］
こうかいをしたくないからだ。

⑪ 今週は三回もわすれ物《もの》をしてしまった。
［だから］
持《も》ち物《もの》のメモを書いて、毎日たしかめることにした。

⑫ 今日はプールに泳《およ》ぎに行きました。
［ところで］
あなたは何をしていましたか。

ところで　しかし　なぜなら　だから　つまり　また　たとえば　それから　それとも　しかも

● おうちのかたへ ●
これまでに学習した接続語の総合問題です。接続語は、説明的文章を読解するときはもちろん、文章を書くとき、話を聞くとき、プレゼンテーションのときにも重要なポイントとなります。

接続語の理解
● 読む力　● 書く力　● 話す力

練習②

ここでは接続語の総復習をします。これまでに習った接続語を、文と文との論理的関係をとらえることによって適切に選んでいきます。

①好きなのは国語や社会か、算数や理科なのか、を選ぶので、「それとも」。
②計算のプリントをやっていないことに加えて、それを家に忘れてきたので、「しかも」。
③親切でよく気がつく結果、学級委員に選ばれたので、「だから」。
④オリンピックやワールドカップは具体的に詳しくしている言葉なので、「たとえば」。
⑤英語が話せるのと同じくらいドイツ語が話せると、並べて述べているので、「また」。
⑥前の文を後の文が言い換えているので、「つまり」。
⑦図書館に行くつもりだったのに、実際には行けなくなったので、「しかし」。
⑧駅にバスで向かった後、電車に乗ったので、「それから」。
⑨練習ではうまくできるのに対して、本番だと失敗するので、「しかし」。
⑩前文の「全力でつくそう」の理由が後の文なので、「なぜなら」。
⑪三回もわすれ物をした結果、持ち物のメモを書いたので、「だから」。
⑫わたしの話から、話題をあなたに変えたので、「ところで」。

文と文のつながり②

練習《れんしゅう》③

文と文の関係《かんけい》を表《あらわ》す言葉《ことば》には、はたらきが同じものがあります。同じはたらきをするつなぎ言葉《ことば》はどれか考えてみましょう。

1 ――線のつなぎ言葉《ことば》を、文章《ぶんしょう》の意味《いみ》をかえないようにしてちがう言葉《ことば》にします。当てはまるものを［　］からえらんで記号《きごう》を書きましょう。

①今日は午後から、教室の大そうじをしました。そして、運動場《うんどうじょう》の草とりをしました。　イ

②雨で運動場《うんどうじょう》が使《つか》えません。だから、今日の練習《れんしゅう》は、体育館《たいいくかん》で行うことになりました。　ア

③計算問題《けいさんもんだい》はできても文章題《ぶんしょうだい》が苦手《にがて》な人がいます。つまり、読む力が不足《ふそく》しているのです。　エ

④ぼくは夏休みの自由研究《じゆうけんきゅう》に工作をするつもりです。ところで、ゆうと君《くん》は何をするのかな。　オ

⑤図書室の本は、みんなのものです。しかし、やぶれていたり、落書《らくが》きがしてある本があります。　ウ

［ア したがって　イ それから　ウ ところが　エ すなわち　オ さて］

2 とも子さんは、「冬休みの目ひょう」という題《だい》で作文を書きました。①〜③の（　）に当てはまるつなぎ言葉《ことば》を［　］からえらんで記号《きごう》を書きましょう。

わたしの冬休みの目ひょうは、計算の練習《れんしゅう》をたくさんすることです。

三年生になって、わり算や分数の計算など、新しいことをたくさん習《なら》いました。はじめのころは、かんたんだと思っていました。（①　ア　）じゅぎょうが進《すす》むと、どんどんむずかしくなり、いつの間にか、わからなくなっていました。（②　ウ　）、わからないところをお母《かあ》さんに教えてもらって、家で毎日練習《れんしゅう》しました。冬休みに、もっとたくさん練習《れんしゅう》して、計算まちがいをなるべく少なくしたいです。（③　イ　）、時間をはかって速《はや》くとけるようにしたいと思います。

［ア しかし　イ さらに　ウ だから］

● おうちのかたへ ●
接続語は文章の論理的関係をつかむ言葉なので、どのような論理的関係でつないでいるのか、その役割を意識します。同じ役割の接続語を考えることで、より正確に使えるようになります。

接続語の理解　●読む力　●書く力　●話す力

練習③

1 接続語の応用問題です。様々な形式の問題を解くことで、文と文との論理的関係を読み取ることができるようにしましょう。ここでは同じ文の関係を示す別の接続語を選んでいきます。そのことで、接続語をたくさん覚えていきましょう。

①前の物事に続いて、後のことが起こるので、**イ**「それから」。

②雨で運動場が使えない結果、練習を体育館で行うので、**ア**「したがって」。

③「文章題が苦手」＝「読む力が不足」なので、**エ**「すなわち」。

④ぼくのことから、話題をゆうと君に変えたので、**オ**「さて」。

⑤図書館の本はみんなのものなのに、破れたり、落書きがしてある本があると、前の内容をひっくり返しているので、**ウ**「ところが」。

2 まとまった文章の中で、接続語の問題を考えます。空所前後の論理的関係を読み取りましょう。

①空所直前では、「かんたんだ」とあるのに、直後では「どんどんむずかしくなり」と前の内容をひっくり返しているので、逆接の「しかし」。

②直前で「わからなくなっていました」とあります。その結果、「お母さんに教えてもらっ」たのです。そこで、順接の「だから」。

③計算間違いを少なくすることに加えて、早く解けるようになることだから、「さらに」。

苦手な子はスパイラル
小1レベル・ステップ8、小2レベル・ステップ10で復習しよう

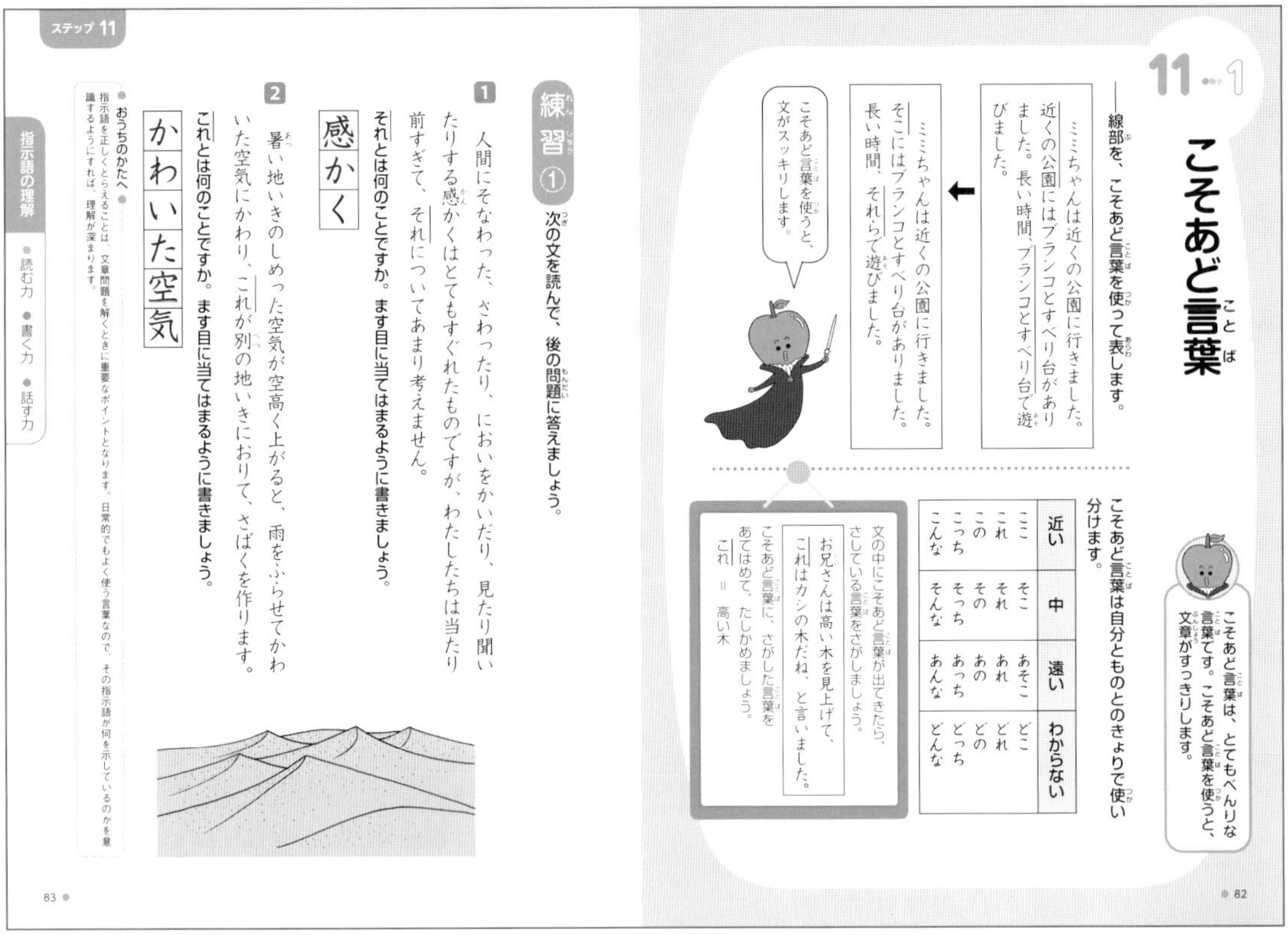

11…1

こそあど言葉《ことば》

——線部《ぶ》を、こそあど言葉《ことば》を使《つか》って表《あらわ》します。

ミミちゃんは近くの公園に行きました。近くの公園にはブランコとすべり台がありました。長い時間、ブランコとすべり台で遊《あそ》びました。

↓

ミミちゃんは近くの公園に行きました。そこにはブランコとすべり台がありました。長い時間、それらで遊《あそ》びました。

こそあど言葉《ことば》は、とてもべんりな言葉《ことば》です。こそあど言葉《ことば》を使《つか》うと、文章《ぶんしょう》がすっきりします。

こそあど言葉《ことば》は自分とものとのきょりで使《つか》い分けます。

近い	中	遠い	わからない
ここ	そこ	あそこ	どこ
これ	それ	あれ	どれ
この	その	あの	どの
こっち	そっち	あっち	どっち
こんな	そんな	あんな	どんな

文の中にこそあど言葉《ことば》が出てきたら、さしている言葉《ことば》をさがしましょう。

お兄《にい》さんは高い木を見上げて、これはカシの木だね、と言いました。

こそあど言葉《ことば》に、さがした言葉《ことば》をあてはめて、たしかめましょう。

これ ＝ 高い木

82

ステップ 11

練《れん》習《しゅう》①　次《つぎ》の文を読んで、後の問題《もんだい》に答えましょう。

1　人間にそなわった、さわったり、においをかいだり、見たり聞いたりする感《かん》かくはとてもすぐれたものですが、わたしたちは当たり前すぎて、それについてあまり考えません。

それとは何のことですか。ます目に当てはまるように書きましょう。

感かく

2　暑《あつ》い地いきのしめった空気が空高く上がると、雨をふらせてかわいた空気にかわり、これが別《べつ》の地いきにおりて、さばくを作ります。

これとは何のことですか。ます目に当てはまるように書きましょう。

かわいた空気

● おうちのかたへ ●
指示語を正しくとらえることは、文章問題を解くときに重要なポイントとなります。日常的でもよく使う言葉なので、その指示語が何を示しているのかを意識するようにすれば、理解が深まります。

指示語の理解　● 読む力　● 書く力　● 話す力

83

苦手な子はスパイラル　小2レベル・ステップ11で復習しよう

ステップ 11…1

こそあど言葉

学習のねらい

子どもに論理的な力をつけさせるには、接続語と指示語の練習を多くさせることが非常に有効です。なぜなら、文と文との論理的関係を理解させることにつながるからです。

さらに中学入学試験から大学入学試験に至るまで、実は指示語が鍵となる設問が多く出題されるのです。

設問が何を問うている問題であるのかをつねに意識し、接続語や指示語など、筆者が残した論理を示す言葉を手がかりにする習慣を身につけましょう。

練習①

1「それについてあまり考えません」とあるので、何についてわたしたちはあまり考えないのかを読み取ります。自分で判断するのではなく、傍線部の直前から順次検討しましょう。私たちがあまり考えないのは、「感かく」についてです。なぜなら、当たり前すぎるからです。

2「これが」は、「おりて」と「作ります」に対する主語です。そこで、何がおりたのかを直前から検討すると、「空気」とあることがわかります。「しめった空気」を答えにしないように。「しめった空気」が「かわいた空気」に変わり、その「かわいた空気」が「さばくを作る」からです。

苦手な子はスパイラル
小2レベル・ステップ11で復習しよう

11-1 こそあど言葉《ことば》 練《れん》習《しゅう》②

――線の「こそあど言葉《ことば》」は何をさしていますか。ます目に当てはまるように書きましょう。

1 冬の夜空を見上げてみると、そこにはひときわ目立つ三つの星があります。ペテルギウス、シリウス、プロキオンという星です。これらを線でむすんで作る三角形を冬の大三角といいます。

そこ ⇒ 冬の夜空

これら ⇒ ペテルギウス シリウス プロキオン

2 スーパーマーケットには、リサイクルコーナーがあります。そこで食品《しょくひん》トレイや牛にゅうパック、ペットボトルなどが回しゅうされ、しげんのむだをなくすことに役立《やくだ》っているのです。これについて、わたしたちにもできることがないか考えてみましょう。

そこ ⇒ リサイクルコーナー

これ ⇒ しげんのむだをなくすこと

練《れん》習《しゅう》③ 次《つぎ》の文を読んで、後の問題《もんだい》に答えましょう。

ミミちゃんは夜中にトイレに行きたくなって目がさめました。「①あそこに行くのはイヤだわ。ずっと、②ここにいたい。」ミミちゃんはしばらくベッドの中にいましたが、がまんできなくなってへやの外に出ようとドアに手をかけました。③それを開《あ》けるとおばけが立っていました。「こんにちは。④この中に入れて。」おばけはニタリとわらいました。というところで本当に目がさめました。「⑤あれはゆめだったのね。」ミミちゃんはほっとむねをなで下ろしました。

① 「あそこ」とはどこですか。 ⇒ トイレ

② 「ここ」とはどこですか。 ⇒ ベッドの中

③ 「それ」とはなにですか。 ⇒ ドア

④ 「この中」とはどの中ですか。 ⇒ へや の中

⑤ 「あれ」とはどのようなことですか。□に言葉《ことば》を書きましょう。 ⇒ おばけ がへやの外に立っていたこと

指示語の理解 ●読む力 ●書く力 ●話す力

練習②

1 そこ…「そこ」は場所を指しているので、直前から「三つの星」がある部分を探すと、答えは「冬の夜空」。

これら…「ら」とあるので、答えが複数であることに注意。冬の大三角は、直前の「ペテルギウス、シリウス、プロキオン」。

2 そこ…「そこ」は場所を指しているので、直前の「リサイクルコーナー」。

これ…該当箇所は直前の「しげんのむだをなくすこと」。答えを書いたら、指示語の部分にあてはめて確かめましょう。

練習③

①「あそこ」は離れた場所を指す指示語。直前の「トイレ」が該当箇所。

②「ここ」は近くの場所を指す指示語。直前に該当箇所がないので直後を検討すると、「ベッドの中」。

③「それ」はものを指す指示語。何を開けたのかというと、直前の「ドア」。

④おばけがどの中に入れてと言ったのかというと、直前の「へや」。

⑤何が夢だったのかというと、「おばけがへやの外に立っていたこと」。

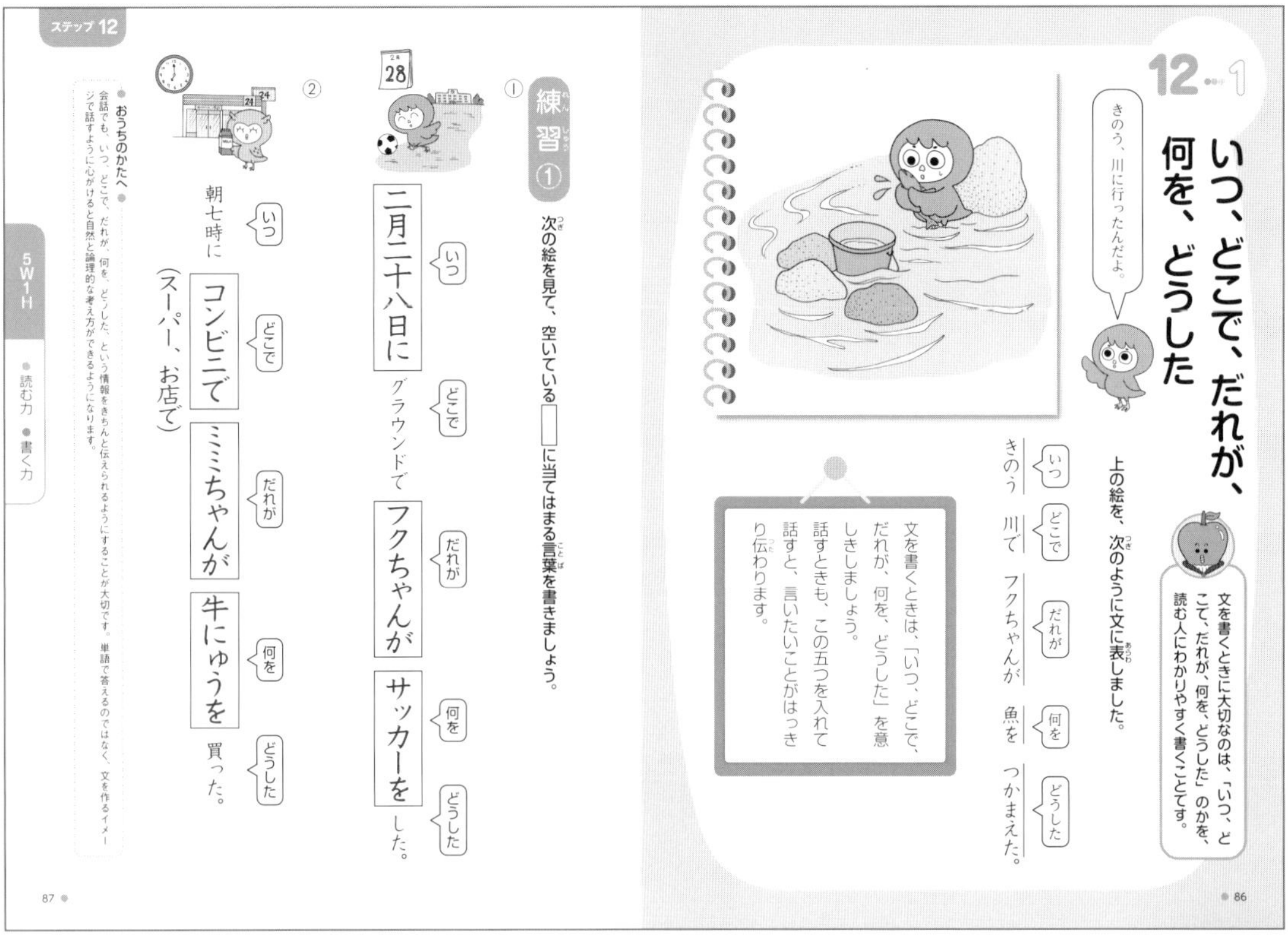

ステップ 12-1 いつ、どこで、だれが、何を、どうした

学習のねらい

子どもは他者意識をあまり持っていません。自分の言ったことが、相手にそのまま伝わっていると思い込んでいるのです。だから、思いつくままに言葉を発し、また思いつくままに文章を書こうとします。

相手が誰であろうと、別の人間である限り他者であり、そう簡単には伝わらないという自覚が大切です。そこで、まとまった話をするとき、文章を書くとき、相手に正確に伝えるために、しっかりと「いつ、どこで、だれが、何を、どうした」を、意識するようにしましょう。

「だれが、何を、どうした」は主語と目的語、述語で、一文の要点でした。あとは、「時間」「場所」を加えます。時には「どのように」「なぜならば」といった要素も大切になってきます。

まずは普段の会話のとき、単語だけで話すのではなく、文を書く意識で正確に話をしてみる習慣をつけましょう。わからないときは、子どもにはっきりと「それではよくわからない」と教えてあげるようにします。

練習①

①絵から必要な情報を読み取り、それを正確な一文で表す練習です。

「いつ」→カレンダーに二月二十八日とあります。「だれが」→絵からフクちゃんだとわかります。「何を」→フクちゃんがサッカーボールを蹴っています。

②時計が七時を指していることに着目させてください。

「どこで」→絵から二十四時間開いているコンビニだとわかります。「だれが」→絵からミミちゃんです。「何を」→ミミちゃんが紙パックの牛乳を持っています。

苦手な子はスパイラル
↓
小1レベル・ステップ9、小2レベル・ステップ12で復習しよう

苦手な子はスパイラル

小1レベル・ステップ9、小2レベル・ステップ12で復習しよう

12-1 いつ、どこで、だれが、何を、どうした

1 リンダの作文を読んで、下の問題《もんだい》に答えましょう。

リンダの作文

　夏休み前の7月に遠足がありました。バスに乗《の》って水族館《すいぞくかん》に行きました。水族館《すいぞくかん》にはたくさんの魚がいました。みんなとイルカのショーを見ました。イルカはとてもかしこくてショーはおもしろかったです。ペンギンコーナーの先にある広場で、森の学校のみんなはお昼におべん当を食べました。お母《かあ》さんはおべん当にわたしのすきなものをいっぱい入れてくれていました。おべん当はとてもおいしかったです。遠足は楽しいので、また行きたいです。

練《れん》習《しゅう》②

①遠足はいつありましたか。

（夏休み前の）7月

②遠足はどこに行きましたか。

水族館

③みんなと何を見ましたか。

イルカのショー

④広場で何を食べましたか。

おべん当

⑤リンダのおべん当を作ったのはだれですか。

（リンダの）お母さん

⑥おべん当はどうでしたか。

とてもおいしかった

88

ステップ12

2 ビッキーの作文を読んで、下の問題《もんだい》に答えましょう。

ビッキーの作文

　ぼくはビッキーです。遠足に行きました。ぼくは走るのが速《はや》いけれど、作文を書くのが苦手《にがて》です。行ったのは動物《どうぶつ》園《えん》です。たくさんの動物《どうぶつ》がいました。みんなとライオンを見ました。ライオンはかっこよかったです。お昼はレストランでカレーライスを食べました。ノンタは食いしんぼうであんパンがすきです。カレーライスはとてもおいしかったです。遠足は先週の月曜日にありました。

なんだか、わかりにくい文章《ぶんしょう》だなあ。

● おうちのかたへ ●

作文を書くときは、5W1Hを意識しながら書くと、読み手にとって正確でわかりやすい文章になります。状況を正しく伝えるスキルは文章にかぎらず、描写のスキルとして将来、必要とされるスキルです。5W1Hはそのスキルの基礎となります。

①遠足はいつありましたか。

先週の月曜日

②遠足はどこに行きましたか。

動物園

③動物《どうぶつ》はどれくらいいましたか。

たくさん（いた）

④みんなと何を見ましたか。

ライオン

⑤レストランで何を食べましたか。

カレーライス

⑥カレーライスはどうでしたか。

とてもおいしかった

⑦リンダの作文をさん考にして、ビッキーの作文をわかりやすく書き直しましょう。

　先週の月曜日に遠足がありました。動物園に行きました。たくさんの動物がいました。みんなとライオンを見ました。（ライオンはかっこよかったです。）レストランでカレーライスを食べました。カレーライスはとてもおいしかったです。

5W1H　●読む力　●書く力

89

練習②

1 ①冒頭、「夏休み前の七月」とあります。

②「バスに乗って水族館に行きました」とあります。

③「みんなとイルカのショーを見ました」とあります。

④「広場で、森の学校のみんなはお昼におべん当を食べました」とあります。

⑤「お母さんはおべん当にわたしのすきなものをいっぱい入れてくれていました」とあります。

⑥「おべん当はとてもおいしかったです」とあります。

2 ①末尾に「遠足は先週の月曜日にありました」とあります。

②「行ったのは動物園です」とあります。

③「たくさんの動物がいました」とあります。

④「みんなとライオンを見ました」とあります。

⑤「お昼はレストランでカレーライスを食べました」とあります。

⑥「カレーライスはとてもおいしかったです」とあります。

⑦ビッキーの文章がわかりにくいのは、読み手を意識せず思いついたままに書いているからです。いつ、何があったのか、場所はどこかなど、あらかじめ示しておかないと、読み手には何のことかわかりません。前提となることを示した後、時系列順などに整理して書くようにします。

苦手な子はスパイラル

小2レベル・ステップ13（❶小3レベル・ステップ11）で復習しよう

ステップ 13

13-1 説明文《せつめいぶん》 練習《れんしゅう》①

次《つぎ》の文章《ぶんしょう》を読んで、後の問題《もんだい》に答《こた》えましょう。

動物《どうぶつ》とちがって自由《じゆう》に動《うご》くことのできない植《しょく》物《ぶつ》は、どのようにして自分の子どもをのこしているのでしょう。多くの植物《しょくぶつ》は、そのために花をつけて、たねをつくるという方ほうをとっています。つまり、花は植物《しょくぶつ》にとって子どもをのこすためのものなのです。

花には、めしべとおしべが付《つ》いています。おしべには花ふんがあり、それがめしべに付《つ》くことで、やがてたねができます。植物《しょくぶつ》は、花ふんをめしべに付《つ》けるためにいろいろな方ほうをとっていますが、みなさんが見かける花の多くは、花ふんを虫に運《はこ》んでもらっています。虫は花にやってきて、みつをすったり、花ふんを集《あつ》めたりします。そのときに虫が動《うご》きまわることで、おしべの花ふんがめしべに付《つ》くのです。そのために、植物《しょくぶつ》は花からあまいにおいを出したり、花ふんをねばねばさせて虫の体に付《つ》きやすくしたりと、さまざまなくふうをしています。

また、ある植物《しょくぶつ》は決《き》まったしゅるいの虫だけに花ふんを運《はこ》んでもらいます。これは、かくじつに花ふんを運《はこ》んでもらうため、その虫が自分のところだけに来るようにからだを変《か》えてきたけっかなのです。なぜなら、それこそが植物《しょくぶつ》にとって、生きるためにひつような方ほうだったからです。

説明文《せつめいぶん》を読むときは

- 話題《わだい》が何か、読み取《と》ろう。
- 「何が、何を、どうした」と「いつ、どこで」の言葉《ことば》に気をつけて読もう。
- こそあど言葉《ことば》が出てきたら、何をさすか読み取《と》ろう。
- つなぎ言葉《ことば》があれば、前の文と後の文のつながり方を考えよう。
- 「イコールの関係《かんけい》」「対立関係《たいりつかんけい》」「因果関係《いんがかんけい》」の三つのろん理関係《かんけい》を意《い》しきして読もう。

1 ――線「その」とは、何をさしていますか。文章《ぶんしょう》の中の言葉《ことば》の形をかえて書きましょう。

自分の子どもをのこす こと。

2 筆者《ひっしゃ》がこの文章《ぶんしょう》で言いたいことは何でしょうか。もっともふさわしいものをえらんで記号《きごう》に○をつけましょう。

ア 植物《しょくぶつ》がたねから花をさかせる方ほう。

イ 花が決まったしゅるいの虫をよびよせる方ほう。

㋒ 花が虫に花ふんを運《はこ》んでもらう方ほう。

● おうちのかたへ ●

説明文では、筆者の主張とその理由を捉えることが大切です。自分の知識や考えで問題を解くのではないことに気をつけてください。文中の根拠となる部分に線を引きながら読むと、短時間で問題を解けるようになります。

説明文の読解 ● 読む力 ● 思考力

90 91

ステップ 13-1 説明文 練習①

第一段落の主張は、「花は植物にとって子どもをのこすためのもの」です。第二段落では、おしべには花粉があり、それがめしべにつくことで種ができるとし、おもに虫に花粉をめしべに運んでもらっているとしています。植物はそのために様々な工夫をしているのです。最終段落では、「決まった種るいの虫だけに花ふんを運んでもらう植物もあります」とし、それが「生きるために必要な方法」だったからだと結んでいます。

1「そのため」とあるので、何のために「花をつけて、種をつくる」かというと、直前で「植物は、どのようにして自分の子どもをのこしているのでしょう」とあるので、答えは「自分の子どもをのこすこと」だとわかります。

2 説明文を読むとき、筆者が何を最も言いたいのか（主張）を考えなければいけません。選択肢の**イ**と**ウ**は問題文に書いてあることで、決して間違いではありません。そこで、正しいかどうかではなく、何が主張なのかを考える必要があるのです。

第一段落で、植物は子どもを残すために、花をつけて、種をつくるとあります。これが主張ならば、以下、このことについて書いてなければいけません。しかし、第二段落では、そのことを前提に、虫に花ふんを運んでもらうための様々な工夫について、第三段落でも、虫に確実に花ふんを運んでもらうための工夫の一つが書かれているので、文章全体としては、**ウ**が主張だと言えます。

苦手な子はスパイラル
小2レベル・ステップ13で復習しよう

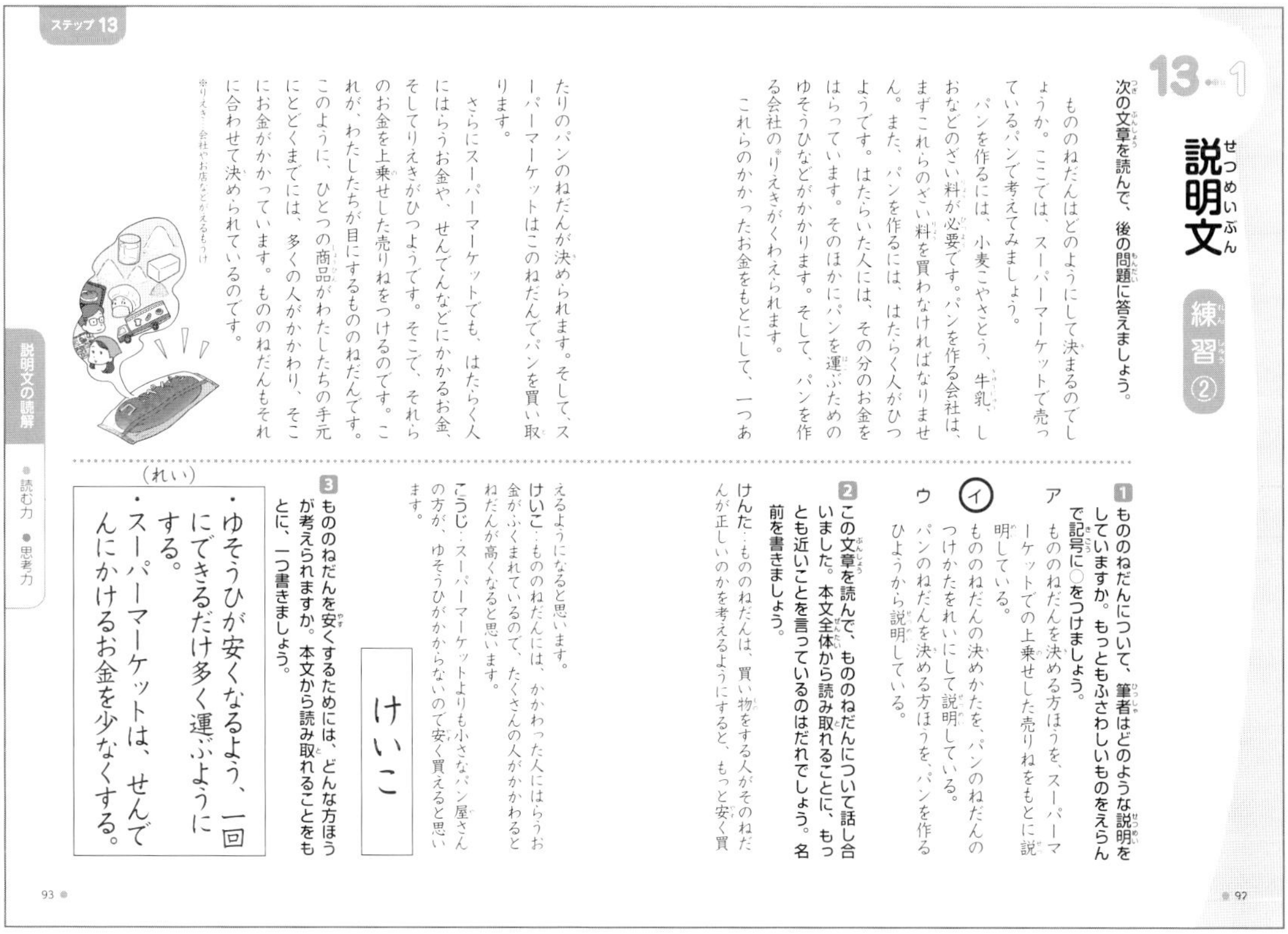

13-1 説明文《せつめいぶん》 練習《れんしゅう》②

次《つぎ》の文章《ぶんしょう》を読んで、後の問題《もんだい》に答えましょう。

もののねだんはどのようにして決まるのでしょうか。ここでは、スーパーマーケットで売っているパンで考えてみましょう。

パンを作るには、小麦こやさとう、牛乳《ぎゅうにゅう》、しおなどのざい料《りょう》が必要《ひつよう》です。パンを作る会社は、まずこれらのざい料《りょう》を買わなければなりません。また、パンを作るには、はたらく人がひつようです。はたらいた人には、その分のお金をはらっています。そのほかにパンを運《はこ》ぶためのゆそうひなどがかかります。そして、パンを作る会社の※りえきがくわえられます。

これらのかかったお金をもとにして、一つあたりのパンのねだんが決められます。そして、スーパーマーケットはこのねだんでパンを買い取《と》ります。

さらにスーパーマーケットでも、はたらく人にはらうお金や、せんでんなどにかかるお金、そしてりえきがひつようです。そこで、それらのお金を上乗《の》せした売りねをつけるのです。これが、わたしたちが目にするもののねだんです。

このように、ひとつの商品《しょうひん》がわたしたちの手元にとどくまでには、多くの人がかかわり、そこにお金がかかっています。もののねだんもそれに合わせて決められているのです。

※りえき…会社やお店などがえるもうけ

1 もののねだんについて、筆者《ひっしゃ》はどのような説明《せつめい》をしていますか。もっともふさわしいものをえらんで記号《きごう》に○をつけましょう。

ア もののねだんを決める方ほうを、スーパーマーケットでの上乗せした売りねをもとに説明している。

(イ) もののねだんの決めかたを、パンのねだんのつけかたをれいにして説明《せつめい》している。

ウ パンのねだんを決める方ほうを、パンを作るひようから説明《せつめい》している。

2 この文章《ぶんしょう》を読んで、もののねだんについて話し合いました。本文全体《ぜんたい》から読み取れることに、もっとも近いことを言っているのはだれでしょう。名前を書きましょう。

けんた…もののねだんは、買い物をする人がそのねだんが正しいのかを考えるようにすると、もっと安く買えるようになると思います。

けいこ…もののねだんには、かかわった人にはらうお金がふくまれているので、たくさんの人がかかわるとねだんが高くなると思います。

こうじ…スーパーマーケットよりも小さなパン屋さんの方が、ゆそうひがかからないので安く買えると思います。

けいこ

3 もののねだんを安《やす》くするためには、どんな方ほうが考えられますか。本文から読み取《と》れることをもとに、一つ書きましょう。

(れい)
・ゆそうひが安くなるよう、一回にできるだけ多く運ぶようにする。
・スーパーマーケットは、せんでんにかけるお金を少なくする。

ステップ13 説明文の読解 ●読む力 ●思考力

92 93

練習②

第一段落で、「もののねだんはどのようにして決まるのでしょうか」と問題提起しています。そこで、物の値段がどのように決まるのかをスーパーマーケットのパンを例に読み取っていきます。

第二・三段落では、スーパーマーケットが買い取る値段（仕入れ値）の付け方です。材料費、人件費、輸送費、利益などから値段がつけられます。

第四段落では、スーパーマーケットでの売値の付け方です。仕入れ値に加えて、人件費、宣伝費、利益などを加えるのですが、最終結論は末尾の「ひとつの商品がわたしたちの手元にとどくまでには、多くの人がかかわり、そこにお金がかかっています。もののねだんもそれに合わせて決められているのです。」となります。

1 あくまでもパンは具体例で、それを通して、「もののねだん」の付け方を説明した文です。その意味ではウは「パンのねだんを決める方法」となっているので×。「パンを作るひよう」のみ書かれています。アは「スーパーマーケットでの上乗せした売りねをもとに」とあるので×。

2 本文では、一つの商品に多くの人たちが関わり、そこにお金がかかっているとあるので、それに近いのは「けいこ」です。後の二人の発言は、本文の主張とは関わりがありません。

3 「本文から読み取れることをもとに」とあることに注意。本文では多くの人が関わるほど値段が上がるとあるので、輸送費、人件費、宣伝費など間に入るお金を少なくします。

（大量生産や様々な経費の削減、安い材料を求める、ネットによる直接販売などでも値段を下げることができます。ただし、論理的な読解の学習であることから、問題文の末尾の結論から推測できるものを答えとします。）

13-1 説明文《せつめいぶん》 練習《れんしゅう》③

次《つぎ》の文章《ぶんしょう》を読んで、後の問題《もんだい》に答えましょう。

子どものころにいろいろな小説《しょうせつ》を読むのは、とても大切なことです。小説は、みなさんに①さまざまな世界《せかい》や立場をけいけんさせてくれます。子どもであっても大人《おとな》の立場になったり、知らない国の人間になったり、ときには動物《どうぶつ》など人間でないものになったりして、いろいろな場《ば》面《めん》やできごとを想《そう》ぞうし、まるで自分がそうしたかのように感《かん》じることができます。

同じように「読む」ものに、マンガがあります。みなさんは小説《しょうせつ》とマンガをさし出されたら、まよわずにマンガをえらぶかもしれません。なぜなら、マンガのほうが読むのが楽で、しかも、しげき的《てき》だからです。マンガは絵とセリフを使《つか》って、読む人が一目で場面《ばめん》を理かいできるように作られています。（②）、読むのにそれほど苦労《くろう》はしないのです。

それに対《たい》して、小説《しょうせつ》はただ言葉《ことば》がならんでいるだけで、登場《とうじょう》する人たちがどんなすがたで、どんなところに住んで、どんなくらしをしているのか、うれしいとき、悲しいときにどんな表《ひょう》じょうをしたのか、何も絵として表《あらわ》されていません。そこでわたしたちは、書かれた言葉《ことば》を頭の中で思いうかべながら読んでいかなければならないのです。

マンガのほうが楽だからといって、小説《しょうせつ》を読まなければ、言葉《ことば》からいろいろなものを思いうかべる力はなかなか育《そだ》ちません。だから、子どものころから少しずつでもいいから、小説《しょうせつ》を読み、たくさんの言葉《ことば》にふれることが大切なのです。

1 ——①とありますが、たとえばどのような世界《せかい》や立場か、本文中の言葉《ことば》を使《つか》ってます目に当てはまるように三つ書きましょう。

・大人の立場
・知らない国の人間
・動物など人間でないもの

2 ②に当てはまるつなぎ言葉《ことば》はどれですか。記号《きごう》を書きましょう。

ア　しかし　　イ　そして
ウ　たとえば　エ　だから

エ

3 この文章《ぶんしょう》では、マンガばかり読んでいたらどうなると言っているでしょうか。（　）に当てはまる言葉《ことば》を本文からぬき出して書きましょう。

マンガばかり読んで、小説《しょうせつ》を読まなければ、（Ａ）から（Ｂ）力が育《そだ》ちづらい。

Ａ　言葉
Ｂ　思いうかべる

4 この文章《ぶんしょう》に題名《だいめい》をつけるとしたら、どれがよいでしょうか。記号《きごう》を書きましょう。

ア　マンガのおもしろさ
イ　小説《しょうせつ》の大切さ
ウ　言葉《ことば》のおもしろさ
エ　絵とセリフの大切さ

イ

説明文の読解　●読む力　●思考力

95　94

練習③

この練習では筆者の主張＋具体例＋理由付け＋対立関係といった典型的な論理構成の文章を学びます。

冒頭、筆者の主張「子どものころに小説をたくさん読むのは大切なこと」が提示されます。直後にその理由が説明されています。なぜなら、小説を読むことで様々な疑似体験をし、違う角度から世界を眺めることが必要だからなのです。

次に、「マンガ」が登場するのですが、これが「対立関係」です。そこで、「マンガ」と「小説」の相違点を意識しましょう。「マンガ」は絵があるために読むのに苦労をしないのに対して、小説は言葉が並んでいるだけで、そこから様々なものを想像しなくてはいけません。だから、マンガばかり読んでいると、言葉で思い浮かべる力（想像力）が育たないのです。

最後に、「子どものころから少しずつでもいいから、小説を読み、たくさん言葉にふれることが大切なのです」と、冒頭で提示した主張をもう一度繰り返しています。このように「主張」→「理由説明」→「主張」というサンドイッチ型の文章が入試では多く出題されるのです。

1 傍線部①の内容の具体例を読み取ったかどうかの問題です。

2 「読むのにそれほど苦労はしない」理由が、空所直前の「読む人が一目で場面を理かいできるように作られています」とあるので、因果関係の「だから」。

3 なぜマンガばかりではいけないのかというと、「言葉」で「思いうかべる力」が育たないからです。この設問は小説を読む大切さ（筆者の主張）の理由を理解できたかどうかを試しています。

4 ウ「言葉のおもしろさ」を答えにした子どもが多いかもしれません。もちろん、これも大切なことですが、あくまでこの文章全体の構成を考えると、冒頭と末尾が筆者の主張のサンドイッチ型なので、イ「小説の大切さ」が答えとなります。

苦手な子はスパイラル
小2レベル・ステップ13（**1**小3レベル・ステップ1−2、**2**小3レベル・ステップ10）で復習しよう

説明文《せつめいぶん》 練習④

次《つぎ》の文章《ぶんしょう》を読んで、後の問題《もんだい》に答えましょう。

わたしたちのまわりには、森林のおくりものがいっぱいです。

毎朝はこばれてくる①新聞も、本もノートもえんぴつも、輪ゴムや運動ぐつのゴム底も、みんな森林のおくりものです。

紙は、木材からつくられます。輪ゴムや長ぐつの原料は、南方のゴムの木の樹液からとれるのです。

家の中を見まわしてごらんなさい。なんとたくさんの木材が、つかわれていることでしょうか。柱も、ゆかも、てんじょうも、しょうじもドアも木製です。つくえやいすやたんすも、木でつくられています。ピアノやバイオリン、えんぴつ、わりばし、こけしやかべのがくぶちなど、数えあげれば、もう、きりがありません。

木の皮からとれるタンニンという物質は、インクやペンキや染料につかわれています。木は、このほかにも、酢になったり、アルコールや機械油につかわれたり、合成樹脂や、さまざまな薬品にもつかわれています。フィルムにも衣類にも、アイスクリームの中にまで大かつやくです。

あなたの服のせんいにも、むねの小さなボタンにも、そしてパンツのゴムひもにも、（　②　）はこっそりと、おくりものをしています。

それればかりではありません。わたしたちが呼吸をしたり、火をもやしたりしてつかう③酸素は、だれがつくったものでしょうか。

まだ地球がわかかった大むかしの時代から、海の※藻と、陸の森林とが力をあわせて、すこしずつ、すこしずつ酸素をつくりだしてくれました。

地球の緑色の植物は、空気中の※炭酸ガスをすいこんで、かわりに酸素をはきだしてくれるのです。

※藻：水中にはえる草のこと。
※炭酸ガス：二酸化炭素。

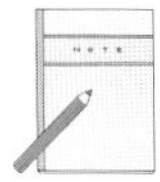

1 この文章《ぶんしょう》の話題《わだい》は何ですか。ます目に合うように書きましょう。

森林のおくりもの

2 この文章《ぶんしょう》で、筆者《ひっしゃ》がもっとも言いたいことは何でしょう。

わたしたちのまわりには、森林のおくりものがいっぱいです。（だ）

3 ——①のうち、木材でつくられているものはどれですか。

新聞、本、ノート、えんぴつ

4 （　②　）に当てはまる言葉《ことば》を文中からさがして書きましょう。

森林

5 ——③「酸素《さんそ》は、だれがつくったものでしょうか」とありますが、酸素《さんそ》をつくったものをます目に合うように書きましょう。

緑色の植物

6 次の中のうち森林のおくりものでないものはどれですか。記号《きごう》を書きましょう。（答えは一つとかぎりません。）

ア　藻　イ　タンニン　ウ　酢
エ　炭酸ガス　オ　衣類　カ　ゴム
キ　紙

ア、エ

練習④

1 **2** 冒頭に、「わたしたちのまわりには、森林のおくりものがいっぱいです」と、話題を提示しています。また、この一文が筆者の主張となります。
そこで、以下に「森林のおくりもの」の具体例を挙げることになります。

3 傍線部①の「新聞、本、ノート、えんぴつ、輪ゴム、運動ぐつのゴム底」の中から「木材」で作られているものを選びます。
「紙は、木材からつくられます」とあることから、紙でできた「新聞、本、ノート」がまず該当します。「輪ゴムや長ぐつの原料は、南方のゴムの木の樹液からとれる」とあるので該当しません。あとは「えんぴつ」ですが、「つくえやいすやたんすも、木でつくられています。ピアノやバイオリン、えんぴつ、わりばし、こけしやかべのがくぶちなど、数えあげれば、もう、きりがありません」とあることから、「えんぴつ」も該当します。

4 （　②　）より前の部分は、「森林のおくりもの」の具体例です。

5 本文末尾に「地球の緑色の植物は、空気中の炭酸ガスをすいこんで、かわりに酸素をはきだしてくれる」とあります。ます目が五文字であることから、答えは「緑色の植物」。「陸の森林」も該当しますが。四文字であることから、不適切。

6 「答えは一つとはかぎりません」とあることに注意。
「藻」は酸素をつくりだすものですが、森林とは関係ないので該当しません。「炭素ガス」も空気中のもので、「森林のおくりもの」ではありません。

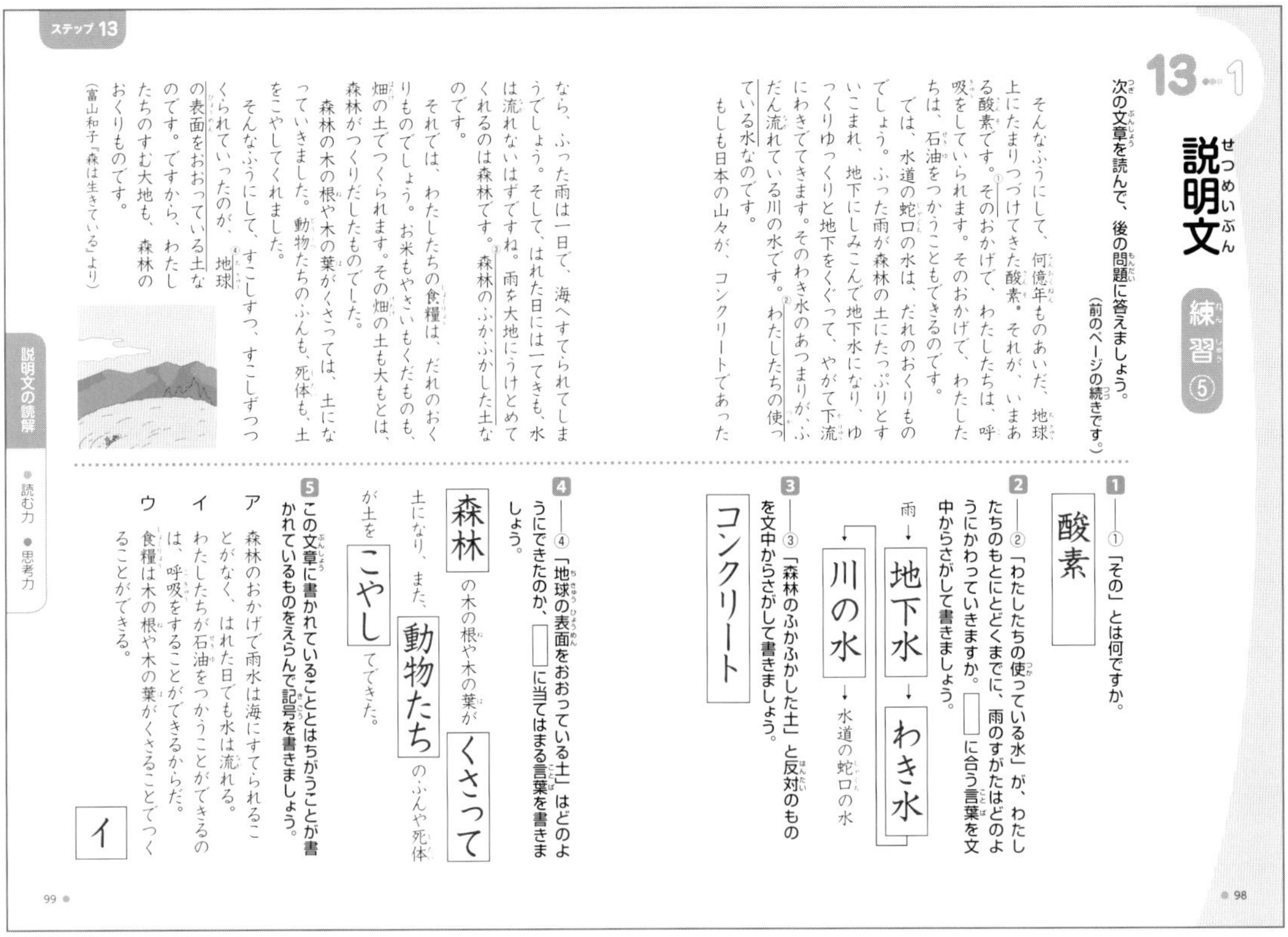

ステップ 13

13-1 説明文《せつめいぶん》 練習《れんしゅう》⑤

次《つぎ》の文章《ぶんしょう》を読んで、後の問題《もんだい》に答えましょう。
（前のページの続《つづ》きです。）

そんなふうにして、何億年《なんおくねん》ものあいだ、地球《ちきゅう》上にたまりつづけてきた酸素《さんそ》。それが、いまある酸素《さんそ》です。①そのおかげで、わたしたちは、呼《こ》吸《きゅう》をしていられます。そのおかげで、わたしたちは、石油《せきゆ》をつかうこともできるのです。

では、水道の蛇口《じゃぐち》の水は、だれのおくりものでしょう。ふった雨が森林の土にたっぷりとすいこまれ、地下にしみこんで地下水になり、ゆっくりゆっくりと地下をくぐって、やがて下流《かりゅう》にわきでてきます。そのわき水のあつまりが、ふだん流《なが》れている川の水です。②わたしたちの使《つか》っている水なのです。

もしも日本の山々が、コンクリートであったなら、ふった雨は一日で、海へすてられてしまうでしょう。そして、はれた日には一てきも、水は流《なが》れないはずですね。雨を大地にうけとめてくれるのは森林です。③森林のふかふかした土なのです。

それでは、わたしたちの食糧《しょくりょう》は、だれのおくりものでしょう。お米もやさいもくだものも、畑《はたけ》の土でつくられます。その畑《はたけ》の土も大もとは、森林がつくりだしたものでした。

森林の木の根《ね》や木の葉《は》がくさっては、土になっていきました。動物《どうぶつ》たちのふんも、死体《したい》も、土をこやしてくれました。

そんなふうにして、すこしずつ、すこしずつつくられていったのが、④地球《ちきゅう》の表面《ひょうめん》をおおっている土なのです。ですから、わたしたちのすむ大地も、森林のおくりものです。

（富山和子『森は生きている』より）

1 ――①「その」とは何ですか。

酸素

2 ――②「わたしたちの使《つか》っている水」が、わたしたちのもとにとどくまでに、雨のすがたはどのようにかわっていきますか。□に合う言葉《ことば》を文中からさがして書きましょう。

雨 → 地下水 → わき水 → 川の水 → 水道の蛇口《じゃぐち》の水

3 ――③「森林のふかふかした土」と反対《はんたい》のものを文中からさがして書きましょう。

コンクリート

4 ――④「地球《ちきゅう》の表面《ひょうめん》をおおっている土」はどのようにできたのか、□に当てはまる言葉《ことば》を書きましょう。

森林 の木の根《ね》や木の葉《は》が くさって 土になり、また、 動物たち のふんや死体《したい》が土を こやし てできた。

5 この文章《ぶんしょう》に書かれていることとはちがうことが書かれているものをえらんで記号《きごう》を書きましょう。

ア 森林のおかげで雨水は海にすてられることがなく、はれた日でも水は流《なが》れる。
イ わたしたちが石油《せきゆ》をつかうことができるのは、呼《こ》吸《きゅう》をすることができるからだ。
ウ 食糧《しょくりょう》は木の根《ね》や木の葉《は》がくさることでつくることができる。

イ

説明文の読解 ●読む力 ●思考力

98 ● 99

練習⑤

前のページの続きの問題です。地球の緑色の植物は、空気中の炭酸ガスを吸いこんで、酸素をはき出してくれます。そのようにして、地球上にたまり続けたのが、酸素です。

1 何のおかげなのか、直前から検討すると、「酸素」。わたしたちは酸素のおかげで呼吸をしていられるのです。

2 水も、おくりものです。「ふった雨が森林の土にたっぷりとすいこまれ、地下にしみこんで地下水になり、ゆっくりゆっくりと地下をくぐって、やがて下流にわきでてきます。そのわき水のあつまりが、ふだん流れている川の水です。私たちの使っている水なのです」とあります。
そこで、「雨」→（土にすいこまれ）→「地下水」→（下流にわきでる）→「わき水」→「川の水」→水道の蛇口の水、となります。

3 「コンクリート」と「森林のふかふかした土」が、対立関係になっています。コンクリートならば雨は海に捨てられ、わたしたちの使っている水にはならないのです

4 わたしたちの食糧は森林がつくりだした土のおくりものです。
傍線部④の前の段落を整理しましょう。「森林の木の根や木の葉がくさっては、土になっていきました。動物たちのふんも、死体も、土をこやしてくれました」を整理すると、
「森林の木の根や木の葉がくさる」→「土になる」
「動物たちのふん、死体」→「土をこやす」
となります。

5 末尾にも「大地も、森林のおくりものです」とあります。わたしたちは「森林のおくりもの」のおかげで、こうして生命を維持できているのです。
「書かれていることとはちがうことが書かれているもの」を選ぶことに注意。
イ 私たちが呼吸をすることができるのは、酸素のおかげなのであって、「石油を使うことができるのは、呼吸をすることができるから」とは書かれていません。

苦手な子はスパイラル
小2レベル・ステップ13（**1** 小3レベル・ステップ11、**3** 小3レベル・ステップ2）で復習しよう

苦手な子はスパイラル
小2レベル・ステップ14で復習しよう

ステップ 14

14…1 物語文《ものがたりぶん》

練《れん》習《しゅう》①

次《つぎ》の文章《ぶんしょう》を読んで、後の問題《もんだい》に答えましょう。

　ミミちゃんが、ノンタ、ビッキー、フクちゃんをよんで言いました。

「明日は、リンダのたん生日なの。いつも、リンダには親切にしてもらっているから、わたしの家でおたん生会をしない？」

「それはいいや。」とみんなは口ぐちに言いました。

「これはリンダにはひみつよ。」

「リンダ、びっくりするだろうな。きっと、うれしいと思ってくれるよ。」

　そうとなったら、おたん生会の用意《ようい》をしなければなりません。

「プレゼントはどうするの？」

　フクちゃんが聞きました。

「リンダは絵をかくのがすきだから、お花なんてどうかしら。きっと、そのお花の絵をかくと思うわ。」

「じゃあ、ぼくが公園でつんでくるね。」

　フクちゃんが言いました。すると、ノンタが

「ケーキは？　ケーキはどうするの？」

と聞いてきました。

「ケーキはむ理だよ、作れないもの。」

　フクちゃんが言いました。それを聞いて、ノンタは口をとがらせています。

「でも、ホットケーキなら、どう？　ぼくの家では、よく作るから、なんとかなるよ。」

　ビッキーが言いました。みんなは「そうだね。それがいい。」とうなずきました。

　リンダのたん生日がやってきました。みんなはミミちゃんの家に集まって、たん生会の用意をしました。ミミちゃんは部屋を紙のテープで作ったリボンでかざりました。ノンタは、そのお手つだいです。ビッキーは台所《だいどころ》で、うんうん、言いながらホットケーキのざいりょうをまぜていました。

物語文《ものがたりぶん》の問題《もんだい》です。登場人物《とうじょうじんぶつ》のセリフや行動《こうどう》に注意《ちゅうい》して読みましょう。問題《もんだい》に答えるときは、自分の気持《きも》ちではなく、本文に何と書いてあるかを読み取《と》って答えることがポイントです。

物語《ものがたり》文《ぶん》を正しく読むために

一、場面《ばめん》を読み取《と》ろう。

- だれが出てくるのかを、たしかめておこう。
- 場所《ばしょ》はどこか、何をしているのか。時間や天気のことも書いてあれば、——を引いておこう。

二、気持《きも》ちを読み取《と》ろう。

- 話している言葉《ことば》や、動《うご》きから、その人がどんな気持《きも》ちなのかを読み取《と》ろう。

（れい）今日はミミちゃんのたん生日です。げんかんのチャイムが鳴りました。きっと、お父さんです。

ミミちゃんは、待《ま》ちきれないように

「わたしが出る！」

と、ろうかにかけ出しました。

ミミちゃんのうれしそうな気持《きも》ちがわかるね。

三、様子《ようす》を読み取《と》ろう。

- しずかなのか、にぎやかなのか、明るいのか、暗《くら》いのかなど、場《ば》面《めん》のようすから、そこにいる人の気持《きも》ちを想《そう》ぞうしてみよう。

物語文《ものがたりぶん》を読むときは、右のことに気をつけましょう。

100

物語文の読解　● 読む力　● 思考力

1 この物語《ものがたり》は何の話でしょう。

リンダの（お）たん生会

2 リンダのたん生会は、どこでありますか。

ミミちゃんの家

3 ——線「ノンタは口をとがらせて」とありますが、このときの気持《きも》ちをえらんで記号《きごう》に○をつけましょう。

（ア）ケーキがないなんてつまらない。
イ　ケーキが作れないなんてびっくりだ。
ウ　ケーキがあったら、たくさん食べたい。

101

ステップ 14…1

物語文

学習のねらい

　一人ひとり、生まれながらの感性も、生まれ育った環境も、言語感覚も、積み重ねた体験もすべてが異なります。特に、子どもの場合はまだ社会性がないので、より自分の感性に頼って文章を解釈しがちです。

　自分の主観によるのではなく、あくまで文中にある根拠を見つけ、登場人物の心情を客観的に把握するには、ある種の方法と、一定の訓練が必要になります。それを確実に積み重ねることによって、物事を多角的に、客観的に捉え、それを正確に分析できる思考力が育っていくのです。

練習①

1 まず場面の状況を整理しましょう。話題は「リンダのおたん生会」です。

2 登場人物は、ミミちゃん、ノンタ、ビッキー、フクちゃん。冒頭、ミミちゃんのセリフに「わたしの家でおたん生会をしない？」とあるので、答えは「ミミちゃんの家」。

3 ノンタの心情を読み取ります。「口をとがらせる」のは、どんな気持ちのときかを考えます。傍線部直前の指示語「それ」は、フクちゃんの「ケーキはむ理だよ。作れないもの」を指すことから、ノンタの不満な気持ちを表しています。そこから、答えはア。

練習《れんしゅう》②

次《つぎ》の文章《ぶんしょう》を読んで、後の問題《もんだい》に答えましょう。

（前のページの続《つづ》きです。）

「リンダ用の赤いリボンは、このいすでいいのかな？」

リボンをいすにかざろうとしたとき、ミミちゃんがあわてて言いました。

「ちがうわよ、そっちよ。」

それを聞いて、あせったノンタは紙のリボンをやぶいてしまいました。

「①なんてことするのよ。」

ミミちゃんがため息をついて言いました。そこへ、フクちゃんがもどってきました。クローバーを手にしています。

「それってお花じゃないわよ。」

「だって、公園の花だんの花をとるわけにいかないし、ほら、小さいけれど白い花がついているよ。」

フクちゃんが言いわけをしていると、②ノンタのへんな声がしました。

「うわっ、このホットケーキ、あまくないよ！」

ビッキーの作ったホットケーキを、がまんできずにつまみ食いしてしまったのです。

「どうしよう、さとうを入れわすれちゃった。」

③ビッキーがひたいにあせをかいていると、そこへ運悪《うんわる》くリンダが時間より早く来てしまいました。みんなはこれまでのことをせつ明して、「ごめんね。」とあやまりました。

「そんなことないわ。わたし、とってもうれしい！ちぎれたリボンも小さくてかわいいし、このクローバーの中には四《よ》つ葉《ば》がまざっているわ。④これは幸《こう》運のしるしなの。ホットケーキは、ハムやチーズをはさんでサンドウィッチにしましょうよ。」

こうして、たん生会は楽しいものになり、みんなは「やっぱり、リンダはやさしいね。」と、ますますリンダのことをすきになりました。

1 ―①「なんてことするのよ」とありますが、このときの気持《きも》ちとして当てはまるものの記号《きごう》に○をつけましょう。

ア　ノンタがわざとリボンをやぶいたので、おこっている。

イ　ノンタがどうしてこんなことをするのか、わからなくて悲しんでいる。

(ウ)　ノンタがリボンをやぶいてしまったので、どうしようかこまっている。

2 ―②「ノンタのへんな声がしました。」とありますが、なぜ、ノンタはへんな声を出したのでしょう。

ビッキーの作ったホットケーキが［あまくなかった］から。

3 ―③「ビッキーがひたいにあせをかいている」とありますが、このときの気持《きも》ちとして当てはまるものの記号《きごう》に○をつけましょう。

ア　一生けん命《めい》、ざいりょうをまぜたので、とてもつかれた。

イ　ノンタにつまみ食いをされて、くやしがっている。

(ウ)　ホットケーキ作りをしっぱいしてしまったので、あせっている。

4 ―④「これ」とは何でしょう。

［四つ葉（のクローバー）］

練習②

前のページの続きです。場所はミミちゃんの家。リンダに内緒で、彼女のお誕生会の用意をみんなでしているところです。

1 セリフから、ミミちゃんの心情を読み取ります。あせったノンタが紙のリボンをやぶいてしまったことから考えるのですが、傍線部直後に「ため息をついて」とあることから、**ア**「おこっている」、**イ**「悲しんでいる」ではなく、**ウ**「こまっている」が答え。**ア**「わざとリボンをやぶいた」も、事実と反します。

2 ノンタが変な声を出した理由を答える問題です。傍線部②の直後の「このホットケーキ、あまくないよ！」という、ノンタのセリフが根拠です。

3「ひたいにあせをかく」のは、どんな気持ちのときでしょうか。さらに傍線部③の直前の、ビッキーのセリフ「どうしよう、さとうを入れわすれちゃった」というセリフから、**ウ**「あせっている。」が答え。

4「幸運のしるし」なのは何か、直前から検討すると、「四つ葉（のクローバー）」。

14-1 物語文《ものがたりぶん》 練習《れんしゅう》③

次《つぎ》の文章《ぶんしょう》を読んで、下の問題《もんだい》に答えましょう。

（これまでのあらすじ）
おたあちゃんとおきいちゃんはなかよしです。ある日、二人で土筆《つくし》をとりに行きました。そして、おきいちゃんは三又土筆《みつまたつくし》という特《とく》べつな土筆《つくし》を見つけました。三又土筆《みつまたつくし》を見つけられたら出世《しゅっせ》すると言われていたのです。

おきいちゃんが見つけた三又土筆《みつまたつくし》を見て、おたあちゃんは『まあ』と言って、あとの言葉《ことば》が出ませんでした。そしてくやしそうな顔をして、おきいちゃんの顔を見ました。おきいちゃんは、あんまりのことにびっくりして、気をうしなったようになりました。だってこんなことはながい間に一度《ど》もなかったんですもの。

おたあちゃんは『わたしもさがそう』と言って、おきいちゃんの前に立ってずんずんいきました。おきいちゃんは、（ ① ）しながら後からついていきました。おたあちゃんは、いくらさがしても三又《みつまた》土筆《つくし》は見つかりませんでした。

そのうちに日は、とっぷりくれてしまいましたが、おたあちゃんは帰ろうとはしませんでした。『おたあちゃん、また明日来てさがさない』とおきいちゃんが言いましたが、②返事《へんじ》もしませんでした。

もうあたりがうす暗《くら》くなって、土筆《つくし》も草も見分けがつかなくなりました。

おたあちゃんが、くやしさになきたくなるのをたえている様子《ようす》を見ますと、おきいちゃんは言葉《ことば》がかけられませんでした。おたあちゃんは、三又土筆《みつまたつくし》が自分に見つからないで、おきいちゃんに見つかったことがくやしくてくやしくて、友だちもなかよしもなくなっていったのでした。

二人は、物《もの》も言わずに、うす暗《くら》くなったどての上を、とぼとぼと歩いて元来《もと》たみちの方へ帰りました。

おきいちゃんは、③もううれしくもなんともなくなって、かえって三又土筆《みつまたつくし》なんか見つけたことを後かいしました。

（野口雨情『虹の橋』より）
一部を現代仮名づかいにあらためた

1 （ ① ）に当てはまる言葉《ことば》はどれですか。記《き》号《ごう》に○をつけましょう。

ア うきうき　イ わくわく
(ウ) おどおど　エ うるうる

2 ――②で、おたあちゃんは、どうして返事《へんじ》をしなかったのでしょう。当てはまるものの記号《きごう》に○をつけましょう。

ア 土筆《つくし》をとるのにむちゅうになっていたから。
(イ) 自分も三又土筆《みつまたつくし》を見つけるまで帰りたくなかったから。
ウ おきいちゃんの声が小さくて聞こえなかったから。

3 ――③で、どうして「うれしくもなんともなくなって」しまったのですか。□に当てはまるように書きましょう。

おたあちゃんが［くやしさ］になきそうにしているのを見て、自分が［三又土筆］を［見つけた］ことを［後かい］していたから。

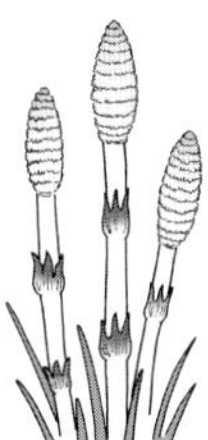

練習③

問題文の前に（これまでのあらすじ）とあります。つまり、問題文は物語の途中の一場面を切り取ったものだとわかります。ということは、私たちはおたあちゃんとおきいちゃんがどんな性格の子どもなのか、まったくわからないまま、物語文を読んでいかなければなりません。

①二人が仲良しであること。

②三又土筆を見つけたら、出世すると言われていること。

この二つをしっかりと頭に置いて、読んでいきましょう。

1 おきいちゃんの心情を読み取ります。空所直前に「おきいちゃんは、あんまりのことにびっくりして、気をうしなったようになりました」とあります。おたあちゃんがくやしそうな顔をして、自分を見たからです。またおたあちゃんの、「おきいちゃんの前に立ってずんずんいきました」といった様子から、おきいちゃんが「おどおど」しながらついていったとわかります。

ア「うきうき」、**イ**「わくわく」ははずむような気持ち、**エ**「うるうる」は涙ぐむ様子なので、×。

2 前段落の末尾に「おたあちゃんは、いくらさがしても三又土筆は見つかりませんでした」とあります。さらに、「おたあちゃんは帰ろうとはしませんでした」とあることから、まだ帰りたくないから、「明日来てさがさない」といったおきいちゃんの言葉に返事をしなかったのです。

3 ここでも、おきいちゃんの心情を読み取ります。本来は三又土筆を見つけたのですから、うれしいはずですが、「おたあちゃんが、くやしさになきたくなるのをたえている様子を見ますと、おきいちゃんは言葉をかけられませんでした」とあります。さらに傍線部③の直後に「かえって三又土筆なんか見つけたことを後かいしました」とあります。これらをまとめたのが、答え。

14-1 物語文《ものがたり》 練習《れんしゅう》④

次《つぎ》の文章《ぶんしょう》を読んで、下の問題《もんだい》に答えましょう。

ある所《ところ》に、それはりっぱなたてがみと、遠くまでとどく勇《いさ》ましい声をしたライオンがいました。そのりっぱなたてがみを見たくて、①ねこたちは、毎日あつまってきました。

ライオンは、何かごちそうしたくなります。そこで、

「ウォー。」

と、勇《いさ》ましくほえると、地面《じめん》をけって、えものをとりに行きます。

ライオンは、空をかけ上がるように見えました。

ねこたちは、

「ほうっ。」

と、②ため息《いき》をつきます。

ライオンは、えものをとってくると、切って、焼《や》いて、にて、ソースをかけて、ごちそうをしました。

ねこたちは、目をまるくしてごちそうをながめ、よだれといっしょにごちそうを食べました。

③「さすがライオンだ。」

ねこたちは、毎日やって来ます。ライオンは、

「ウォー。」

と地面《じめん》をけり、空を飛《と》びあがって、えものをさがしに行きました。ねこたちは、

④「さすがライオンだ。」

と、歯《は》にはさまった肉をようじでチューチューつつきながら、当たり前の顔をしました。

⑤「ぼくのしゅみは昼ねでね。」

と、ライオンが言うと、ねこたちはどっと笑《わら》います。

「いやあ、ライオンは、料理《りょうり》もじょうだんも一流《いちりゅう》だね。」

ライオンも、金色のたてがみをゆすって、いっしょに笑《わら》いました。そして、ライオンは、くたくたになってねむりました。

（佐野洋子『空飛ぶライオン』より）

1 ――①「ねこたちは、毎日あつまってきました。」とありますが、なぜですか。

りっぱなたてがみを見たいから。

2 ――②ねこたちは、どうしてため息《いき》をついたのですか。当てはまるものの記号《きごう》に○をつけましょう。

ア ライオンがいつまでたってもごちそうしてくれないから。

(イ) ライオンがえものをとりに行くすがたに感心《かんしん》したから。

ウ ライオンがえものをとりに行ってくれてほっとしたから。

3 ――③と――④で、ねこたちは「さすがライオンだ」と同じことを言っていますが、③と④とでは、どのようなちがいがありますか。当てはまるものの記号《きごう》に○をつけましょう。

ア ③ではライオンに感心《かんしん》したので言っているが、④では空を飛《と》んだので言っている。

イ ③ではごちそうがおいしかったから言っているが、④ではライオンのすがたがかっこよいから言っている。

(ウ) ③ではライオンに感心《かんしん》して言っているが、④では毎日ごちそうを食べさせてもらうために言っている。

4 ――⑤とありますが、そのときのライオンの気持《も》ちとして当てはまるものの記号《きごう》に○をつけましょう。

ア じょうだんを言って、ねこたちをわらわせ、楽しませたかった。

(イ) 本当はつかれていたので、えものをさがしに行くのを休みたかった。

ウ 昼ねをすることがすきなのを、ねこたちに知ってもらいたかった。

物語文の読解 ●読む力 ●思考力

練習④

今度はライオンが主人公の物語です。当然、子どもたちの自分の生活感、そこからいだく感情、価値観は通用しませんので、文章を正確に読解するほかはありません。

1 傍線直前に「そのりっぱなたてがみを見たくて」とあります。

2 傍線前後を検討します。直前に「ライオンは、空をかけ上がるように見えました」とあります。もちろん、実際にライオンは空を駆け上がったのではありません。ライオンが獲物を捕りに行く姿を形容したのです。そこから、答えは**イ**。

3 傍線部③の直前を検討すると、ねこたちはライオンが獲物を捕って、自分たちにごちそうをしてくれることに対して、「さすがライオンだ」と褒めて言ったのです。傍線④の直後にねこたちは「当たり前の顔をしました」とあるので、ねこはもうライオンがごちそうしてくれることに関して、感謝と言うよりも、当然という気持ちに変化しています。

4 セリフをそのまま受け取ってはいけない場面もあります。心と裏腹なことを言う場合です。ですから、傍線前後の心情を表す箇所を丁寧に抑えていく必要があるのです。「ぼくのしゅみは昼ねでね」とライオンは言ったのですが、本文末尾では「ライオンは、くたくたになってねむりました」とあります。ライオンは疲れ切って、今すぐにでも眠りたかったのです。それを冗談めかして言ったのが、傍線部⑤のセリフです。

苦手な子はスパイラル

小2レベル・ステップ14（**2**小1レベル・ステップ10－2、**4**小1レベル・ステップ10－2）で復習しよう

苦手な子はスパイラル

小1レベル・ステップ9-2、小2レベル・ステップ14で復習しよう

14-1 物語文《ものがたり》 練習《れんしゅう》⑤

次《つぎ》の文章《ぶんしょう》を読んで、下の問題《もんだい》に答えましょう。

（前のページの続《つづ》きの場面《ばめん》です。）


ある日、いちばん初《はじ》めに来たねこに、ライオンは、

「今日は昼ねがしたいんだ。」

と、たてがみをゆすって言いました。

「あははは――。」

と笑《わら》い転《ころ》げました。ライオンも、

「あははは――。」と笑い、

「ウォー。」と、地面《じめん》をけって、空に飛《と》びあがりました。

その夜、ライオンは、

「つかれた。」と言って、①さめざめ泣《な》きました。

ある日、もう、ライオンは起《お》き上がれませんでした。初《はじ》めに来たねこは、ねているライオンを見て、おなかをかかえて②笑《わら》いました。

「本当に、ライオンってゆかいだね。本当に昼ねをしているかと思った。」

ライオンは、

「ウォー。」

と、声をふりしぼり、地面《じめん》をけろうとし、そのままたおれてしまいました。

たおれたライオンは、金色に光って、まぶしいくらいでした。ねこたちは、ライオンを③ゆり動《うご》かしました。ライオンは、金色の石になっていました。

「ライオンのじょうだんは、昼ねがしゅみでねえ、だったね。」

一ぴきのねこが言いました。ねこたちは、④しいんとしてしまいました。


（佐野洋子『空飛ぶライオン』より）

1 ――①ライオンはどうしてさめざめと泣《な》いたのですか。当てはまるものの記号《きごう》に○をつけましょう。

ア せっかく空に飛《と》びあがったのに、ねこがほめてくれなかったから。
イ 自分の言ったじょうだんが、いちばん初《はじ》めにきたねこにわかってもらえなかったから。
（ウ）昼ねがしたいのに、ねこたちのために出かけなければならないから。

2 ――②ねこはなぜ笑《わら》ったのですか。当てはまるものの記号《きごう》に○をつけましょう。

（ア）ライオンが昼ねのまねをしていると思ったから。
イ 昼ねをしているライオンのすがたがおもしろかったから。
ウ ライオンがおもしろいじょうだんを言ったから。

3 ――③ねこたちは、なぜライオンをゆり動《うご》かしたのでしょうか。当てはまるものの記号《きごう》に○をつけましょう。

ア 自分たちのせいでライオンが死《し》んでしまったと思ったから。
イ えものをとってきてもらうために起《お》こそうとしたから。
（ウ）本当にねているのかどうか、たしかめたかったから。

4 ――④ねこたちはなぜ、しいんとしてしまったのでしょう。当てはまるものの記号《きごう》に○をつけましょう。

ア もう、えものをとってきてもらえないのでがっかりしたから。
（イ）ライオンが金色の石になったのを見てかなしくなったから。
ウ じょうだんだと思っていたが、ライオンが本当に昼ねをしているから。

おうちのかたへ
物語文で出題されるのは、登場人物の心情を読み取る問題を中心としています。登場人物を把握したうえで、その行動やセリフに注目しましょう。心情を読み解くうえでの客観的な根拠となります。行動やセリフの部分に線を引くと、よりわかりやすくなります。

物語文の読解 ●読む力 ●思考力

練習⑤

「前のページの続きの場面です」とあることに注意。

前ページで、ライオンは「ぼくのしゅみは昼ねでね」と言ったことに対して、ねこたちは「ライオンは料理もじょうだんも一流だね」と笑っています。ところが、「ライオンは、くたくたになってねむりました」とあることから、実は昼寝が趣味というのは冗談ではなく、本当に疲れ切っているからでした。

1 ライオンの心情を読み取ります。前のページを受けて、さらに直前で『つかれた。』と言って」とあることから、ライオンはすっかり疲れ切ってしまったのに、ねこたちのために獲物を捕りに行かなければならないから、さめざめと泣いたのです。そして、傍線直後に「ある日、もう、ライオンは起き上がれませんでした」とあります。そこから、**ウ**が答え。

2 ねこの心情です、ここでも感情移入をしないで、客観的に文章を捉えていきます。直後のねこたちのセリフ「本当に、ライオンってゆかいだね。本当に昼ねをしているかと思った」から、**ア**が答え。

3 ねこたちはライオンが疲れていることに気づいていませんでした。そこで、ライオンが倒れてしまったので、ひょっとしたら昼寝をしているのではないかと試したのです。**ア**「ライオンが死んでしまった」とありますが、実際、ライオンは死んだのではなく、金色の石になってしまったので、×。

4 ねこたちの心情を読み取ります。直前で、「ライオンのじょうだんは、昼ねがしゅみでねえ、だったね」と、「だったね」を付け加えることによって、ねこたちがライオンのことを思い出していることがわかります。ねこたちはもう笑ってはいないのです。「しんとしてしまいました」という動作からも、ねこたちがライオンを悼んでいる気持ちが読み取れます。

ア「がっかりした」、**ウ**「本当に昼ねをしているから」が、×。

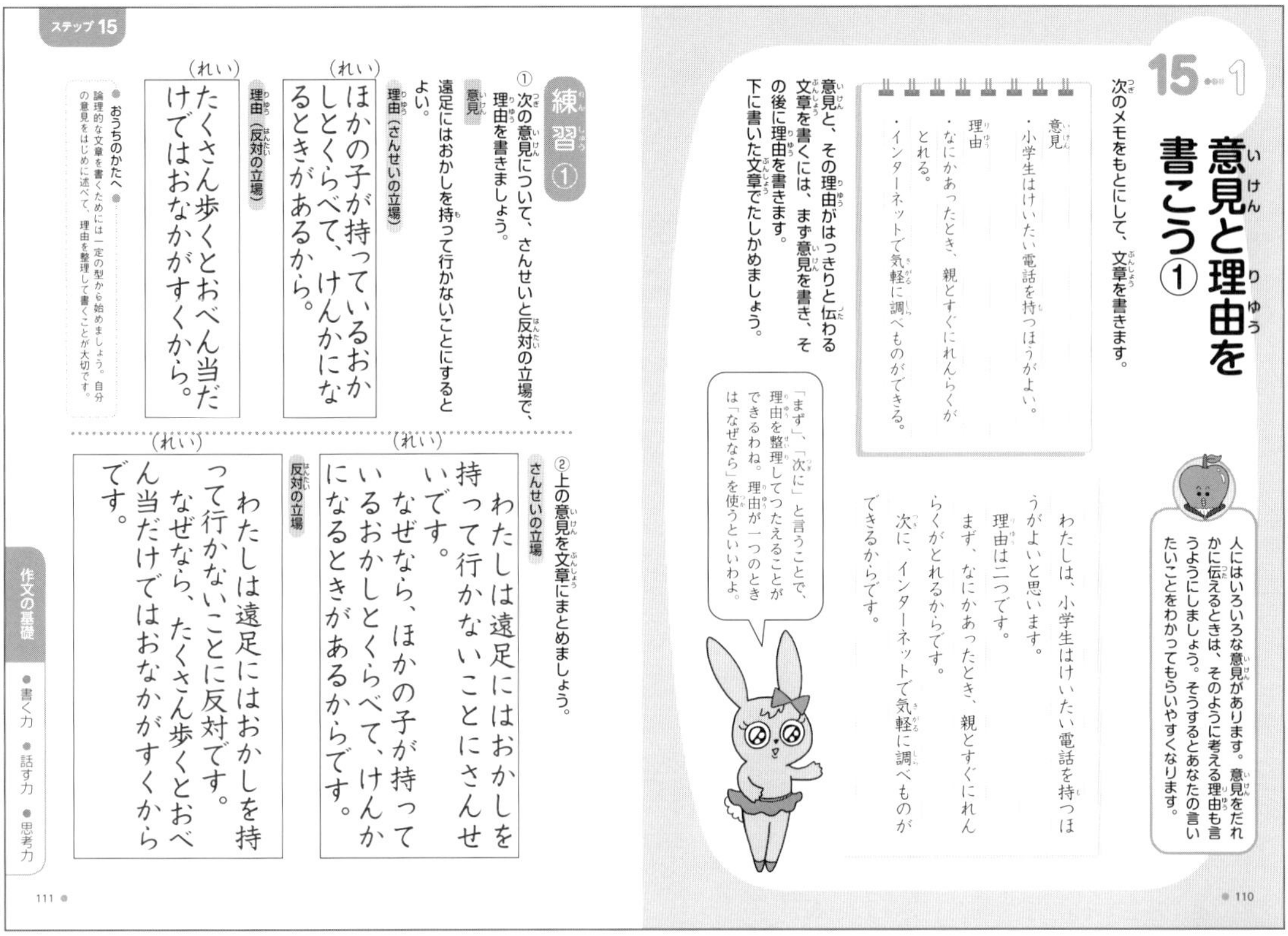

15…1

意見《いけん》と理由《りゆう》を書こう①

次《つぎ》のメモをもとにして、文章《ぶんしょう》を書きます。

意見《いけん》
・小学生はけいたい電話を持《も》つほうがよい。
理由《りゆう》
・なにかあったとき、親とすぐにれんらくがとれる。
・インターネットで気軽《きがる》に調《しら》べものができる。

人にはいろいろな意見《いけん》があります。意見《いけん》をだれかに伝《つた》えるときは、そのように考える理由《りゆう》も言うようにしましょう。そうするとあなたの言いたいことをわかってもらいやすくなります。

わたしは、小学生はけいたい電話を持《も》つほうがよいと思います。
理由《りゆう》は二つです。
まず、なにかあったとき、親とすぐにれんらくがとれるからです。
次《つぎ》に、インターネットで気軽《きがる》に調《しら》べものができるからです。

意見《いけん》と、その理由《りゆう》がはっきりと伝《つた》わる文章《ぶんしょう》を書くには、まず意見《いけん》を書き、その後に理由《りゆう》を書きます。下に書いた文章《ぶんしょう》でたしかめましょう。

「まず」、「次《つぎ》に」と言うことで、理由《りゆう》を整理《せいり》してつたえることができるわね。理由《りゆう》が一つのときは「なぜなら」を使《つか》うといいわよ。

110

ステップ 15

練習《れんしゅう》①

①次《つぎ》の意見《いけん》について、さんせいと反対《はんたい》の立場で、理由《りゆう》を書きましょう。

意見《いけん》
遠足にはおかしを持《も》って行かないことにするとよい。

理由《りゆう》（さんせいの立場）
（れい）
ほかの子が持っているおかしとくらべて、けんかになるときがあるから。

理由《りゆう》（反対《はんたい》の立場）
（れい）
たくさん歩くとおべん当だけではおなかがすくから。

②上の意見《いけん》を文章《ぶんしょう》にまとめましょう。

さんせいの立場
（れい）
わたしは遠足にはおかしを持って行かないことにさんせいです。
なぜなら、ほかの子が持っているおかしとくらべて、けんかになるときがあるからです。

反対《はんたい》の立場
（れい）
わたしは遠足にはおかしを持って行かないことに反対です。
なぜなら、たくさん歩くとおべん当だけではおなかがすくからです。

● おうちのかたへ ●
論理的な文章を書くためには一定の型から始めましょう。自分の意見をはじめに述べて、理由を整理して書くことが大切です。

作文の基礎
● 書く力 ● 話す力 ● 思考力

111

ステップ 15…1

意見と理由を書こう①

学習のねらい

論理的思考において、主張に対しては、必ず理由が伴います。言いっ放しは、主張とは認められません。

まず意見を明確にします。次に、その意見に対する理由を考えます。今回の例題では二つの理由があるのですから、「まず（一つ目は）」「次に（二つ目は）」と論理的な言葉を使いましょう。人それぞれ考え方が異なりますから、それが理由としてもっともであれば、すべて正解です。

最後に意見と理由を文章にします。最初に意見、次に理由を書くのですが、その際、主語と述語を明確に、助動詞・助詞も含めて、正確な文章が書けるかどうかが大事です。

練習①

私たちはどうしても自分の立場からものを眺め、一つの考え方に固執しがちですが、クリティカルな思考のためには、自由に視点を切り替えたり、一つの事態を多角的に考えたりすることができなければなりません。そのためには、子どもの頃からそうした訓練をすることが欠かせないのです。今回は一つの意見に対して、あえて賛成と反対の立場から考えます。

自分の立場からではなく、いったんそれを脇に置いて、あえて賛成と反対の両方の立場からその理由を考えることは、やがてディベート、小論文、集団討論などへとつながっていきます。（実は新しい大学入試は記述問題や集団討論が中心になっていく可能性が高いのです）

15-1

意見《いけん》と理由《りゆう》を書こう①

練《れん》習《しゅう》②

① 次《つぎ》の意見《いけん》について、さんせいと反対《はんたい》の立場で、理由《りゆう》を書きましょう。

意見《いけん》
宿題《しゅくだい》は家の人に教えてもらわずに、自分の力だけでやるのがよい。

さんせいの立場

自分で考えることが、力になるから。

自分でとけるところと、とけないところがわかるから。

反対《はんたい》の立場

わからないところをずっと考えていると、時間だけがたってしまうから。

宿題は、教えてもらってでも、きちんとかんせいさせるものだから。

② 意見《いけん》と理由《りゆう》を文章《ぶんしょう》にまとめて書きましょう。

さんせいの立場

わたしは、宿題《しゅくだい》を自分の力だけでやることにさんせいです。

理由は二つです。

まず、

（れい）
自分で考えることが、力になるからです。

次に

（れい）
自分でとけるところと、とけないところがわかるからです。

反対《はんたい》の立場

（れい）
わたしは、宿題を自分の力だけでやることに反対です。
理由は二つです。
まず、わからないところをずっとか考えていると、時間だけがたってしまうからです。
次に、宿題は、教えてもらってでも、きちんとかんせいさせるものだからです。

● おうちのかたへ ●
因果関係を使ってわかりやすい文章を書く練習です。自分の意見と理由を述べます。理由が複数あるときは、その数をまず伝え、「まず」「次に」「さらに」などの論理語を使って理由を述べます。また、賛成と反対の両者の立場に立って理由を考えることは物事を多角的に捉える力の基礎になります。最初は難しいかもしれませんが、少しずつ、そういった思考ができるようになりましょう。

作文の基礎 ● 書く力 ● 話す力 ● 思考力

①

賛成の理由の例
・おかしがないほうが、荷物が少なくなる。
・いつも、全部食べきれずに持って帰ってしまう。
反対の理由の例
・おかしを持って行くのが遠足の楽しみの一つだ。
・みんなでおかしを交換するのが楽しい。

② まずは論理的な文の書き方の型を習得しましょう。型さえ身につければ、学年が上がっても、いくらでも応用することができます。
まず、賛成か反対か、自分の立場を明確にします。次にその理由を述べるのですが、「なぜなら～から」という表現を使うことで、説得力のある文章になります。

練習②

①

賛成の理由の例
・人に頼らない。
・自分の頭で整理できる。
など、理由として適切であればすべて○です。
反対の理由の例
・教えてもらうことでより理解ができる。
・確実に宿題をこなすことができる。

② 今回は理由が複数ある場合です。その際、理由の数を示し、そして「まず」「次に」と順序立てて理由を述べるようにします。「まず」「次に」という論理的な言葉を使うことに慣れていきましょう。

苦手な子はスパイラル ⇒ 小2レベル・ステップ16、小2レベル・ステップ17－2で復習しよう

15…2

意見《いけん》と理由《りゆう》を書こう②

クラスである議題《ぎだい》について話し合うときは、何について話しているのかをとらえた上で、自分の意見《いけん》はどうなのか、なぜそのように考えるのかを整理《せいり》して発表《はっぴょう》するようにしましょう。

練《れん》習《しゅう》 「一か月に最低《さいてい》でも二さつの本を、学校の図書室でかりなければいけないことにしよう。」と山田さんがていあんしました。この議題《ぎだい》についてクラスで話し合いをしました。

司会《しかい》 「山田さんのていあんについて、意見《いけん》のある人はおねがいします。」
田中 「テレビを見るのって楽しいんだよ。本を読むことはいいことなんだけどさ。テレビのほうがおもしろいよ。本を読んでたら、宿題《しゅくだい》できないよ。無理にかりるのはいやだな。」
石川 「わたしは反対《はんたい》です。どうしてかというと、理由《りゆう》は二つです。学校の図書室にはわたしの読みたい本がないからです。そして、本は自分から読むものであって、きまりだからといって読んでもおもしろくないからです。」
山本 「ぼくも反対《はんたい》です。図書室でかりることはよいのですが、二さつもかりると多くて読めないです。」
司会《しかい》 「さんせいの人の意見《いけん》はありませんか。」
鈴木《すずき》 「本を読むことは大切だよ。だけど、体を動かすことも大事だよ。体育館やグラウンドをもっと使ったほうがいいよ。」
あなた 「わたしは、山田さんにさんせいです。なぜなら、（　①　）からです。」
小林 「ぼくも、山田さんにさんせいです。かりる本が、一さつだとすぐに読み終わってしまうからです。」
司会《しかい》 「山本さんと小林さんはかりる本の（　②　）について意見《いけん》をのべていますね。では、それについての意見《いけん》を聞かせてください。」

1 この中で一人、議題《ぎだい》とかんけいのないことを発言《はつげん》している人がいます。だれでしょう。

鈴木

2 石川さんの発言《はつげん》でよいところはどこでしょう。

①はじめに意見を言っているところ　②はじめに理由の数をしめしているところ　③理由をじゅん番に言っているところ（このうちのどれかを答えられれば正解）

3 田中さんの意見《いけん》の理由《りゆう》を整理《せいり》して言いましょう。

理由《りゆう》は二つです。
まず 本を読むよりテレビをみるほうが楽しい（おもしろい） からです。
次《つぎ》に 本を読んでいたら宿題をする時間がなくなる からです。

4 （　①　）に、さんせいの立場《たちば》で自分の理由《りゆう》を一つ言ってみましょう。

（れい） 決まりがないと、自分ではなかなかかりて本を読もうと思わない

5 （　②　）に入る言葉《ことば》はなんでしょう。

数

● おうちのかたへ ●
学校では、しばしば学級会が開かれます。その場で自分の意見を正確に伝えるためには、前回に学習した論理的な文章を書く型が、ここでも応用できます。

作文の基礎　●書く力　●話す力　●思考力

ステップ 15…2

意見と理由を書こう②

練習③

「因果関係」は、ものを考える力を養成するために、必要不可欠なものです。私たちの思考は絶えず連続しています。「雨が降ったから、傘をさそう」「お腹がすいたから、何か食べよう」と、無意識のうちにも因果関係を使って思考を先に進めているのです。

また原因・理由が明らかになると、次にどのように対処したらよいのかがわかります。自分の主張に対しても、理由づけをすることで相手を説得することもできるのです。

1 議題は「一か月に最低でも二さつの本を学校の図書室でかりる」です。それに対して鈴木さんは「体を動かすことも大事だ」と、別の話題に変えています。

2 石川さんの発言に着目します。よい点ですが、「わたしは反対です」と、最初に自分の立場を明確にしているところ、「理由は二つです」と、次に理由の数を提示しているところ、さらにその理由を順番に述べているところなどです。

3 田中さんの発言から、要点を抜き出し、整理します。①本を読むことより、テレビを見ることの方が楽しい、②宿題をする時間がなくなる。

4 図書室で月に最低二冊借りるというきまりについて、賛成の理由を自分で考えます。①きまりがないと、自分で本を読もうと思わない。②無理にでも読書の習慣ができる。などが理由として考えられます。

5 山本さんの発言は、「二さつもかりると多くて読めない」。そして、小林さんの発言は、「一さつだとすぐに読み終わってしまう」ということから、借りる本の「数」についての意見だとわかります。

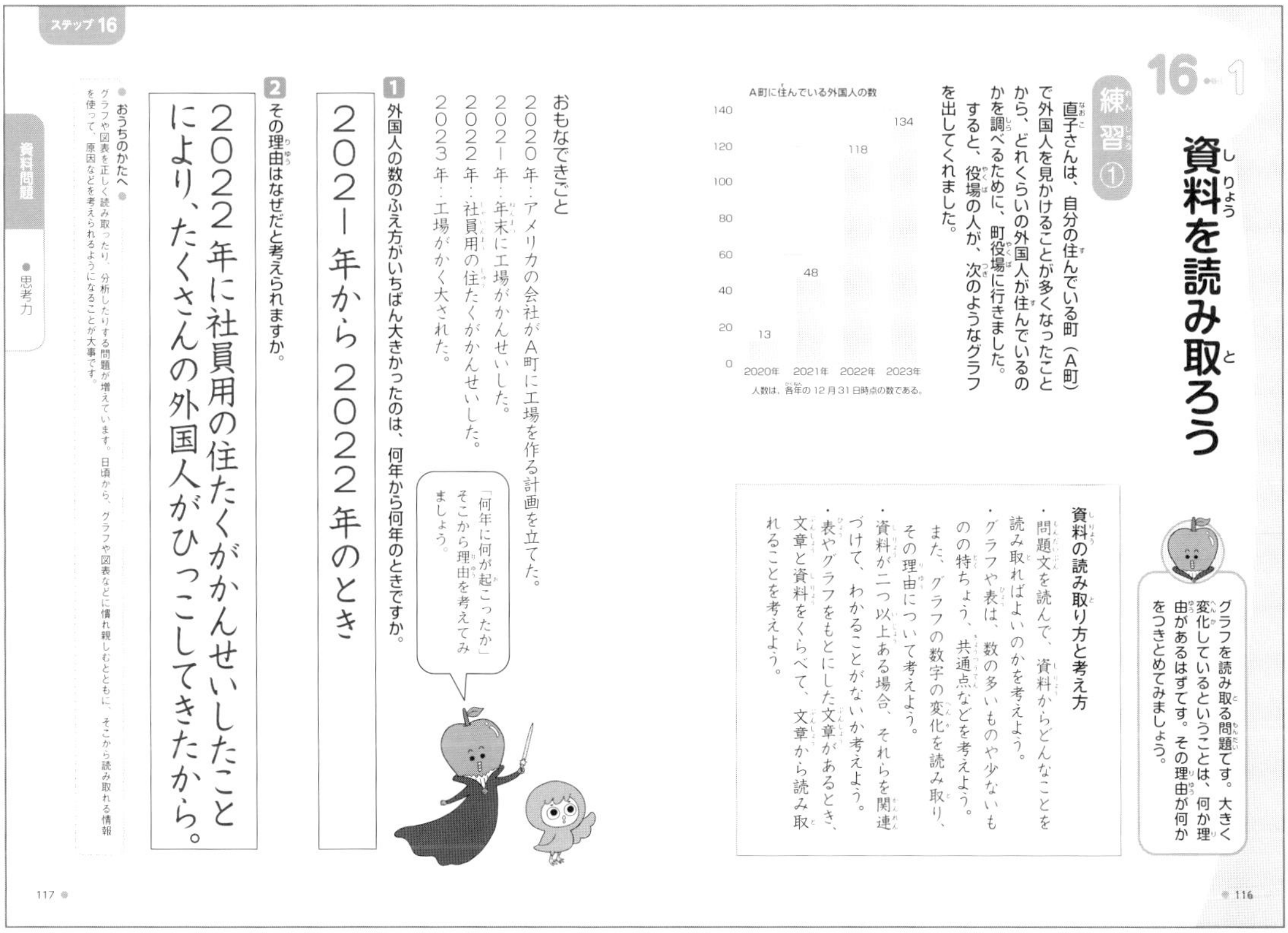

16-1

資料《しりょう》を読《よ》み取《と》ろう

練習《れんしゅう》①

直子《なおこ》さんは、自分の住《す》んでいる町（A町）で外国人を見かけることが多くなったことから、どれくらいの外国人が住《す》んでいるのかを調《しら》べるために、町役場《やくば》に行きました。すると、役場《やくば》の人が、次《つぎ》のようなグラフを出してくれました。

A町に住んでいる外国人の数
140
120
100
80
60
40
20
0
13
48
118
134
2020年
2021年
2022年
2023年
人数は、各年《かくねん》の12月31日時点の数である。

グラフを読み取《と》る問題《もんだい》です。大きく変化《へんか》しているということは、何か理《り》由《ゆう》があるはずです。その理由《りゆう》が何かをつきとめてみましょう。

資料《しりょう》の読み取《と》り方と考え方

・問題文《もんだいぶん》を読んで、資料《しりょう》からどんなことを読み取《と》ればよいのかを考えよう。

・グラフや表《ひょう》は、数の多いものや少ないものの特《とく》ちょう、共通点《きょうつうてん》などを考えよう。また、グラフの数字の変化《へんか》を読み取《と》り、その理由《りゆう》について考えよう。

・資料《しりょう》が二つ以上《いじょう》ある場合、それらを関連《かんれん》づけて、わかることがないか考えよう。

・表《ひょう》やグラフをもとにした文章《ぶんしょう》があるとき、文章《ぶんしょう》と資料《しりょう》をくらべて、文章《ぶんしょう》から読み取《と》れることを考えよう。

おもなできごと

2020年：アメリカの会社がA町に工場を作る計画を立てた。

2021年：年末《ねんまつ》に工場がかんせいした。

2022年：社員用《しゃいんよう》の住《じゅう》たくがかんせいした。

2023年：工場がかく大された。

「何年に何が起《お》こったか」そこから理由《りゆう》を考えてみましょう。

1 外国人の数のふえ方がいちばん大きかったのは、何年から何年のときですか。

2021年から2022年のとき

2 その理由《りゆう》はなぜだと考えられますか。

2022年に社員用の住たくがかんせいしたことにより、たくさんの外国人がひっこしてきたから。

● おうちのかたへ ●

グラフや図表を正しく読み取ったり、分析したりする問題が増えています。日頃から、グラフや図表などに慣れ親しむとともに、そこから読み取れる情報を使って、原因などを考えられるようになることが大事です。

資料問題 ●思考力

ステップ16-1

練習①

資料を読み取ろう

これからの時代は膨大な知識を詰め込んだ人間よりも、必要なことを調べて、そこから自分の頭で考えることのできる人間こそが、世の中で必要とされるようになるのです。

そのためにも図やグラフなどの統計・資料を客観的に読み取り、それを基に因果関係を推測することが大切です。

実際、学力テストなどでは、グラフや図を読み取り、そこからものを考えさせる問題が必ずと言っていいほど出題されるようになりました。今から、こうした傾向の問題に少しずつでも慣れていきましょう。

1 まずグラフを見ましょう。「A町に住んでいる外国人の数」です。見ただけで判断できるかもしれませんが、必ず計算をして確かめるようにしてください。

2020～2021年　48－13＝35

2021～2022年　118－48＝70

2022～2023年　134－118＝16

よって2021年～2022年にもっとも増えていることがわかります。

2 外国人が増えた理由を推測するのですが、主観的に考えたり、思いつきを述べたりするのではなく、必ず与えられた根拠を元に推測していきます。

「おもなできごと」を見ると、2022年に「（アメリカの会社の）社員用の住宅が完成した」とあります。その結果、多くの外国人が引っ越してきたと考えられます。

16-1

資料《しりょう》を読み取《と》ろう

練《れん》習《しゅう》②

図と表《ひょう》をもとにして考える問題《もんだい》です。図と表《ひょう》の変化《へんか》を読み取《と》って、そこから理由《りゆう》を考えてみましょう。

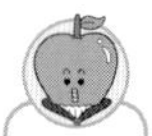

左の上の表《ひょう》は、2019年から2023年までのA商店《しょうてん》とB商店《しょうてん》の年ごとの売り上げをまとめたものです。また、左の下の図は、同じ時期《じき》の周囲《しゅうい》のようすを地図に表《あらわ》したものです。

A商店《しょうてん》の売り上げ(万円)

年	売上
2019	795
2020	809
2021	623
2022	642
2023	786

B商店《しょうてん》の売り上げ(万円)

年	売上
2019	981
2020	993
2021	921
2022	942
2023	1185

2019年
A商店《しょうてん》
駐車場《ちゅうしゃじょう》
空き地
B商店《しょうてん》
空き地
2021年
A商店《しょうてん》
コンビニ
空き地
B商店《しょうてん》
工《こう》事《じ》中
2023年
A商店《しょうてん》
コンビニ
スポーツセンター
B商店《しょうてん》
マンション

● 118

ステップ16

1 A商店《しょうてん》の売り上げが2021年に、大きく下がっていることがわかります。この理由《りゆう》は何だと考えられますか。

近くにコンビニができて、お客さんがコンビニに行くようになったから。

2 B商店《しょうてん》の売り上げが2023年に大きく上がっていることがわかります。この理由《りゆう》は何だと考えられますか。

向かいにマンションができたから。

3 2023年は、2021年とくらべて、コンビニの売り上げは上がったと考えられますか、それとも下がったと考えられますか。また、その理由《りゆう》はなぜですか。

上がったと考えられる。

なぜなら

となりにスポーツセンターができたから。

● おうちのかたへ ●
地図上の変化から、お店の売上が増減した原因を分析する問題です。変化した複数の部分を資料から読み取った上で、なぜそのような結果になったのかという因果関係を把握することが大切です。入試では、様々な資料を多角的に読み取る力が要求されます。今のうちから、このような問題に慣れておきましょう。

資料問題 ● 思考力

119 ●

練習②

与えられた情報を正確に読み取り、そこから因果関係を推測する力を養成します。

今回は表と地図を組み合わせたものです。実は算数・理科・社会の問題のかなりの割合が国語の力で解けるのですが、本問は社会科的な問題とも言えるでしょう。

1 まず資料を正確に読み取りましょう。A商店の売り上げを調べるのですから、子どもがすぐ「A商店の売り上げ」の表を見るかどうかです。2020年の売り上げが809万円だったのが、2021年には623万円に落ち込んでいます。

次に2021年に売り上げが落ち込んだ理由を推測するのですが、2019年ではA商店のとなりが駐車場だったのに対して、2021年にはコンビニに変わっています。そこからコンビニに客を奪われたのだと推測できます。

2 今度は「B商店の売り上げ」の表を見ましょう。B商店の売り上げが2022年には942万円だったのに対して、2023年には1185万円に伸びています。その理由を地図から推測しましょう。2021年にはB商店のとなりが工事中だったのに対して、2023年ではマンションが完成しています。そこからマンションの住人がB商店へ買いに行くようになったのだと推測できます。

3 コンビニの売り上げを示す表はありませんので、地図を手がかりに因果関係を推測するしかありません。

1・2から商店の向かいに何が建つかで、売り上げが大きく変わることがわかりました。そこで、地図でコンビニのとなりに着目すると、2021年には何も建っていなかったのに、2023年にはスポーツセンターが建っています。そこで、スポーツセンターに通っている人たちがコンビニに買いに行くことで、売り上げが上がると推測することができるのです。

苦手な子はスパイラル

小2レベル・ステップ15、ステップ16で復習しよう

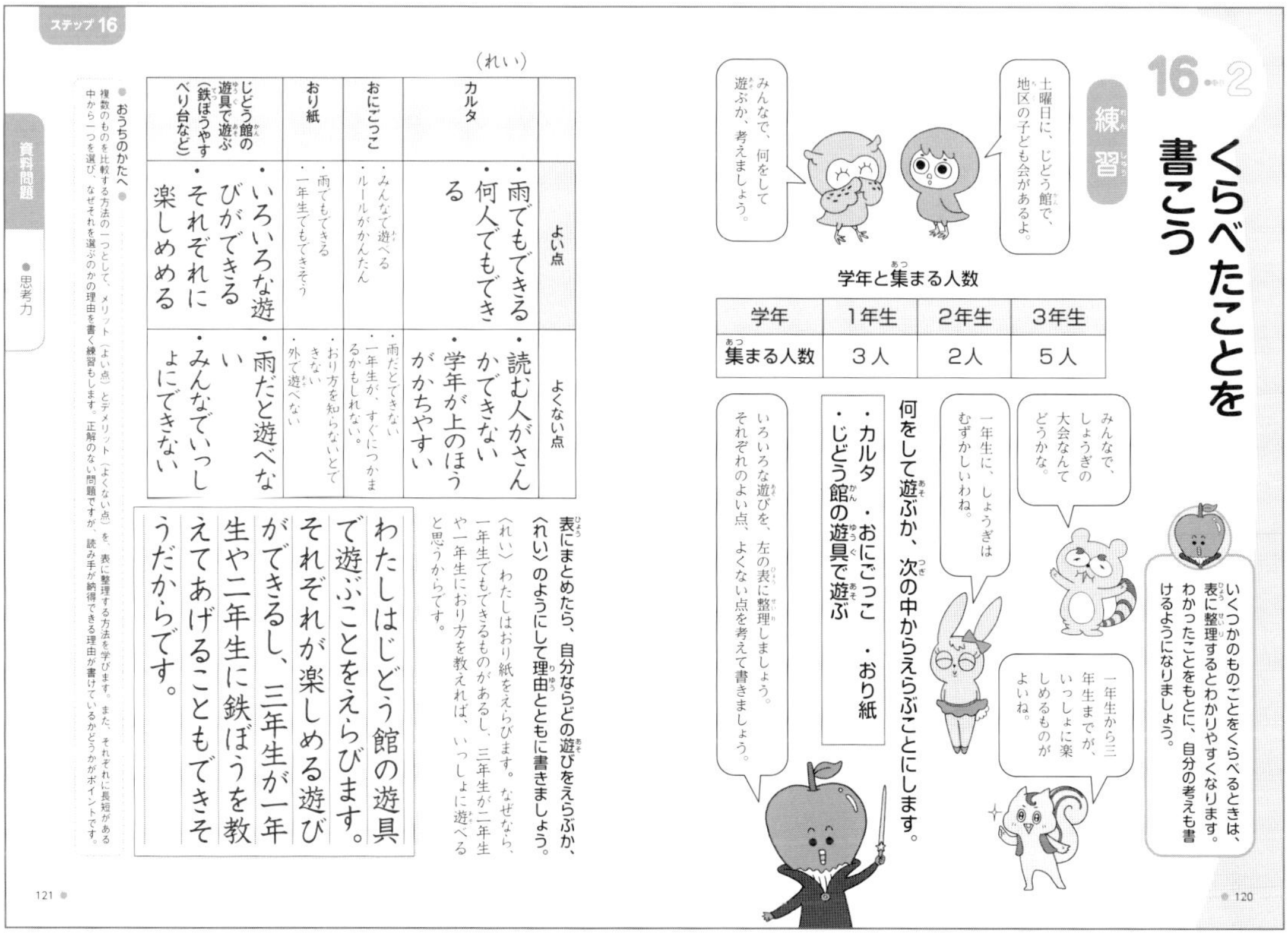

16-2 練習《れんしゅう》

くらべたことを書こう

いくつかのものごとをくらべるときは、表《ひょう》に整理《せいり》するとわかりやすくなります。わかったことをもとに、自分の考えも書けるようになりましょう。

土曜日に、じどう館《かん》で、地区《ちく》の子ども会があるよ。

みんなで、何をして遊《あそ》ぶか、考えましょう。

学年と集《あつ》まる人数

学年	1年生	2年生	3年生
集《あつ》まる人数	3人	2人	5人

みんなで、しょうぎの大会なんてどうかな。

一年生に、しょうぎはむずかしいわね。

一年生から三年生までが、いっしょに楽しめるものがよいね。

何をして遊《あそ》ぶか、次《つぎ》の中からえらぶことにします。

・カルタ　・おにごっこ　・おり紙

・じどう館《かん》の遊具《ゆうぐ》で遊《あそ》ぶ

いろいろな遊《あそ》びを、左の表《ひょう》に整理《せいり》しましょう。それぞれのよい点、よくない点を考えて書きましょう。

120

ステップ16

（れい）

	よい点	よくない点
カルタ	・雨でもできる ・何人でもできる	・読む人がさんかできない ・学年が上のほうがかちやすい
おにごっこ	・みんなで遊《あそ》べる ・ルールがかんたん	・雨だとできない ・一年生が、すぐにつかまるかもしれない。
おり紙	・雨でもできる ・一年生でもできそう	・おり方を知らないとできない ・外で遊《あそ》べない
じどう館《かん》の遊具《ゆうぐ》で遊《あそ》ぶ（鉄《てつ》ぼうやすべり台など）	・いろいろな遊びができる ・それぞれに楽しめる	・雨だと遊べない ・みんなでいっしょにできない

表《ひょう》にまとめたら、自分ならどの遊《あそ》びをえらぶか、〈れい〉のようにして理由《りゆう》とともに書きましょう。

〈れい〉わたしはおり紙をえらびます。なぜなら、一年生でもできるものがあるし、三年生が二年生や一年生におり方を教えれば、いっしょに遊《あそ》べると思うからです。

わたしはじどう館の遊具で遊ぶことをえらびます。それぞれが楽しめる遊びができるし、三年生が一年生や二年生に鉄ぼうを教えてあげることもできそうだからです。

資料問題　●思考力

●おうちのかたへ●

複数のものを比較する方法の一つとして、メリット（よい点）とデメリット（よくない点）を、表に整理する方法を学びます。また、それぞれに長短がある中から一つを選び、なぜそれを選ぶのかの理由を書く練習もします。正解のない問題ですが、読み手が納得できる理由が書けているかどうかがポイントです。

121

練習③

物事について判断が必要なとき、私たちはどうしても主観的に捉えがちです。自分がこうと決め込むと、他の視点から物事を捉えることができなくなります。

物事には良い点と悪い点との両面があることを、小学校の中学年から意識することが大切です。

正解はありません。それなりに「よい点」と「よくない点」を考え出せたなら、それで合格としてください。

自分の考えを文章にするときは、これまでに学習したように、まず、自分の意見を、次に理由を述べるという型を用いましょう。

子どもたちは日常生活において、自分の意見を言えば、相手がそれを察してくれると思っています。日常の日本語の運用能力と、論理的な日本語の運用能力の決定的な違いは、他者意識にあります。自分の意見を述べるときは、具体例を挙げたり、理由を説明したりしないことには、他者である相手は理解してくれません。自分の意見と理由をきちんと述べることは、論理的な日本語運用能力を身に付ける第一歩なのです。

ステップ 17…1

いろいろな原因を考えよう

クリティカル・シンキングの問題です。

現代は膨大な情報に溢れかえっていますが、その情報の真偽を確かめたり、間違った情報に振り回されたりしないためにも、物事を客観的に見る力が必要です。

科学が発達した現代においても、私たちは意外に迷信を信じたり、歪んだ宗教的、政治的な勧誘を受けたりしがちです。これらを見破るには、「原因と結果」を示す因果関係を読み取る力が必要なのですが、正しくそれを読み取ることは思った以上に困難です。

そこで、子どもの頃から因果関係を読み取る訓練を、本書では段階を追って行います。

例題（本冊P122・123）を見てみましょう。

「お盆には死者の霊がこの世に戻ってくる。だから、夏は水の事故が多くなる」

形の上では「AだからB」と因果関係が成り立っているかのように思えます。しかし、Aが本当にBの理由となっているのか、慎重に検討する必要があるのです。

因果関係を考える際には、次のことに注意をすることが大切です。

・一見目立つ出来事にひかれて、原因を錯覚してしまう（因果の錯覚）。

問題文の家族の会話をよく読むと、お盆の話は「因果の錯覚」にあてはまりそうです。

お盆の時期は会社も学校も休みなので、当然、行楽地には人が溢れかえっています。海水浴客が多ければ、それに比例して水の事故が増えるのは、至極当然のことです。ところが、「お盆に霊が帰ってきて、人を水の中に引っ張り込んでしまう」と言われたら、他の理由を考えようとせず、因果関係があるように信じ込んでしまう人がいるかもしれません。

1 三人は「お盆は死者の霊がこの世にもどってくる。だから、水の事故が多くなる」というインターネットの記事について話しています。原因→（だから）結果という因果関係ですが、この場合、結果である「水の事故が多くなる」が答えとなります。

2 二人は最初はこのインターネットの記事を鵜呑みにしていました。そこで、原因とされている「お盆は死者の霊がこの世にもどってくる」が答えとなります。これは「霊がもどってくる」という目立つ出来事にひかれて因果関係があると思い込んでいたことになります。

3 父のセリフに、「つとめがある人の休みはお盆に集中しているよね」とあります。だから水の事故が多くなるのです。そして、これが考えられる理由です。

4 姉のセリフの「会社ではたらいている人は、休みの日が決まっているもんね。だから、お盆に海や川、プールに行く人も多くなるのね」とあります。

5 お盆の時期→つとめのある人の休みが集中している→海や川、プールに行く人も多くなる→出かける人が多いから、水の事故が多くなる。こういった因果関係を整理しましょう。

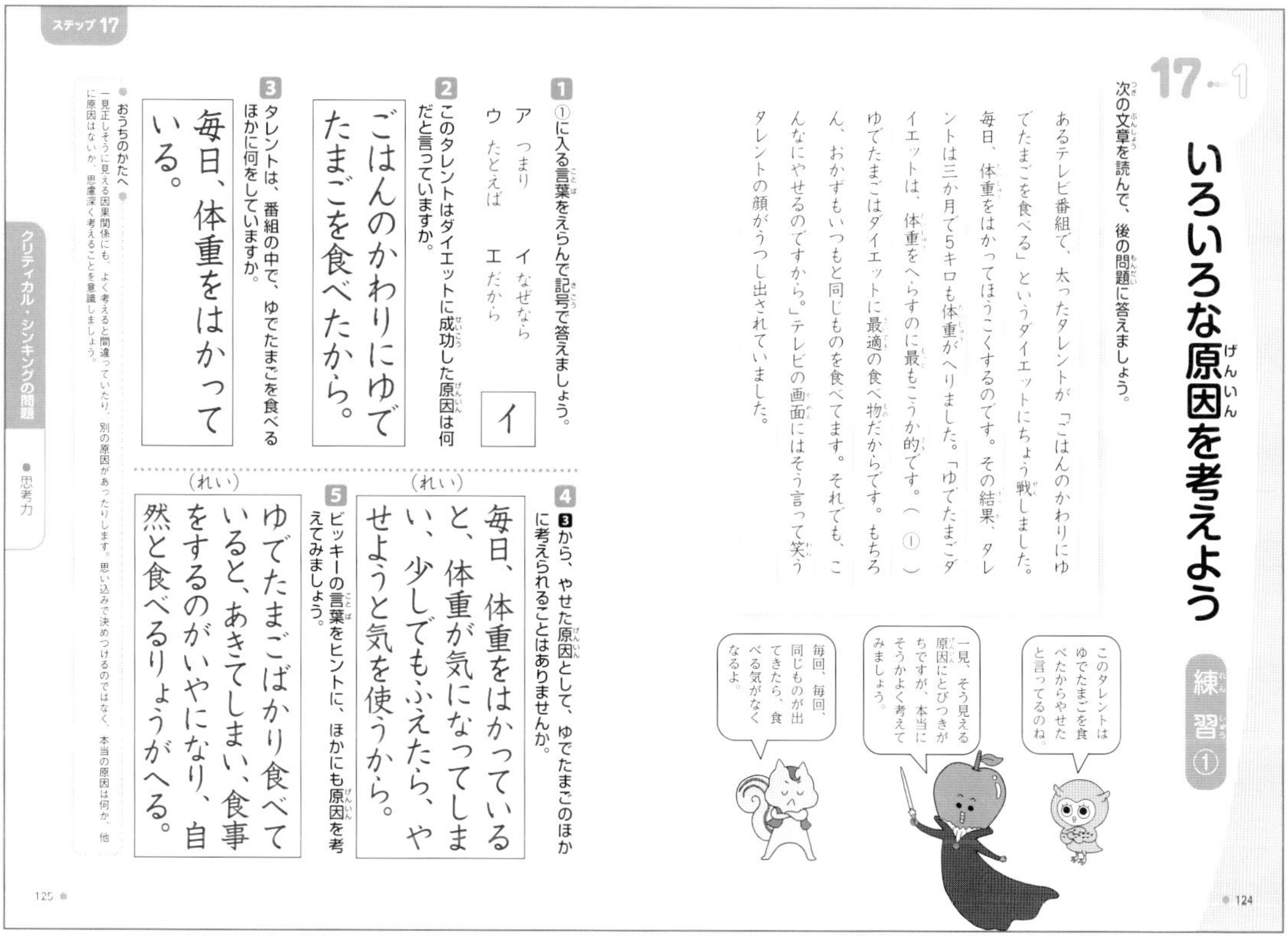

ステップ17

17-1

いろいろな原因《げんいん》を考えよう

練《れん》習《しゅう》①

次《つぎ》の文章《ぶんしょう》を読んで、後の問題《もんだい》に答えましょう。

あるテレビ番組で、太ったタレントが「ごはんのかわりにゆでたまごを食べる」というダイエットにちょう戦《せん》しました。毎日、体重《たいじゅう》をはかってほうこくするのです。その結果《けっか》、タレントは三か月で5キロも体重《たいじゅう》がへりました。「ゆでたまごダイエットは、体重《たいじゅう》をへらすのに最《もっと》もこうか的《てき》です。（　①　）ゆでたまごはダイエットに最適《さいてき》の食べ物《もの》だからです。もちろん、おかずもいつもと同じものを食べてます。それでも、こんなにやせるのですから。」テレビの画面《がめん》にはそう言って笑《わら》うタレントの顔がうつし出されていました。

このタレントはゆでたまごを食べたからやせたと言ってるのね。
一見、そう見える原因《げんいん》にとびつきがちですが、本当にそうかよく考えてみましょう。
毎回、毎回、同じものが出てきたら、食べる気がなくなるよ。

1 ①に入る言葉《ことば》をえらんで記号《きごう》で答えましょう。

ア　つまり　　イ　なぜなら
ウ　たとえば　エ　だから

イ

2 このタレントはダイエットに成功《せいこう》した原因《げんいん》は何だと言っていますか。

ごはんのかわりにゆでたまごを食べたから。

3 タレントは、番組の中で、ゆでたまごを食べるほかに何をしていますか。

毎日、体重をはかっている。

4 3から、やせた原因《げんいん》として、ゆでたまごのほかに考えられることはありませんか。

（れい）毎日、体重をはかっていると、体重が気になってしまい、少しでもふえたら、やせようと気を使うから。

5 ビッキーの言葉《ことば》をヒントに、ほかにも原因《げんいん》を考えてみましょう。

（れい）ゆでたまごばかり食べていると、あきてしまい、食事をするのがいやになり、自然と食べるりょうがへる。

●おうちのかたへ●
一見正しそうに見える因果関係にも、よく考えると間違っていたり、別の原因があったりします。思い込みで決めつけるのではなく、本当の原因は何か、他に原因はないか、思慮深く考えることを意識しましょう。

クリティカル・シンキングの問題　●思考力

学習のねらい

クリティカルな考え方の基礎は因果関係を正しく捉えることです。現代はたくさんの情報で溢れかえっています。その情報を論理的に整理し、間違った情報に振り回されることなく判断するには、正しい因果関係を見抜く力が要求されるのです。例題でみたように、一見目立つ出来事に惑わされることなく、いろいろな原因を考える習慣をつけるようにしましょう。

練習①

世の中には「バナナダイエット」「キャベツダイエット」「トマトダイエット」などというものが周期的に流行り、テレビで取り上げられたり、本がベストセラーになったりします。もちろん、これらの真偽を本書で議論するつもりはありません。

ただ単品の食品が本当に体重減の原因であるのか、単品の食品と体重減との間に因果関係が成り立っているのか、それらを客観的に考えることは、メディアリテラシーやクリティカル・シンキングにとって必要なことなのです。

まず問題文を正確に読み取りましょう。

「ごはんのかわりにゆでたまごを食べる」というダイエットです。

「ごはんのかわりにゆでたまごを食べる→体重が三か月で5キロ減った」と、一見因果関係が成立しているように見えます。

もちろん、糖質を減らして、タンパク質を増やした結果、体重が減少したとも考えられますが、これはあくまで多くの可能性の一つに過ぎず、他にも体重減の可能性があるのではないかと検討してみることが大切です。

1 空所直後の文が「～からです」で終わっていることに着目。空所直前の理由となっているから、「なぜなら」。

2 問題文に提示されている因果関係を見つける問題です。冒頭で、「ごはんのかわりにゆでたまごを食べる」というダイエットとあります。

3 3行目に「毎日、体重をはかってほうこくをする」とあります。

4 毎日体重計に乗っていると、いつも体重のことを意識するようになり、自然と食べ物に気をつかったり、体を動かしたりと、少しでもやせようと気をつけた可能性があります。その結果、体重が減ったのであり、ゆでたまごが原因でないかもしれません。

5 ビッキーの言葉に、「毎回、毎回、同じものが出てきたら、食べる気がなくなるよ」とあるので、このヒントから考えます。ごはんは日本人にとって子どものころから毎日食べているものですから、特に飽きるということはないはずです。それに対して、ゆでたまごは毎日食べることに苦痛を感じる人が多いと思います。その結果、食欲をなくし、食べる量が減ってしまった可能性があります。

評価のしかたとしては問題文を正確に読み取り、設問の誘導に従って原因を述べた答案は、出題者の意図も読み取っていることから高い評価になります。「ゆでたまごは飲み込みにくいのでよくかんだから」など、問題文の情報にないが、因果関係が成り立つ答案は不正解ではありませんが、評価はやや低くなります。「食事を一日一回にしたから」など、「ごはんとゆでたまご」に関係がないものはあまり評価できません。

このように因果関係を特定することは簡単ではありません。目立つ現象だけを考えて短絡的に決め込むのではなく、あらゆる可能性を考えてみることがクリティカル・シンキングにとって必要なのです。

苦手な子はスパイラル　小1レベル・ステップ13－2、小2レベル・ステップ17－1で復習しよう

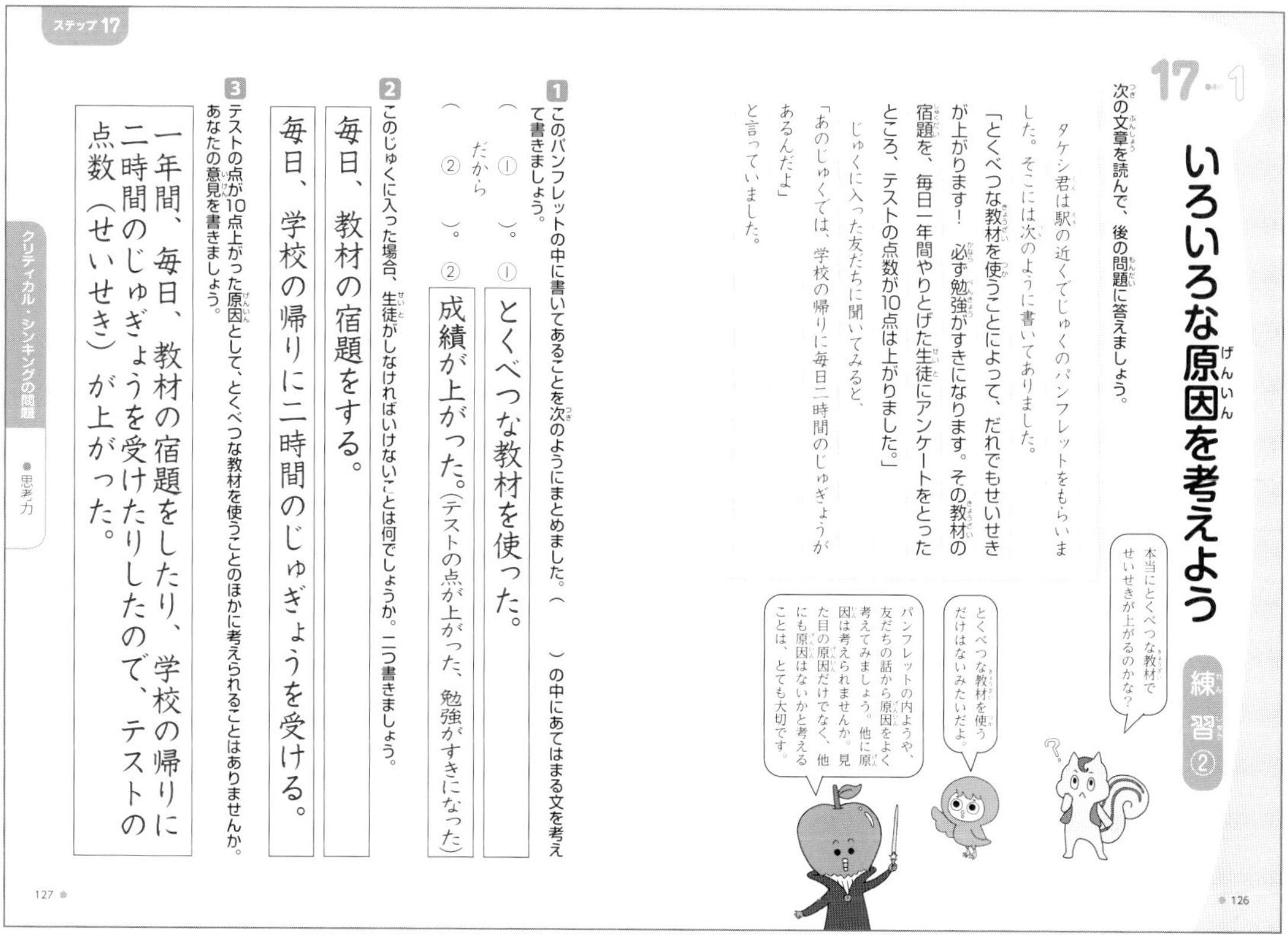

ステップ17

17-1

いろいろな原因《げんいん》を考えよう

練《れん》習《しゅう》②

次《つぎ》の文章《ぶんしょう》を読んで、後の問題《もんだい》に答えましょう。

タケシ君《くん》は駅《えき》の近くでじゅくのパンフレットをもらいました。そこには次《つぎ》のように書いてありました。

「とくべつな教材《きょうざい》を使《つか》うことによって、だれでもせいせきが上がります！　必《かなら》ず勉強《べんきょう》がすきになります。その教材《きょうざい》の宿題《しゅくだい》を、毎日一年間やりとげた生徒《せいと》にアンケートをとったところ、テストの点数が10点は上がりました。」

じゅくに入った友だちに聞いてみると、

「あのじゅくでは、学校の帰りに毎日二時間のじゅぎょうがあるんだよ」

と言っていました。

本当にとくべつな教材《きょうざい》でせいせきが上がるのかな？
とくべつな教材《きょうざい》を使《つか》うだけはないみたいだよ。
パンフレットの内ようや、友だちの話から原因《げんいん》をよく考えてみましょう。他に原《げん》因《いん》は考えられませんか。見た目の原因《げんいん》だけでなく、他にも原因《げんいん》はないかと考えることは、とても大切です。

1 このパンフレットの中に書いてあることを次《つぎ》のようにまとめました。（　　）の中にあてはまる文を考えて書きましょう。

（①　　）。だから（②　　）。

① とくべつな教材を使った。

② 成績が上がった。（テストの点が上がった、勉強がすきになった）

2 このじゅくに入った場合、生徒《せいと》がしなければいけないことは何でしょうか。二つ書きましょう。

毎日、教材の宿題をする。

毎日、学校の帰りに二時間のじゅぎょうを受ける。

3 テストの点が10点上がった原因《げんいん》として、とくべつな教材を使うことのほかに考えられることはありませんか。あなたの意見《いけん》を書きましょう。

一年間、毎日、教材の宿題をしたり、学校の帰りに二時間のじゅぎょうを受けたりしたので、テストの点数（せいせき）が上がった。

クリティカル・シンキングの問題　●思考力

練習②

広告について考える、メディアリテラシーの問題です。

メディアが流す情報には必ず発信者が存在するので、時には発信者の思惑がその情報に潜んでいることもあります。特にネットが流す情報には、スポンサー、宗教団体、様々な政治組織などの発信者が、何らかの意図を持って情報操作をしている可能性もゼロではありません。

広告は発信者の目的が購買意欲をそそらせることにあります。本来、広告は商品を説明し紹介するためのものですが、そこには販売者の思惑が入りこみがちです。

広告を作る人はいかに商品を売るかと工夫を凝らすために、時には誇大広告になったり、有利な情報だけを挙げて、不利な情報を隠したりすることもあるのです。

広告を鵜呑みにしないためには一見目立つような情報にまどわされず、隠された因果関係などを見抜く力が必要となるのです。

今回は塾の広告＝パンフレットの例です

1 まず与えられた文章から、因果関係を抽出します。パンフレットの文章を正確に読み取りましょう。

「特別な教材を使う」→「だれでも成績が上がる（勉強が好きになる）」と因果関係が一見成立しているように見えます。

2 パンフレットには「宿題を、毎日一年間やりとげ」とあります。また、この塾では毎日二時間も授業があるのです。しかし、そのことはパンフレットには一切触れられていません。これはあくまで塾に通っている友だちからの情報なのです。

3他に因果関係がないかを考える問題です。まずは問題文から読み取れる情報をもとにして、因果関係を推測してみましょう。

パンフレットに書いてあるのは、「とくべつな教材」→「成績が上がる（勉強が好きになる）」です。そこで、「成績が上がる」理由として、「とくべつな教材」以外の要因を考えればいいのです。

まず2をヒントに考えると、毎日、二時間も授業があり、宿題をしていれば、誰だって成績が上がる可能性があります。

もちろん、「とくべつな教材」のおかげで勉強が好きになり、その結果、子どもたちは一年間塾に通った可能性もあるのですが、成績が上がったのは、一年間塾に通った生徒に限定しています。つまり、「とくべつな教材」で成績が上がらなかったり、また、「教材」が合わずに勉強が嫌いになり、塾を辞めた生徒もいるかもしれないので、必ずしもテストの点数が上がった理由が「とくべつな教材」とは限りません。


評価のしかたとしては、パンフレットに書いてあることに疑問を持ち、問題文の情報を正確に読み取り、設問の誘導に従って書かれた答案は評価が高くなります。疑問をいだいたとしても、問題文の情報以外の要因を答えた場合、たとえば「優秀な先生がたくさんいたから」、「毎日宿題を出されたから」、「毎回復習テストをしたから」などは、問題文の情報をもとに因果関係を推測した答えからはやや外れており、決して不正解と言えませんが、評価はやや低くなります。そして、パンフレットに書かれている情報は「とくべつな教材で成績が上がった」なので、このことをそのまま信じてはいけない理由となっていないものや、的はずれなものは評価できません。

また、パンフレットの言葉をそのまま信じてもよいと解答した場合、一見目立つ情報にひかれて真の原因を探そうとする心的態度が見られないため、非常に評価は低いものとなります。


このように広告とは、自分たちに有利な情報だけを載せ、不利な情報はなるべく隠そうとする性質を持っています。こうした性質を理解することが、メディアリテラシーにとって大切です。

苦手な子はスパイラル
小1レベル・ステップ13－2、小2レベル・ステップ17－1で復習しよう